Studienreihe Informatik

Herausgegeben von W. Brauer und G. Goos

Franz Stetter

Grundbegriffe der Theoretischen Informatik

Mit 43 Abbildungen

Springer-Verlag
Berlin Heidelberg New York
London Paris Tokyo

Prof. Dr. Franz Stetter
Fakultät für Mathematik und Informatik
Universität Mannheim
A5
D-6800 Mannheim

CIP-Titelaufnahme der Deutschen Bibliothek
Stetter, Franz:
Grundbegriffe der Theoretischen Informatik / Franz Stetter. - Berlin ; Heidelberg ;
New York ; London ; Paris ; Tokyo : Springer, 1988
(Studienreihe Informatik)
ISBN-13: 978-3-540-19362-3   e-ISBN-13: 978-3-642-73777-0
DOI: 10.1007/978-3-642-73777-0

Datenkonvertierung: Appl, Wemding

2145/3020-543210

Vorwort

Die Theoretische Informatik kann man als die älteste Disziplin der Informatik bezeichnen, da viele grundlegende Ergebnisse schon vor dem Erscheinen der ersten Computer entdeckt wurden. Diese, im Vergleich zu den anderen Disziplinen der Informatik alte Tradition ist wohl der Hauptgrund, daß viele Bücher über die Theoretische Informatik stärker in der Mathematik und weniger in der eigentlichen Informatik begründet sind. In diesem Buch werden bewußt die grundlegenden Begriffe der Theoretischen Informatik über die Programmierung hergeleitet, da dieser Weg für den Studenten der Informatik angemessen ist. Ferner wird die Äquivalenz verschiedener Ansätze zu einer Theorie der Berechenbarkeit — Programme, μ–rekursive Funktionen, Regelsprachen und Turingmaschinen — als weiteres zentrales Konzept herausgestellt.

Der Aufbau des Buches ist so, daß in Kapitel 1 zunächst einige grundlegende Begriffe eingeführt werden — wie z.B. eine erste intuitive Definition eines Algorithmus. In Kapitel 2 steht der Begriff der Berechenbarkeit im Mittelpunkt der Erörterungen, die auf der Programmiersprache PASCAL aufbauen. Zur Vereinfachung der späteren Beweise wird PASCAL auf wenige Sprachelemente eingeschränkt. Die so erhaltene Sprache Minipascal ist PASCAL äquivalent, d.h. alle Berechnungen, die sich in PASCAL ausführen lassen, können auch in Minipascal ausgeführt werden. Das Halteproblem zeigt dann die Grenzen der zuvor definierten Berechenbarkeit auf. Ein äquivalenter Zugang zu dem Begriff der Berechenbarkeit wird in Kapitel 3 über die primitiv–rekursiven und die μ–rekursiven Funktionen beschritten.

In Kapitel 4 werden die Regelgrammatiken und Regelsprachen behandelt. Auch hier wird gezeigt, daß sich die ursprüngliche Vielfalt von Regeln auf wenige Grundtypen reduzieren läßt und daß die Stufen der Chomsky–Hierarchie durch Hinzunahme jeweils genau eines neuen Regeltyps entstehen. Die Regelsprachen werden dann in Kapitel 5 für den Typ der regulären Sprachen und in Kapitel 6 für den Typ der kontextfreien Sprachen vertieft behandelt. Diese Kapitel zeigen insbesondere auch den engen Zusammenhang zwischen Regelsprachen und entsprechenden Maschinen, nämlich zwischen regulären Sprachen und Akzeptoren einerseits und zwischen kontextfreien Sprachen und Kellerautomaten andererseits.

Die Turingmaschine in Kapitel 7 ist neben den bereits behandelten Berechenbarkeitsmodellen eine weitere äquivalente Ausdrucksweise für den Begriff der Berechenbarkeit.

Die verschiedenen Ansätze zur Berechenbarkeit führen so in allen Fällen zu demselben Ergebnis, das dann als Turingsche These bzw. Churchsche These formuliert werden kann.

Während in den Kapiteln 1 bis 7 qualitative Aspekte der Berechenbarkeit behandelt werden, ist Kapitel 8 den quantitativen Aspekten gewidmet. Die Komplexität, d.h. Zeit- bzw. Speicheraufwand für eine Berechnung, ist sowohl abhängig von dem zugrundeliegenden Berechnungsmodell als auch von dem zu lösenden Problem, da für ein bestimmtes Problem gewisse Schranken nicht unterschritten werden können.

Bei einem so weit gespannten Gebiet, wie es die Theoretische Informatik darstellt, müssen zwangsläufig manche Einschränkungen bei der Stoffauswahl gemacht werden. So wird z. B. Semantik nur informell behandelt, Parallelität nur ansatzweise betrachtet oder Automatentheorie nur am Rande gestreift. Ziel der Stoffauswahl war es, ein möglichst umfassendes Bild der Theoretischen Informatik zu bieten und ein Fundament für weitergehende Studien zu legen.

Das Buch hat seine Wurzeln in einem Fernstudienkurs der Fernuniversität Hagen über Theoretische Informatik und in Vorlesungen an der Universität Mannheim. Über die Jahre hinweg habe ich dabei den Zugang zur Theoretischen Informatik über die Programmierung immer mehr in den Vordergrund gerückt.

Das Buch setzt Grundkenntnisse aus den Anfängervorlesungen über Analysis und Lineare Algebra voraus. Um den Leser mit der Terminologie in diesem Buch vertraut zu machen, sind im Anhang diese mathematischen Grundlagen in knapper Form zusammengestellt. Es wird empfohlen, diesen Anhang vor dem Studium des Buchs zu lesen.

Herr Dipl.-Inform. Ulrich Schmidt hat mir bei der Fertigstellung des Manuskripts mit vielen Hinweisen geholfen. Die Erstellung des Typoskripts haben unterstützt: Herr Dipl.-Inform.(FH) Walter Hutwagner, Herr Mag. Xinbo Lu, Herr cand.math. Martin Dreckschmidt und Frau cand.math. Monica Leese. Ihnen, sowie den Herausgebern für ihre kritischen Anmerkungen, gilt mein besonderer Dank.

Mannheim, August 1988   F. Stetter

Inhaltsverzeichnis

1. Grundlagen

Programme werden geschrieben und zur Ausführung gebracht, um damit bestimmte
Probleme zu lösen. Charakteristisch ist für viele Programme, daß sie ihre Ausgabe in
Abhängigkeit von bestimmten Eingabewerten erzeugen — bildlich:

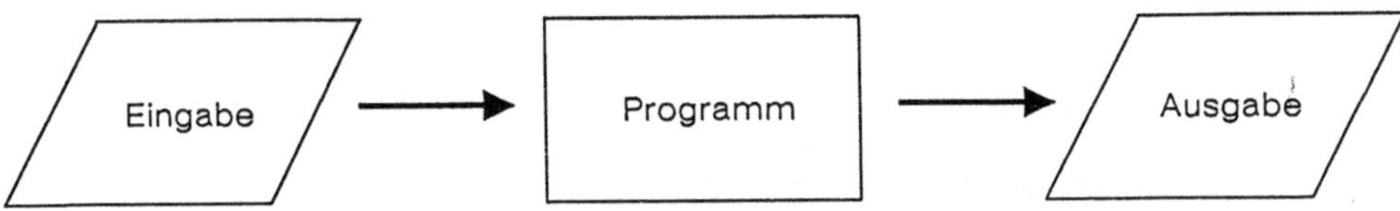

Wiederholt man einen Programmlauf mit denselben Eingabewerten, so wird man in derselben Programmumgebung auch wieder dieselben Ausgabewerte erwarten können. Ein
Programm bildet somit Eingabewerte in Ausgabewerte ab oder, anders ausgedrückt, zwischen der Eingabe und der Ausgabe besteht eine funktionale Abhängigkeit. Man wird
demnach jedem Programm P eine Funktion f_P (auch f genannt, wenn es klar ist, wel-
ches Programm P gemeint ist) zuordnen können, deren Definitionsbereich die möglichen
Eingabewerte und deren Wertebereich die möglichen Ausgabewerte darstellen. Da es
im allgemeinen mehrere Eingabe– und Ausgabeparameter gibt, ist die Funktion dann
sowohl im Definitions– als auch im Wertebereich mehrstellig. Beispielsweise kann dem
Programm (geschrieben in der Programmiersprache PASCAL)

```
program  SUMME (input,output);
var  X, Y : integer;
begin
    read(X,Y);
    write(X + Y)
end.
```

die totale Funktion $f(X, Y) = X + Y$ zugeordnet werden; es gilt $f : \mathbb{Z}^2 \to \mathbb{Z}$.

Ändert man die Variablendeklaration in

```
var  X, Y : real;
```

so erhält man dieselbe Funktion $f(X, Y) = X + Y$, aber für die Bereiche $f : \mathbb{R}^2 \to \mathbb{R}$.
In der Praxis besteht die Einschränkung, daß die Abbildung $f : \mathbb{Z}^2 \to \mathbb{Z}$ bzw.
$f : \mathbb{R}^2 \to \mathbb{R}$ bei der Darstellung von Zahlen mit sehr vielen Ziffern an Grenzen stößt.

Bei dem Programm

```
program  ODD (input,output);
var  X : integer;
begin
    read(X);
    while  (X mod 2) = 0 do ;
    write(X)
end.
```

erhält man die partielle Funktion $f : \mathbb{Z} \to \mathbb{Z}$ mit

$$f(X) = \begin{cases} X & \text{, falls X ungerade,} \\ \bot & \text{, falls X gerade.} \end{cases}$$

Ein Programm stellt eine exakte und einem Computer verständliche Beschreibung eines Algorithmus dar. Programm und Algorithmus verlangen in gleicher Weise eine eindeutige Festlegung der einzelnen auszuführenden Operationen. Es ist somit zu erwarten, daß die Begriffe Programm, Algorithmus und Funktion sehr eng zusammenhängen. Zu diesen drei Begriffen kommt noch wegen der automatisierten Abarbeitung von Programmen durch Computer bzw. Maschinen der Begriff der Maschine hinzu:

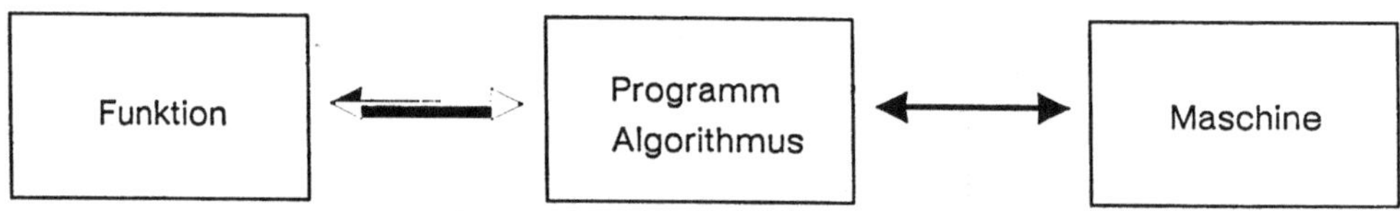

Dieses Bild kann folgendermaßen interpretiert werden:
- Funktionen können durch Programme bzw. Algorithmen berechnet werden.
- Programme realisieren Funktionen.
- Programme können auf Maschinen ausgeführt werden.
- usw.

In diesem Buch werden Zusammenhänge zwischen diesen Begriffen und daraus resultierende weitergehende Fragestellungen behandelt. Solche Fragen sind zum Beispiel:
- Welche Funktionen sind berechenbar?
- Gibt es nichtberechenbare Funktionen?

- Wie effizient läßt sich ein Programm für ein bestimmtes Problem gestalten?
- Wie mächtig muß eine Programmiersprache sein, um damit möglichst viele Funktionen berechnen zu können?
- Wie muß eine möglichst "universelle" Maschine konstruiert werden? Lassen sich durch eine einzige Maschine alle Funktionen berechnen?

1.1 Algorithmen

Im Gegensatz zu Programmen, die auf Maschinen zum Ablauf gebracht werden, stellt man an Algorithmen nicht so strenge Anforderungen. Umgangssprachliche Formulierungen sind durchaus statthaft, solange ihre Bedeutungen eindeutig und die beschriebenen Mechanismen exakt nachvollziehbar sind. Eine erste vorläufige Definition für den Begriff Algorithmus lautet:

Ein *Algorithmus* ist eine endliche und eindeutige Vorschrift, wie elementare Handlungen nacheinander durchzuführen sind, um eine Klasse von Problemen zu lösen. Ein Algorithmus heißt *abbrechend*, wenn er für alle Probleme der betrachteten Problemklasse endlich viele elementare Handlungen liefert, andernfalls heißt er *nichtabbrechend*.

Beispiel: Der Algorithmus für das sogenannte babylonische Wurzelziehen lautet für rationale Zahlen $q = \dfrac{m}{k}$, $m \in I\!N$, $k \in I\!N$, $q \geq 1$:

$$\begin{aligned}
&\text{Schritt 1:} \quad q_0 = 1, n = 1 \,; \\
&\text{Schritt 2:} \quad q_n = (q_{n-1} + \frac{q}{q_{n-1}})/2 \,; \\
&\text{Schritt 3:} \quad n = n + 1 \,; \\
&\text{Schritt 4:} \quad \text{Falls weitere Iterationen notwendig sind, gehe nach Schritt 2;} \\
&\text{Schritt 5:} \quad \text{Stoppe} \diamond
\end{aligned}$$

Dieser Algorithmus liefert für wachsendes n ein Ergebnis q_n mit $\lim\limits_{n \to \infty} q_n = \sqrt{q}$. Je nachdem wie in Schritt 4 das Iterationskriterium festgelegt ist, ist der Algorithmus abbrechend (z. B. Genauigkeit auf 3 Stellen hinter dem Komma) oder nicht abbrechend (z. B. exakte Lösung ist gefordert). Das Beispiel zeigt aber auch noch weitere Schwierigkeiten beim Formulieren eines Algorithmus. Ist zum Beispiel die Berechnung von q_n in Schritt 2 ausreichend beschrieben oder ist die Division $\dfrac{q}{q_{n-1}}$ ausführlicher zu beschreiben?

Naheliegende Fragestellungen bei der Aufstellung eines Algorithmus sind:

- Güte des Algorithmus, d. h. wieviele elementare Handlungen werden bei der Ausführung benötigt?
- Gibt es "bessere" Algorithmen für dieselbe Problemklasse?
- Untere, obere und mittlere Schranken für die Anzahl der elementaren Handlungen bei der Durchführung des Algorithmus.
- Beweis für die Korrektheit des Algorithmus.

Bei der Ausführung und Formulierung von Algorithmen stößt man, wie das folgende Beispiel zeigt, sehr bald an Grenzen. Es seien die folgenden Aufgaben gestellt:

a) Drucke alle natürlichen Zahlen von 1 bis 10^6.

b) Drucke alle natürlichen Zahlen von 1 bis 10^{11}.

c) Drucke alle natürlichen Zahlen von 1 bis 10^{100}.

d) Drucke alle natürlichen Zahlen.

e) Drucke alle reellen Zahlen zwischen 0 und 1.

Die Aufgabe a) läßt sich durch den Algorithmus

> Schritt 1: $z := 1$;
>
> Schritt 2: Drucke z;
>
> Schritt 3: $z := z + 1$;
>
> Schritt 4: Falls $z \leq 10^6$, mache bei Schritt 2 weiter;
>
> Schritt 5: Stoppe ◇

lösen. Nimmt man an, daß der Schritt 2 die wesentliche Zeit zur Ausführung benötigt und daß die Ausführungszeit in den Schritten 3 und 4 demgegenüber vernachlässigbar ist, dann ist die Ausführungszeit durch $10^6 * t$ gegeben, wenn der Druck einer einzigen Zahl die Zeit t benötigt. Ein Drucker mit einer Leistung von 1000 Zahlen pro Minute benötigt somit 1000 Minuten oder nicht ganz 17 Stunden.

Um die Aufgabe b) zu lösen, muß der Teilschritt 4 in

> Schritt 4: Falls $z \leq 10^{11}$, mache bei Schritt 2 weiter;

geändert werden. Fragt man, unter den zuvor genannten Bedingungen, nach der Ausführungszeit, so ergibt sich: 10^8 Minuten oder ca. 190 Jahre. Diese Zeit ist sicherlich nicht akzeptabel. Ein Laserdrucker mit einer gegenüber zuvor 30–fachen Leistungsfähigkeit würde immer noch mehr als 6 Jahre benötigen. Bei diesem Problem ist eine weitere Leistungssteigerung der Computer-(Peripherie) notwendig. Man kann erwarten, daß durch künftige Entwicklungen dieses Problem in einer "vernünftigen" Zeit lösbar wird (abgesehen von der nötigen Papiermenge).

Bei Aufgabe c) lautet der Teilschritt 4

> Schritt 4: Falls $z \leq 10^{100}$, mache bei Schritt 2 weiter;

Die Ausführungszeit wird jetzt so groß, daß jeder reale Rahmen gesprengt ist: ca. 10^{91} Jahre (das Weltall hat ein Alter von ca. $2 * 10^{10}$ Jahren!). Zudem würde der Platz zum Drucken der Ergebnisse auch nicht zur Verfügung stehen: Die Zahl der Atome im

Weltall ist wesentlich kleiner als 10^{100}. Man kann Aufgabe c) zwar theoretisch lösen, aber jede praktische Ausführung scheitert heute und in Zukunft.

Die Aufgabe d) läßt sich durch Änderung von Teilschritt 4 in

> Schritt 4: Mache bei Schritt 2 weiter;

lösen. Allerdings hat man jetzt einen nichtabbrechenden Algorithmus (Schritt 5 wird nie erreicht), da es unendlich viele natürliche Zahlen gibt. Man kann sagen, daß jede Lösung der Aufgabe d) in allen künftigen Zeiten zu einem nichtabbrechenden Algorithmus führt. Ein "unendliches" Problem kann keine "endliche" Lösung haben.

Will man Aufgabe e) lösen, so läßt sich der Algorithmus, der für a) bis d) verwendet wurde, nicht mehr benutzen. Ja, es zeigt sich, daß es überhaupt einen solchen Algorithmus nicht gibt und auch nie geben wird. Dies läßt sich folgendermaßen zeigen:

Nimmt man an, daß es einen Algorithmus zum Druck der reellen Zahlen zwischen 0 und 1 gibt, so ergibt sich aus dem Druck eine Reihenfolge der reellen Zahlen (Zahl z_i hat die Ziffern $z_{ik}, k \geq 1$):

$$z_1 = 0.z_{11}z_{12}z_{13}z_{14}\ldots$$
$$z_2 = 0.z_{21}z_{22}z_{23}z_{24}\ldots$$
$$z_3 = 0.z_{31}z_{32}z_{33}z_{34}\ldots$$
$$\vdots$$

Betrachtet man nun eine reelle Zahl x mit den Ziffern

$$0.x_1x_2x_3\ldots$$

(unendlich viele Ziffern, ggfs. mit Nullen für große Indizes), wobei die Ziffer x_i, d. h. die i-te Ziffer von x, so gewählt wird, daß sie verschieden ist von z_{ii}, so ist x verschieden von allen aufgeführten Zahlen z_i. Man hat also x beim Aufschreiben in der Reihenfolge "vergessen", obwohl man annahm, daß alle reellen Zahlen aufgeführt sind. Dies ist ein Widerspruch, der nur dadurch aufgelöst werden kann, daß man die Annahme der Existenz eines Algorithmus zum Druck aller reellen Zahlen widerruft.

Man kann also festhalten, daß es Probleme gibt, für die es keinen Algorithmus zur Lösung gibt und auch in Zukunft nicht geben wird (Aufgabe e)). Wiederum gibt es Probleme, die zwar einen Algorithmus als Lösung haben, aber dieser Algorithmus ist jetzt und in Zukunft nichtabbrechend (Aufgabe d)). Dann gibt es Probleme, die zwar einen abbrechenden Algorithmus als Lösung haben, aber die Ausführungszeit übersteigt jetzt und in Zukunft alle praktischen Grenzen (Aufgabe c)). Schließlich kann es darauf ankommen, Algorithmen zu verbessern – und sei es durch Verbesserung der zugrundeliegenden Technik (Aufgabe b)).

1.2 Wortmengen

Programme sind nach bestimmten Regeln aus einem Grundvorrat von Zeichen (Buchstaben, Ziffern, Sonderzeichen) und speziellen Symbolen (z. B. Schleife, Sprunganweisung) aufgebaut. Die Festlegung von Namen in der üblichen Notation von Programmiersprachen durch

$$< \text{Name} > \ ::= \ < \text{Buchstabe} > \ | \ < \text{Name} >< \text{Buchstabe} > \ | \ < \text{Name} >< \text{Ziffer} >$$

besagt, daß Namen letztlich aus Buchstaben und Ziffern aufgebaut sind und mit einem Buchstaben beginnen müssen. Buchstaben und Ziffern sind in diesem Fall die kleinsten Einheiten. Man kann durch die obige Regel eine Menge von Namen beschreiben, nämlich alle solchen, die aus Buchstaben und Ziffern zusammengesetzt sind und deren erstes Zeichen ein Buchstabe ist. Mengen dieser Art bezeichnet man als Wortmengen, die über einer Menge von Zeichen aufgebaut sind. Da auch Programme als Elemente der Menge aller Programme angesehen werden können, ist der Begriff der Wortmenge offensichtlich allgemeiner anwendbar. Deshalb wird er im folgenden präzisiert.

Eine endliche nichtleere Menge von Zeichen heißt *Alphabet*. Beispielsweise ist $S = \{0, 1, \ldots, 9\}$, die Menge der dezimalen Ziffern, ein Alphabet. Im folgenden bezeichnet S ein Alphabet, die Elemente von S werden mit s_i für $i = 1, 2, \ldots, r$ bezeichnet. S hat also die Mächtigkeit r.

Eine Folge w von Zeichen

$$w = (s_{i_1}, s_{i_2}, \ldots, s_{i_n}), \qquad i_k \in \{1, 2, \ldots, r\},$$

heißt ein *Wort* der *Länge* n (über dem Alphabet S). Die Länge eines Wortes w wird mit $\lg(w)$ oder $|w|$ bezeichnet. Statt $w = (s_{i_1}, s_{i_2}, \ldots, s_{i_n})$ schreibt man auch kürzer

$$w = s_{i_1} s_{i_2} \ldots s_{i_n} .$$

Zwei Wörter $w = s_{i_1} s_{i_2} \ldots s_{i_n}$ und $w' = s_{j_1} s_{j_2} \ldots s_{j_m}$ werden über die *Konkatenation*

$$ww' = s_{i_1} s_{i_2} \ldots s_{i_n} \ s_{j_1} s_{j_2} \ldots s_{i_m}$$

miteinander verknüpft. Ein Wort entsteht demnach durch Konkatenation von einzelnen Zeichen eines Alphabets. Die Konkatenation ist eine assoziative Verknüpfung.

Die *Menge aller Wörter* über S heißt S^+. S^+ bildet mit der Konkatenation als Verknüpfung eine Algebra und wird *Worthalbgruppe* über S genannt. Durch Adjunktion eines Einselements ε kann S^+ zu einem Monoid S_ε^+ gemacht werden, indem man für jedes Wort w

$$\varepsilon w := w, \qquad w\varepsilon := w, \qquad \varepsilon\varepsilon := \varepsilon$$

setzt. ε heißt das *leere Wort*. Wegen $|w| = |\varepsilon w| = |\varepsilon| + |w|$ gilt $|\varepsilon| = 0$. Man schreibt

$$S_\varepsilon = S \cup \{\varepsilon\}$$

für das um das leere Wort erweiterte Alphabet.

Ein Wort w der Länge n kann als ein Element aus dem $n-$fachen kartesischen Produkt von S interpretiert werden. Da nun aber in kartesischen Produkten die Gleichheit von Elementen durch die komponentenweise Gleichheit festgelegt ist, ist jedes Wort $w \in S^+$ eindeutig als Konkatenation von Elementen $s_i \in S$ darstellbar.

Ist $W \subset S^+$, so kann man die Potenzen W^n, die für $n \geq 1$ über die Komplexprodukte erklärt sind, durch

$$W^0 := \{\varepsilon\}$$

auch für $n = 0$ definieren. Die Worthalbgruppe bzw. das Monoid

$$W^* := W^0 \cup W^+ = \bigcup_{i \in I\!N_0} W^i$$

heißt der *Stern* der Wortmenge W, das Operationszeichen * heißt *Kleene'scher Sternoperator*. Ist $\varepsilon \in W$, so gilt $W^* = W^+$. Für die leere Menge $\emptyset$ gilt $\emptyset^* = \{\varepsilon\} = \{\varepsilon\}^*$. Für ein Wort $w \in S^*$ schreibt man statt $\{w\}^n$ kürzer w^n.

Wegen $W^+ = W^1 W^*$ folgt aus

$$
\begin{aligned}
W^* &= W^0 \cup W^+ = W^0 \cup W^1 W^* \\
&= W^0 \cup W^1(W^0 \cup W^1 W^*) = W^0 \cup W^1 \cup W^2 W^* \\
&= \ldots
\end{aligned}
$$

für jedes $k \geq 1$ die Beziehung

$$W^* = W^0 \cup W^1 \cup \ldots \cup W^{k-1} \cup W^k W^*.$$

Ist $W = W^2$, so gilt $W = W^k$ für alle $k \geq 1$ und daraus folgt sogar $W^* = W^0 \cup W = \{\varepsilon\} \cup W = W_\varepsilon$.

Ein Wort $u \in S^*$ heißt *Teilwort* oder *Suffix* von $w \in S^*$, wenn es $t,v \in S^*$ gibt, so daß $w = tuv$ gilt. Ist $t = \varepsilon$, so heißt u *Anfangsstück* oder *Präfix* von w; ist $v = \varepsilon$, so heißt u *Endstück* oder *Postfix* von w. Das *Spiegelbild* $\tilde{w}$ eines Wortes $w = s_{i_1} s_{i_2} \ldots s_{i_n}$ ist durch

$$\tilde{w} := s_{i_n} s_{i_{n-1}} \ldots s_{i_1}$$

gegeben. Für das leere Wort gilt $\tilde{\varepsilon} = \varepsilon$. Das Spiegelbild $\widetilde{W}$ einer Wortmenge W ist die Menge aller Spiegelbilder $\tilde{w}$ der Wörter w aus W, d. h.

$$\widetilde{W} := \{\tilde{w} | w \in W\}.$$

Sind t, u, v, w Wörter über S und gilt $tu = vw$, so läßt sich aus dem Bild

t	u	
	z	
v		w

unmittelbar erkennen:

- Ist $|t| < |v|$, dann gibt es genau ein z mit $v = tz$ und $u = zw$.
- Ist $|t| = |v|$, dann gilt $t = v$ und $u = w$.
- Ist $|t| > |v|$, dann gibt es genau ein z mit $t = vz$ und $w = zu$.

Ist t das Anfangsstück eines Wortes $w = tu$, so bezeichnet man u auch als die *Ableitung* des Wortes w nach dem Wort t und schreibt hierfür $D_t w$. Die Ableitung einer Wortmenge W nach einem Wort t ist dementsprechend durch

$$D_t W := \{u | \, tu \in W\} = \{D_t w | \, w \in W\}$$

festgelegt. Aus dieser Festlegung folgt

$$D_\varepsilon W = W.$$

Für $s \in S, w \in S^*$ gilt dann

$$D_{sw} W = D_w(D_s W).$$

Die zuvor eingeführten Begriffe sollen nun an einem Beispiel verdeutlicht werden. Es sei $S = \{a, b, c\}$, $w = abb$, $W = \{a, ba, abc\}$.

a) $S^* = \{\varepsilon, a, b, c, aa, ab, ac, ba, bb, bc, ca, cb, cc, aaa, \ldots\}$.

b) $w^0 = \varepsilon$, $w^1 = abb$, $w^2 = abbabb$, $w^3 = abbabbabb$, $\tilde{w} = bba$.

c) abb, ab, a und ε sind Anfangsstücke von w. abb, bb, b und ε sind Endstücke von w. Das leere Wort ist also immer Anfangsstück und Endstück.

d) $D_a w = bb$, $D_{ab} w = b$, $D_{abb} w = \varepsilon$, $D_b w = \emptyset$.

e) $D_a W = \{\varepsilon, bc\}$, $D_{aa} W = \emptyset$, $D_{ab} W = \{c\}$, $D_{abc} W = \{\varepsilon\}$.

f) Für $u, v \in S^*$ gilt $\widetilde{uv} = \tilde{v}\tilde{u}$ und $\tilde{\tilde{u}} = u$ $\diamond$

Die Menge S^* aller Wörter über S ist abzählbar, da

$$S^* = \bigcup_{m \in I\!N_0} S^m$$

eine Menge von abzählbaren Mengen S^m, $m \geq 0$, ist. Hierfür sei auch noch ein konstruktiver Beweis aufgeführt.

Beweis:

Für die Zeichen s_i des Alphabets S sei o. B. d. A. die Ordnung $s_1 < s_2 < \ldots < s_r$ festgelegt. Für zwei beliebige Wörter $w_1 = t_1 \ldots t_k$, $t_i \in S$, und $w_2 = u_1 \ldots u_m$, $u_i \in S$, mit $w_1 \neq w_2$ wird die *längenlexikographische* Ordnungsrelation $w_1 < w_2$ festgelegt gemäß:

a) $|w_1| < |w_2|$, d.h. $k < m$,

b) $|w_1| = |w_2|$ und

    – $t_j = u_j$ für $j = 1, 2, \ldots, n$ und $n < k$,

    – $t_{n+1} \neq u_{n+1}$.

M. a. W. : Die Wörter über S werden zuerst aufgrund ihrer Länge geordnet und Wörter gleicher Länge werden dann lexikographisch geordnet. Die Paare $(w, n), w \in S^*, n \in I\!N_0$, liefern dann mit

$$(\varepsilon, 0), (s_1, 1), (s_2, 2), \ldots, (s_r, r), (s_1 s_1, r + 1), (s_1 s_2, r + 2), \ldots$$

eine eineindeutige Zuordnung zwischen S^* und $I\!N_0$. Die Wörter der Länge $k, k \geq 1$, werden also auf das Intervall

$$\left[\frac{r^k - 1}{r - 1}, \ r * \frac{r^k - 1}{r - 1}\right]$$

abgebildet. Somit ist die Menge S^* aller Wörter über S abzählbar $\diamond$

Jede Wortmenge W ist eine Teilmenge von S^* und (wegen der Abzählbarkeit von S^*) abzählbar. Die Menge aller Wortmengen über S ist die Potenzmenge von S^* und daher nicht abzählbar. Die Verknüpfung zweier Wortmengen W_1 und W_2 erfolgt durch Konkatenation, also das Komplexprodukt

$$W_1 W_2 := \{w_1 w_2 | w_1 \in W_1, \ w_2 \in W_2\}.$$

Für die Worthalbgruppe S^+ ist S ein Erzeugendensystem, oder m. a. W. , S^+ ist frei über S. S ist nämlich ein Erzeugendensystem von S^+ und jedes Wort w über S ist eindeutig durch

$$w = t_1 t_2 \ldots t_n \quad , \ t_i \in S,$$

darstellbar. Die durch

$$k(w) = k(t_1 t_2 \ldots t_n) := k_0(t_1) k_0(t_2) \ldots k_0(t_n)$$

definierte Funktion ist ein Homomorphismus von S^+ nach G mit $k_0 : S \to G$, wenn G eine beliebige Halbgruppe und k_0 eine totale Funktion ist.

Es seien S und S' Alphabete. Dann gilt

$$S^+ \simeq (S')^+ \iff card(S) = card(S').$$

Beweis:

a) $\Rightarrow$:

Sei $k : S^+ \to (S')^+$ ein Isomorphismus und k^{-1} die Umkehrfunktion von k. Dann gilt $k(s) = w' \in (S')^+$ für $s \in S$. Zu zeigen ist, daß $|w'| = 1$. Annahme, es sei $|w'| > 1$, d. h. $w' = s_1' s_2' \ldots s_n'$, $s_i' \in S'$, $n > 1$. Aus $k(s) = w'$ folgt dann

$$s = k^{-1}(s_1') k^{-1}(s_2') \ldots k^{-1}(s_n')$$

und daraus $|s| > 1$. Dies ist aber ein Widerspruch, also ist die Annahme $n > 1$ falsch. Analog schließt man, daß $k^{-1}(s') = s \in S$ ist. Also sind S und S' bijektiv aufeinander abbildbar.

b) $\Leftarrow$:

Sei $k_0 : S \to S'$ eine bijektive Abbildung. k_0 läßt sich, da S^+ frei über S ist, zu einem Homomorphismus $k : S^+ \to (S')^+$ fortsetzen. k ist surjektiv und injektiv, also ein Isomorphismus $\diamond$

Weitere Beispiele für Wortmengen:

a) Die einfachste Darstellung einer Zahl $n \in I\!N_0$ besteht in der $(n+1)-$ maligen Wiederholung des Zeichens $|$, also

$$0 : \ | \ , \quad 1 : \ \| \ , \quad 2 : \ \|\| \ , \quad 3 : \ \|\|\| \quad \text{usw.}$$

Setzt man $S = \{ \ | \ \}$, so wird durch S^+, die Menge aller Wörter über S, der Zahlbereich $I\!N_0$ dargestellt. Man nennt $S = \{ \ | \ \}$ das *unäre* Alphabet.

b) Wählt man als Alphabet S die Menge der Buchstaben, Ziffern und Sonderzeichen, wie sie in der Definition von PASCAL vorkommen, so beschreibt die Menge S^+ aller Wörter über S die Menge aller möglichen Programmformulierungen — sowohl die korrekten als auch die syntaktisch falschen Programme.

c) Ein Wort w mit $w = \tilde{w}$, $w \in S^*$, heißt *Palindrom*. Somit ist

$$W = \{w \mid w = \tilde{w}, w \in S^*\}$$

die Menge aller Palindrome. Palindrome ergeben rückwärts gelesen dasselbe Wort (wie vorwärts gelesen). Man beachte, daß alle Wörter der Länge 1 Palindrome sind.

$\diamond$

1.3 Gödelisierungen

Zur Darstellung der nichtnegativen ganzen Zahlen bedient man sich im allgemeinen des Dezimalsystems oder eines anderen Stellenwertsystems zu einer Basis B, $B \in I\!N$, $B \geq 2$. Für $B = 2$ ergibt sich das *Binärsystem*, das nur auf den Ziffern 0 und 1 aufbaut. Das Alphabet $T = \{0, 1\}$ heißt *binäres* Alphabet.

In diesem Abschnitt werden injektive Funktionen zwischen einem beliebigen Alphabet S und einem binären Alphabet, sowie, als allgemeiner Fall, injektive Funktionen von $(S^*)^n$ auf $I\!N_0$ betrachtet, wobei natürlich $I\!N_0$ auch wieder binär dargestellt werden kann. Durch solche Abbildungen kommt man zu Darstellungen, die unabhängig von dem speziell gewählten Alphabet sind.

Sei $S = \{s_i |\ 1 \leq i \leq r,\ r \geq 2\}$ ein beliebiges Alphabet und T ein binäres Alphabet. Ist

$$n = \min\{\ j\ |\ 2^j \geq r + 1\}$$

und für jede ganze Zahl k mit $1 \leq k \leq r$ die k entsprechende $n-$stellige Binärzahl

$$\begin{aligned}
B(n, k) &:= (b_{n-1} b_{n-2} \ldots b_0)_2, \qquad b_i \in T, \\
&= (b_{n-1} 2^{n-1} + b_{n-2} 2^{n-2} + \ldots + b_0 2^0)_{10},
\end{aligned}$$

so entspricht jedem s_i eine solche Binärzahl, die führende Nullen enthalten kann. Die durch

$$\begin{aligned}
h(\varepsilon) \quad &:= B(n, 0) = 00 \ldots 0, \\
h(s_i) \quad &:= B(n, i), \qquad s_i \in S, \\
h(s_i w) &:= B(n, i) h(w), \qquad s_i \in S,\ w \in S^+,
\end{aligned}$$

definierte injektive Funktion $h : S^* \to T^*$ heißt die *binäre Verschlüsselung* von S^*.

Es genügt demnach, sich gegebenenfalls auf binäre Alphabete zu beschränken, da sich alle anderen Alphabete darauf abbilden lassen. Auch die in Computern gebrauchten Binärcodes, wie EBCDI–Code oder ASCII, verschlüsseln beliebige Texte binär. Wegen $v = v\varepsilon = \varepsilon v$ für alle $v \in S^*$ kann $h(w), w \in S^*$, beliebig viele verschlüsselte Leerwörter enthalten.

Ist zum Beispiel $S = \{a, b, c\}$, dann ist $h(a) = 11$, $h(b) = 10$, $h(c) = 01$, $h(\varepsilon) = 00$, $h(aa) = 1111$, $h(ab) = 1110$, $h(ba) = 1011$ usw. eine binäre Verschlüsselung.

Eine Verallgemeinerung der binären Verschlüsselung führt zum Begriff der Gödelisierung.

Eine injektive Funktion $h : S^* \to I\!N_0$ heißt *Gödelisierung* der Wörter aus S^*, wenn gilt:

a) $w_1 \neq w_2 \Rightarrow h(w_1) \neq h(w_2), \quad (w_1, w_2 \in S^*)$.

b) $h(w)$ ist in endlich vielen Schritten berechenbar.

c) Für alle $n \in I\!N_0$ ist in endlich vielen Schritten feststellbar, ob es ein $w \in S^*$ gibt, so daß $h(w) = n$ gilt.

d) Ist $n = h(w)$, so ist w in endlich vielen Schritten auffindbar.

$h(w)$ heißt die *Gödelnummer* des Wortes w.

Die zuvor beschriebene binäre Verschlüsselung ist, wie man leicht nachprüft, eine Gödelisierung. Allerdings ist nicht jede natürliche Zahl in Dezimalschreibweise auch Gödelnummer eines Wortes, da alle Zahlen, die mindestens eine der Ziffern von 2 bis 9 enthalten, kein entsprechendes Wort in S^* haben. Konvertiert man die Binärzahlen der binären Verschlüsselung in Dezimalzahlen, so können natürliche Zahlen mit beliebigen Ziffern Gödelnummern sein.

Häufig benutzte Gödelisierungen sind, neben der bereits eingeführten binären Verschlüsselung, die $B-$ adische Verschlüsselung und die Primzahlverschlüsselung.

Eine Funktion h liefert eine $B-$ *adische Verschlüsselung* von S^*, falls gilt:

a) $S = \{s_1, \ldots, s_r\}$ werde durch eine Funktion h_0 injektiv auf $\{1, 2, \ldots, r\}$ abgebildet.

b) Man setzt $B := r + 1$ und verschlüsselt ein Wort in eine Zahl im $B-$ adischen Zahlsystem (Basis B) gemäß:

$h(\varepsilon) := 0,$

$h(s) := h_0(s) \quad$ für alle $s \in S$,

$h(ws) := B * h(w) + h(s) \quad$ für $s \in S$.

Ist $w = v_1 v_2 \ldots v_m, \ m \geq 1, \ v_i \in S$, so folgt

$$h(w) = B^{m-1} * h_0(v_1) + B^{m-2} * h_0(v_2) + \ldots + B^0 * h_0(v_m).$$

Der Algorithmus zur Berechnung von $h(w)$ lautet (informelle Beschreibung):

$\quad\quad n := 0;$

$\quad$ **while** $w \neq \varepsilon$ **do**

$\quad\quad$ **begin**

$\quad\quad\quad$ Setze $w = sw' \ (s \in S, \ w \in S^+, \ w' \in S^*);$

$\quad\quad\quad n := B * n + h_0(s);$

$$w := w'$$
end ;
$\{n$ hat die Gödelnummer von w als Wert $\}$.

Dieser Algorithmus terminiert nach endlich vielen Schritten. Auch für $h^{-1} : I\!N_0 \to S^*$ läßt sich ein Algorithmus angeben, der stets terminiert:

$$w := \varepsilon \, ;$$
while $n \neq 0$ **do**
    begin
$$q := (n-1) \bmod B + 1 \, ;$$
$$n := (n-1) \operatorname{div} B \, ;$$
$$w := h_0^{-1}(q) \, w$$
    end ;
    $\{w$ enthält das der Gödelnummer n entsprechende Wort $\}$.

Es folgt nun die Primzahlverschlüsselung. Sei wiederum $S = \{s_1, \ldots, s_r\}$ und $h_0 : S \to \{1, 2, \ldots, r\}$ eine injektive Funktion. Bezeichnet p_k die k-te Primzahl ($p_1 = 2$, $p_2 = 3$, $p_3 = 5$, $p_4 = 7$ usw.), so definiert

$$h(\varepsilon) := 1,$$
$$h(w) := h(v_1 v_2 \ldots v_j) := p_1^{h_0(v_1)} p_2^{h_0(v_2)} \ldots p_j^{h_0(v_j)}, \qquad v_i \in S,$$

die *Primzahlverschlüsselung*.

Die Injektivität der Primzahlverschlüsselung folgt aus der eindeutigen Primfaktorzerlegung einer ganzen Zahl. Die Anzahl j der auftretenden Primzahlen (es müssen stets die ersten j Primzahlen sein) bestimmt die Länge des Wortes, die Potenz der jeweiligen Primzahl das Zeichen. Man sieht unmittelbar, daß alle Zahlen, die keinen Primfaktor p^i mit $i > r$ enthalten, Gödelnummern sind, und alle Zahlen, die einen Primfaktor p^i mit $i > r$ enthalten, keine Gödelnummern sind.

Hat man die Primzahlverschlüsselung $h : S^* \to I\!N_0$, so läßt sich durch nochmalige Anwendung der Primzahlverschlüsselung auch $(S^*)^m$, d.h. Folgen von Wörtern, gödelisieren. Ist $h_m : (S^*)^m \to I\!N_0$ und

$$(w_1, w_2, \ldots, w_m), \qquad w_i \in S^* \, ,$$

gegeben, so verschlüssele man gemäß

$$h_m = p_1^{h(w_1)} p_2^{h(w_2)} \ldots p_m^{h(w_m)},$$

wenn $h(w_i)$ die Primzahlverschlüsselung von w_i ist.

Beispiele:

a) $S = \{a, b, c, \}$ liefert für die $B-$ adische Verschlüsselung, wenn

     $h_0(a) = 1, \; h_0(b) = 3, \; h_0(c) = 2$ ist:

     $h(aa) = 5, \; h(ab) = 7, \; h(ac) = 6, \; h(aaa) = 21$ usw.

b) $S = \{a, b, c\}$ ergibt bei der Primzahlverschlüsselung, wenn

     $h_0(a) = 2, \; h_0(b) = 1, \; h_0(c) = 3$, ist:

     $h(aa) = 2^2 * 3^2 = 36, \; h(cba) = 2^3 * 3^1 * 5^2 = 600, \; h(abc) = 2^2 * 3^1 * 5^3 = 1500$.

c)   Die Folge $\quad (aa, ab, abc) \quad$ läßt sich auf der Basis von b), d. h.

     $h(aa) = 36, \quad h(ab) = 2^2 * 3^1 = 12, \quad h(abc) = 1500$,

     durch

     $h_3 = 2^{36} * 3^{12} * 5^{1500}$

     verschlüsseln. Man gelangt also sehr schnell zu sehr großen Zahlen.

d)   Zahlenfolgen

$$(a_1, a_2, a_3, \ldots, a_m), \qquad a_i \in I\!N_0 ,$$

     lassen sich "direkt" mittels

$$p_1^{a_1+1} * p_2^{a_2+1} * \ldots * p_m^{a_m+1}$$

     verschlüsseln.

e)   Ist p_n die $n-$ te Primzahl ($p_1 = 2, p_2 = 3$ usw.), so ist die *Exponentenfunktion*

     $ex : I\!N_0^2 \to I\!N_0$ wie folgt definiert:

$$ex(n - 1, 0) := 0 \qquad \text{für } n \geq 1,$$
$$ex(n - 1, z) := \max_i\{i \mid p_n^i \text{ teilt } z\}, \qquad n \geq 1.$$

Da sich jede natürliche Zahl n eindeutig durch x und y in der Form

$$n = 2^x * (2 * y - 1) - 1$$

darstellen läßt, gödelisiert die Funktion

$$g(x, y) = 2^x * (2 * y - 1)$$

Zahlenpaare (x, y). Die "Umkehrfunktionen" zu g lauten für $z = g(x, y)$:

$$g_x(z) := ex(0, z + 1)$$
$$g_y(z) := ((z + 1) * 2^{-g_x(z)} - 1)$$

und es gilt

$$g_x(g(x, y)) = x,$$
$$g_y(g(x, y)) = y,$$
$$g(g_x(z), g_y(z)) = z \quad \diamond$$

Durch die Schritte

a) Gödelisierung von $(S^*)^n$, also $h : (S^*)^n \to I\!N_0$,

b) unäre Verschlüsselung, also $\alpha : I\!N_0 \to \{\ |\ \}^+$,

kann man $(S^*)^n$ auf $\{\ |\ \}^+$ abbilden. Das zuvor genannte Beispiel $h_0(a) = 1$, $h_0(b) = 3$, $h_0(c) = 2$ führt über die $B-$ adische Verschlüsselung zu den Darstellungen

$$aa \to |||||| , \quad ab \to ||||||||| , \quad ac \to ||||||| \quad \text{usw.}$$

PASCAL–Programme sind Wörter über einem Alphabet S, das aus Buchstaben, Ziffern, Sonderzeichen sowie einigen speziellen Symbolen (die auch als Sonderzeichen angesehen werden können) besteht. Sie sind somit gödelisierbar. Es besteht also eine injektive Abbildung zwischen den Programmen und den natürlichen Zahlen.

1.4 Entscheidbarkeit und Aufzählbarkeit

Algorithmen haben eine endliche Beschreibung über einem Alphabet S, etwa dem Alphabet aus Buchstaben, Ziffern und einigen Sonderzeichen. Jeder Algorithmus ist folglich ein Wort über S und wegen der Abzählbarkeit von S^* ist auch die Menge der Algorithmen abzählbar.

Betrachtet man andererseits die Menge der Funktionen $f : I\!N_0 \to I\!N_0$, deren Definitions- und Wertebereich also die nichtnegativen ganzen Zahlen sind, so läßt sich zeigen, daß diese Menge von Funktionen nicht abzählbar ist. Der Beweis hierfür benutzt die sogenannte Cantorsche Diagonalisierung (wie im Abschnitt 1.1 bei dem Beispiel für den Druck aller reellen Zahlen zwischen 0 und 1). Nimmt man an, die Menge dieser Funktionen sei abzählbar, so gibt es eine Numerierung

$$f_1, \ f_2, \ f_3, \ \ldots$$

derart, daß alle Funktionen in dieser Folge auftreten. Definiert man nun eine Funktion $f : I\!N_0 \to I\!N_0$ mit

$$f(n) = f_n(n) + 1$$

für $n \geq 0$, so muß dieses f auch in der Folge $f_1, \ f_2, \ldots$ enthalten sein. Es gibt also ein j mit $f_j = f$. Wegen $f_j(j) = f(j)$ einerseits und $f(j) = f_j(j) + 1$ andererseits führt dies jedoch zu einem Widerspruch. Also ist die Annahme, die Menge der Funktionen sei abzählbar, falsch. $\diamond$

Es seien W_1 und W_2 Wortmengen über dem Alphabet S und es sei $W_1 \subset W_2$. W_1 heißt *entscheidbar relativ zu* W_2, wenn es einen abbrechenden Algorithmus, *Entscheidungsverfahren* genannt, gibt, der für jedes Wort $w \in W_2$ feststellt, ob $w \in W_1$ oder $w \notin W_1$ gilt. W_1 heißt *entscheidbar*, wenn W_1 relativ zu S^* entscheidbar ist (also $W_2 = S^*$ gilt).

Beispiel: Sei W die Menge aller Palindrome. Der folgende Algorithmus entscheidet für ein Wort $w \in S^*$, ob $w \in W$ oder $w \notin W$ gilt — also ist W entscheidbar.

1) Falls $|w| < 2$, stoppe mit Resultat "$w \in W$".

2) Falls erstes Zeichen von w mit dem letzten Zeichen von w nicht übereinstimmt, stoppe mit Resultat "$w \notin W$".

3) Entferne erstes und letztes Zeichen von w. Weiter bei 1). $\diamond$

Ist W_1 relativ zu W_2 entscheidbar, so ist auch das Komplement $W_2 \setminus W_1$ relativ zu W_2 entscheidbar, da auf $W_2 \setminus W_1$ dassselbe Entscheidungsverfahren wie auf W_1 angewandt werden kann. Sind sowohl W_0 als auch W_1 relativ zu W_2 entscheidbar, so sind auch die Vereinigung $W_0 \cup W_1$ und der Durchschnitt $W_0 \cap W_1$ relativ zu W_2 entscheidbar. Bezeichnet nämlich A_0 das Entscheidungsverfahren für W_0 und A_1 das Entscheidungsverfahren für W_1 , so lauten die Entscheidungsverfahren

– für die Vereinigung: A_0 oder A_1 muß positiv ausgehen.

– für den Durchschnitt: sowohl A_0 als auch A_1 muß positiv ausgehen.

Das Entscheidungsverfahren für W_1 relativ zu W_2 zerlegt die Menge W_2 in zwei disjunkte Teilmengen, nämlich

$$W_2 = W_1 \cup (W_2 \setminus W_1) \,.$$

Man kann diesen Sachverhalt mittels der sogenannten charakteristischen Funktion ausdrücken. Eine Funktion $h : T \to \{0,1\}$ mit einer beliebigen Menge T heißt *charakteristische* Funktion der Menge $R \subset T$, wenn

$$h(s) = \begin{cases} 1 & \text{falls } s \in R, \ s \in T, \\ 0 & \text{falls } s \notin R, \ s \in T, \end{cases}$$

gilt. Ist umgekehrt eine charakteristische Funktion h gegeben, so kann die Menge R durch

$$R = \{ \, s \mid h(s) = 1, \ s \in T \, \}$$

bestimmt werden. Das Entscheidungsverfahren liefert in gewissem Sinn einen Algorithmus zur Berechnung von h. Ist h_1 die charakteristische Funktion von $W_1 \subset W_2$, so ist

$$h_3(w) = 1 - h_1(w) \quad , \ w \in W_2 \,,$$

die charakteristische Funktion des Komplements $W_2 \setminus W_1$. Für den Durchschnitt $W_0 \cap W_1$, $W_0 \subset W_2$, $W_1 \subset W_2$, lautet die charakteristische Funktion

$$h_4(w) = h_0(w) * h_1(w) \quad , \ w \in W_2 \,,$$

und für die Vereinigung

$$\begin{aligned} h_5(w) &= 1 - (1 - h_0(w)) * (1 - h_1(w)) \\ &= h_0(w) + h_1(w) - h_0(w) * h_1(w). \end{aligned}$$

Hat man eine Wortmenge $W \subset S^*$, so wird man an einem Verfahren interessiert sein, die Elemente von W effektiv zu bestimmen und zudem sicherzustellen, daß das Verfahren alle Elemente von W liefert. Man nennt eine Menge $W \subset S^*$ *(rekursiv) aufzählbar*, wenn $W = \emptyset$ ist oder wenn es eine "berechenbare" Funktion $f : I\!N_0 \to S^*$ mit

$$f(I\!N_0) = W$$

gibt. "Berechenbar" soll bedeuten, daß es einen Algorithmus gibt, der es gestattet, für jedes $n \in I\!N_0$ den Funktionswert $f(n)$ zu bestimmen. Die Funktion f heißt dann eine *Aufzählung* von W. Durch sukzessive Eingabe der Werte $0, 1, 2, \ldots$ erhält man also durch den Algorithmus alle Elemente von W, eventuell mit Wiederholungen. Durch f läßt sich so W erzeugen und aufzählen.

Man beachte den Unterschied zwischen abzählbaren und aufzählbaren Mengen. Beide Begriffe verlangen, daß $I\!N$ bzw. $I\!N_0$ mittels einer Funktion auf eine Menge abgebildet werden, aber die Aufzählbarkeit verlangt zusätzlich, daß f "berechenbar" ist — es also einen Algorithmus zur Berechnung der Werte von f gibt. Die Menge aller aufzählbaren Mengen ist demnach eine Teilmenge der Menge aller abzählbaren Mengen. Jede aufzählbare Menge ist abzählbar, aber nicht jede abzählbare Menge ist auch aufzählbar. Dies kann man z. B. daraus ersehen, daß die Menge aller Algorithmen und damit die Menge der "berechenbaren" Funktionen $f : I\!N \to I\!N$ abzählbar ist. Da nun die Potenzmenge von $I\!N$ überabzählbar ist, gibt es sicherlich Teilmengen von $I\!N$ (das sind Elemente der Potenzmenge von $I\!N$), die nicht das Bild einer "berechenbaren" Funktion sind.

Jede endliche Menge $W = \{\, w_i \mid 0 \leq i \leq m \}$ ist aufzählbar. Man muß hierzu nur die Zuordnung

$$f(n) = \begin{cases} w_n & \text{für} \quad n \leq m, \\ w_m & \text{für} \quad n > m, \end{cases}$$

machen. Ebenso ist die Worthalbgruppe S^* über einem Alphabet S aufzählbar. Man zeigt dies, indem man S^* längenlexikographisch ordnet und auf $I\!N_0$ abbildet (analog dem Beweis für die Abzählbarkeit von S^*).

Zwischen den Begriffen Entscheidbarkeit und Aufzählbarkeit gibt es einen engen Zusammenhang. $W \subset S^*$ ist genau dann entscheidbar, wenn W und $S^* \setminus W$ aufzählbar sind. Dies läßt sich wie folgt beweisen:

a) $\Rightarrow$:

Man ordne S^* längenlexikographisch und numeriere die Wörter mit $w_0, w_1, w_2, \ldots$.

Ferner sei h die charakteristische Funktion von W, die durch das Entscheidungsverfahren A berechenbar ist und die $h(w) = 1$ für $w \in W$ und $h(w) = 0$ für $w \notin W$ liefert. Es läßt sich nun eine Funktion H angeben, die W aufzählt. Bezeichnet $H(i)$ die Nummer des $i-$ten Elements von W, das in der Folge $w_0, w_1, \ldots$ liegt (also der längenlexikographischen Anordnung von S^*), so leistet der Algorithmus

    1) $k := 0$; $j := 0$;

    2) Berechne $h(j)$ und erhöhe k um 1, falls $h(j) = 1$ ist;

    3) Erhöhe j um 1;

    4) Falls $k < i$ ist, mache bei 2) weiter;

    5) Setze $H(i) := h(k)$ und stoppe $\diamond$

das Gewünschte. H liefert also eine Aufzählung von W. Entsprechend läßt sich $S^* \setminus W$ aufzählen, wenn man im zweiten Schritt des Algorithmus die Abfrage "falls $h(j) = 1$" in "falls $h(j) = 0$" ändert.

b) $\Leftarrow$:

Ist $H_1(I\!N) = W$ eine Aufzählung von W und $H_2(I\!N) = S^* \setminus W$ eine Aufzählung von $S^* \setminus W$, so entscheidet der folgende Algorithmus, ob ein Wort w zu W oder $S^* \setminus W$ gehört:

    1) Setze $j = 0$;

    2) Falls $H_1(j)$ das Wort w liefert, stoppe mit $w \in W$;

    3) Falls $H_2(j)$ das Wort w liefert, stoppe mit $w \notin W$;

    4) Erhöhe j um 1 und mache weiter bei 2) $\diamond$

Dieser Algorithmus terminiert stets, da w entweder in der Aufzählung von H_1 oder in der Aufzählung von H_2 vorkommt $\diamond$

2. Programme

Zur Realisierung von Algorithmen auf einem Rechner bedient man sich einer geeigneten Programmiersprache und schreibt in dieser Sprache ein Programm. Programmiersprachen sind syntaktisch und semantisch eindeutig festgelegt (im Gegensatz zu den mehrdeutigen natürlichen Sprachen). Die *Syntax* einer Sprache beschreibt die Struktur und den Aufbau von Programmen und die *Semantik* ordnet dem Programm eine inhaltliche Bedeutung zu. Ein dritter wesentlicher Aspekt der Programmiersprachen ist die Beziehung der Sprache zur "Umwelt", die *Pragmatik*. Typische Fragestellungen zu den drei Bereichen sind:

a) Syntax: Welche Anweisungen gibt es? Kann eine Anweisung mehrere Marken haben? Welche Datentypen gibt es? Wie lautet die Zählschleife?

b) Semantik: Welchen Ausgabewert Z berechnet ein Programm P für einen Eingabewert X? Welche Funktion f_P realisiert ein Programm P? Terminiert ein Programm P für alle Eingabewerte? Für welche Eingabewerte terminiert ein Programm P?

c) Pragmatik: Welche Probleme eignen sich für eine bestimmte Programmiersprache? Sind die Sprachkonstrukte übersichtlich und auf einem Rechner effizient ausführbar? Gibt es eine geeignete Programmierumgebung?

Die Syntax einer Programmiersprache ist erstmals bei ALGOL60 formal beschrieben worden. Eine solche formale Beschreibung gibt nicht nur exakte und zuverlässige Hilfen bei der Formulierung von Programmen, sondern ist auch Voraussetzung zur Entwicklung von Verfahren zur Syntaxanalyse und Übersetzung. Die Notwendigkeit, Semantik formal zu beschreiben, ergibt sich vor allem aus der Forderung, Programme in eindeutiger Weise zu interpretieren und zu prüfen, was sie leisten. Im Rahmen dieses Buches stehen Untersuchungen zur Syntax im Vordergrund, semantische Fragestellungen werden nur informell behandelt.

Als Programmiersprache wird in diesem Buch PASCAL zugrundegelegt. Allerdings wird sich herausstellen, daß von dem Sprachumfang von PASCAL nur ein kleiner Teil auch wirklich benötigt wird. Die Realisierung einer Funktion f mit beliebigem Eingabealphabet E und beliebigem Ausgabealphabet A bedeutet nicht, daß man mit den Zeichen von E und A direkt "rechnen" muß.

Eine bijektive Funktion zur Abbildung von E und A in den Bereich der nichtnegativen ganzen Zahlen impliziert, daß f als Funktion mit Definitions- und Wertebereich $I\!N_0$ angesehen werden kann. Es genügt also, sich auf Funktionen der Art

$$f : I\!N_0^q \rightarrow I\!N_0^r \quad , \quad q, r \in I\!N,$$

zu beschränken.

2.1 Berechenbarkeit

Die Programmiersprache PASCAL liefert in Gestalt eines Programms eine endliche und
eindeutige Vorschrift zur Berechnung einer Klasse von Problemen. Das Programm
besteht aus einer Folge von Vereinbarungen und Anweisungen. Die für einen Algorithmus notwendigen elementaren Handlungen werden bei einem Programmlauf in der
Ausführung der Anweisungen erbracht, sie bilden das dynamische Element oder auch
eine *Berechnung*. Ein PASCAL–Programm stellt also einen Algorithmus dar, ein Programmlauf liefert die Berechnung eines Funktionswerts der dem Programm entsprechenden Funktion.

Das Programm

```
program  Beispiel (input,output);
var  X,Y : integer;
begin
    read(X,Y);
    write(X+Y, X − Y)
end .
```

berechnet die Summe und die Differenz zweier ganzer Zahlen. Es hat zwei Eingabe-
werte und zwei Ausgabewerte, und ist daher sowohl im Definitionsbereich als auch im
Wertebereich zweistellig. Man könnte auch sagen, daß es für die Funktion "Summe und
Differenz" ein (PASCAL–) Programm gibt.

Eine interessierende Eigenschaft von Programmen ist die Frage nach der *Terminierung*,
d. h. ob sie jemals nach endlicher Zeit anhalten. Um Terminierungsbeweise zu führen,
müssen die kritischen Sprachelemente, die nicht notwendig terminieren, untersucht werden:

– Schleifen (ohne **for** –Schleifen),

– Sprünge, sofern diese zu Schleifen führen,

– rekursive Prozeduren.

Eine oft benutzte Methode zum Nachweis der Terminierung besteht darin, einen Ausdruck mit Werten aus $I\!N_0$ zu finden, der bei jedem Durchlauf der Schleife bzw. bei
jedem rekursiven Aufruf der Prozedur echt kleiner wird und der insgesamt nach unten
beschränkt ist. Terminiert ein Programm nur für bestimmte Eingabewerte, so ist die
zugeordnete Funktion partiell.

Eine partielle Funktion f heißt *berechenbar unter einem Programm P* , wenn P für alle definierten Eingabetupel $(n_1, n_2, \ldots, n_q)$ terminiert und das entsprechende Ausgabetupel $(m_1, m_2, \ldots, m_r)$ mit $f(n_1, \ldots, n_q) = (m_1, \ldots, m_r)$ liefert. f heißt *berechenbar*, wenn es ein Programm P gibt, so daß f unter P berechenbar ist. Die Berechenbarkeit von f sichert also die Existenz eines Programms P , mit dessen Hilfe f berechnet werden kann.

Das Programm

```
program  N100 (input,output);
var   N  : integer;
begin
    read( N );
    if   N > 100  then   write( N )
end .
```

liefert für $N \leq 100$ keine Ausgabe, also $f(N) = \perp$ für $N \leq 100$ und $f(N) = N$ für $N > 100$. Die *leere* Funktion $f(N) = \perp$ für alle $N \in \mathbb{Z}$ wird durch folgendes Programm "erzeugt":

```
program  leer (input,output);
var   N  : integer;
begin
    read( N );
    while  true do
end .
```

Diese informelle Beschreibung der Berechenbarkeit unter einem Programm P läßt sich auch noch formalisieren. O. B. d. A. seien die Variablen eines Programms mit

$$X_1, X_2, \ldots, X_q, X_{q+1}, \ldots, X_{q+r}, X_{q+r+1}, \ldots, X_k$$

bezeichnet, wobei X_1 bis X_q die q Eingabevariablen, X_{q+1} bis X_{q+r} die r Ausgabevariablen und X_{q+r+1} bis X_k die übrigen im Programm auftretenden Variablen sind. Diese Variablen seien zu einem Vektor zusammengefaßt und durch

$$X = (X_1, X_2, \ldots, X_q, X_{q+1}, \ldots, X_{q+r}, X_{q+r+1}, \ldots, X_k)$$

bezeichnet. Vor Beginn der Programmausführung ist der Vektor X beliebig initialisiert, sein Wert sei mit X^0 bezeichnet. Bei jeder Ausführung einer Anweisung kann sich der Wert von X verändern, so daß der Vektor X eine Folge von Werten

$$X^0, X^1, X^2, \ldots$$

durchläuft. Bei Programmende geben dann die Komponenten X_{q+1} bis X_{q+r} die Werte der Ausgabevariablen an. Zur Vollständigkeit der formalen Beschreibung muß dann noch die Wirkung der einzelnen Anweisungen festgelegt werden; beispielsweise bewirkt die Wertzuweisung $X_i := X_j + 7$, daß der Vektor bei der Ausführung dieser Anweisung sich im Wert der i-ten Komponente ändert.

Zu jedem Programm P gibt es nun unendlich viele gleichwertige Programme, die alle dieselbe Funktion berechnen. Man kann zum Beispiel statt der Anweisung $A := 3$ auch $A := 4-1$ oder $A := 5-2$ oder $A := 2+1$ usw. schreiben, oder aber auch Anweisungen einfügen, die sich gegenseitig wieder aufheben ($A := A - 1$; $A := A + 1$;).

Programme, die dieselbe Funktion berechnen, nennt man *äquivalent*.

Hat man ein Programm P, so kann man dazu leicht ein äquivalentes Programm P' angeben, das die Werte seiner Eingabevariablen nicht ändert. Sind nämlich X_i, $1 \leq i \leq q$, die Eingabevariablen von P, so entsteht P' aus P, indem in P neue Variablen NX_i, $1 \leq i \leq q$, eingeführt und alle Anweisungen *read*(X_i) durch

$$\text{read}(NX_i); \quad X_i := NX_i ;$$

ersetzt werden. Das so erhaltene Programm P' leistet das Gewünschte.

Durch Gödelisierung der Eingabevariablen und der Ausgabevariablen läßt sich erreichen, daß es zu jedem Programm P ein äquivalentes Programm P' gibt, das nur eine Eingabevariable und nur eine Ausgabevariable hat. Ist f_P die P entsprechende Funktion, so kann man die Eingabetupel $(X_1, \ldots, X_q)$ gödelisieren, die Gödelnummer sei g_q. P' hat dann die Gestalt:

1) Eingabe der Gödelnummer g_q ;
2) Ermittlung der X_i aus g_q ;
3) Berechnung von f_P, wie im Programm P, jedoch ohne Ausgabe;
4) Gödelisierung des Ausgabetupels $(X_{q+1}, \ldots, X_{q+r})$, Gödelnummer g_r ;
5) Ausgabe von g_r ◇

Aus g_r können dann wieder die X_{q+i} ermittelt werden.

Jedes Programm mit mehreren Eingabe- und Ausgabevariablen kann also auf ein Programm mit nur einer Eingabe- und Ausgabevariablen transformiert werden. Benutzt man für die Eingabe und die Ausgabe dieselbe Variable, so genügt sogar für jedes Programm genau eine Variable für die Eingabe und die Ausgabe. Zudem kann man sich wegen der Gödelisierung bei der Ein- und Ausgabe auf nichtnegative ganze Zahlen beschränken. Jedem solchen Programm P entspricht dann eine Funktion

$$f_P : \mathbb{N}_0 \to \mathbb{N}_0 \,.$$

Die Menge

$$F_{\mathrm{PAS}} := \{f_P|\ \ P \text{ ist PASCAL–Programm} \ ; \ f_P : \mathbb{N}_0 \to \mathbb{N}_0\}$$

ist dann die Menge aller partiellen Funktionen, die durch PASCAL–Programme realisiert werden können. In den folgenden Abschnitten und Kapiteln wird die Menge F_{PAS} eingehend analysiert werden.

2.2 Minipascal

Die Vielfalt der Sprachelemente, die PASCAL bietet, trägt weniger zur Mächtigkeit
der Berechnungsmöglichkeiten bei als vielmehr zur bequemen Programmierung und
übersichtlichen Programmdarstellung. In diesem Abschnitt wird zunächst eine einfache Programmiersprache entwickelt, die als Untermenge von PASCAL angesehen werden
kann. Diese Vorgehensweise wird gewählt, um die berechenbaren Funktionen auf einfache
Art und Weise zu charakterisieren.

Diese Einfachheit der Sprache hat allerdings auch ihren Preis, nämlich in der Anzahl der
auszuführenden Anweisungen bei einem Programmlauf. Aber da zunächst nur Fragen der
theoretischen Berechenbarkeit, d.h. ohne Rücksicht auf die Ausführungszeit und auf die
Speichergröße, betrachtet werden, ist diese Vorgehensweise gerechtfertigt. Wenn gezeigt
wird, daß eine Funktion durch ein solches Programm berechenbar ist, dann ist es ein
technisches Problem, die Ausführungszeit zu verbessern. Wird andererseits gezeigt, daß
eine Funktion in dieser einfachen Sprache nicht darstellbar ist, dann ist sie offensichtlich
auch nicht durch eine andere Sprache darstellbar.

Diese einfache Programmiersprache, *Minipascal* genannt, enthält die folgenden Sprachelemente:

a) Variablennamen wie in PASCAL.

b) Einziger implizit vereinbarter Standarddatentyp ist *cardinal*, der Bereich der nichtnegativen ganzen Zahlen. Die Zahlen können beliebig groß sein, d. h. es besteht keine
Beschränkung bezüglich der Stellenzahl.

c) Wertzuweisungen der Art:
   - $X := 0$, d. h. der Variablen X wird der Wert 0 zugewiesen,
   - $X := X + 1$, d. h. der Wert der Variablen X wird um 1 erhöht,
   - $X := X \dot{-} 1$, d. h. der Wert der Variablen X wird um 1 erniedrigt
     (man beachte $0 \dot{-} 1 = 0$).

d) Schleifen der Art
   > **while** $X \neq 0$ **do** s;

   wobei X eine Variable ist, die auf Ungleichheit mit 0 verglichen wird, und s eine
   Anweisung bezeichnet.

e) Zusammengesetzte Anweisungen der Art
   > **begin** $s_1; s_2; \ldots; s_n$ **end** ;

   wobei $s_1, s_2, \ldots, s_n$ beliebige (zusammengesetzte) Anweisungen sind.

f) Die Eingabeanweisung

      read(X)

bewirkt, daß der Variablen (X) von der Eingabe ein Wert zugewiesen wird, und die Ausgabeanweisung

      write(X)

bewirkt, daß der Wert der Variablen X ausgegeben wird.

Es gibt nur die Standarddateien input und output. Liegt bei einem *read* keine weitere Eingabe vor, so bleibt das Programm in der Ausführung stehen (terminiert nicht). *write* kann stets ausgeführt werden.

g) Der Programmaufbau ist wie in PASCAL.

Beispiel: Das Programm "Beispiel" aus Abschnitt 2.1 zur Berechnung der Summe und Differenz zweier ganzer nichtnegativer Zahlen lautet:

```
program  Beispiel2 (input,output);
    var  X , Y , SUM , DIF : cardinal;
    begin
        read( X );
        read( Y );
        SUM := 0 ;
        DIF := 0 ;
        while  X ≠ 0 do
            begin
                SUM := SUM + 1 ;
                DIF := DIF + 1 ;
                X := X ∸ 1
            end ;
        while  Y ≠ 0 do
            begin
                SUM := SUM + 1 ;
                DIF := DIF ∸ 1 ;
                Y := Y ∸ 1
            end ;
        write( SUM );
        write( DIF )
    end .
```

Das Beispiel zeigt, daß relativ einfache Funktionen schon einen ganz beträchtlichen Programmieraufwand erfordern. Bezeichnet

$$F_{\text{MIN}} := \{\ f_P\ |\ \ P \text{ ist Programm in Minipascal},\ f_P : I\!N_0 \rightarrow I\!N_0\ \}$$

die Menge aller partiellen Funktionen in Minipascal, so stellt sich die Frage, inwieweit F_{MIN} mit F_{PAS} übereinstimmt. Um diese Frage beantworten zu können, müssen die Sprachkonstrukte von PASCAL näher untersucht werden.

Eine allgemeine Wertzuweisung in PASCAL,

$$Y := X,$$

wobei X und Y Variable vom Typ *cardinal* bezeichnen, läßt sich in Minipascal durch folgende Konstruktion erreichen (H bezeichnet eine sonst nicht vorkommende Variable):

```
begin
    H := 0 ;
    Y := 0 ;
    while  X ≠ 0 do
        begin
            H := H + 1 ;
            X := X ∸ 1 ;
            Y := Y + 1
        end ;
    while  H ≠ 0 do
        begin
            X := X + 1 ;
            H := H ∸ 1
        end ;
end ;
```

Dieses Programmstück ordnet der Variablen Y den Wert der Variablen X zu, wobei X seinen Wert behält. Die Wertzuweisung Y := X kann demnach als eine abgekürzte Schreibanweisung angesehen werden, die man auch als *Makro* bezeichnet. Ein Makro ist in einem Programm bei jedem Auftreten durch die entsprechende Anweisungsfolge zu ersetzen.

Als weiteres Makro wird das *LOOP–Konstrukt* für eine Laufvariable X und eine Anweisung a

   loop X **do** a ;

benutzt, das folgende Bedeutung hat (H ist eine sonst nicht vorkommende Variable):

   begin
    H := X ; { Makro }
    while H $\neq$ 0 **do**
     begin
      a ;
      H := H $\dotminus$ 1
     end
   end ;

In Worten: Der Wert der Laufvariablen X bestimmt die Anzahl der Schleifendurchgänge, maßgeblich ist der Wert von X vor dem ersten Schleifendurchgang.

Beispiele (alle Variablen sind vom Typ *cardinal*):

a) Die Addition Z := X + Y läßt sich durch

   begin
    Z := 0 ;
    loop X **do** Z := Z + 1 ;
    loop Y **do** Z := Z + 1
   end ;
 ausdrücken.

b) Die Subtraktion Z := X $\dotminus$ Y ist durch

   begin
    Z := X ;
    loop Y **do** Z := Z $\dotminus$ 1 ;
   end ;
 darstellbar.

c) Durch

   loop X **do** X := X + 1 ;
 wird X verdoppelt $\diamond$

Ein Programm, das als Schleifen nur LOOP–Konstrukte benutzt, heißt *LOOP–Programm*. Ein Programm ohne Schleifen ist auch ein LOOP–Programm.

2.3 PASCAL

Die Beispiele im vorigen Abschnitt zeigten die Zerlegung der "komplexen" Operationen Addition und Subtraktion in elementare Operationen von Minipascal. Daß sich auch alle übrigen Konstrukte von PASCAL in Minipascal ausdrücken lassen, soll nun gezeigt werden.

Die arithmetischen Operationen $+$, $-$, *div*, *mod* mit Zahlen vom Typ *cardinal* lassen sich bekanntermaßen auf die Addition und Subtraktion von Einsen zurückführen:

a) Die Addition und Subtraktion zweier nichtnegativer ganzer Zahlen wurde schon im vorigen Abschnitt gezeigt.

b) Multiplikation $Z := X * Y$:

```
        begin
            Z := 0;
            loop  X  do
                loop  Y  do  Z := Z + 1 ;
        end ;
```

c) Division $Z := X$ *div* Y :

```
        begin
            Z := 0 ;
            H := X ;
            H := H + 1 ;
            H := H - Y ;
            while  H ≠ 0  do
                begin
                    Z := Z + 1 ;
                    H := H - Y
                end
        end ;
```

d) $Z := X$ *mod* Y ist durch den Ausdruck

$$Z = X - (X \ div \ Y) * Y$$

berechenbar, also durch die vorigen Konstruktionen als berechenbar nachgewiesen.

Beliebige arithmetische Ausdrücke als rechte Seite einer Wertzuweisung, z. B.

$$X := Z - H * Y \bmod Z$$

lassen sich ebenfalls als Makro auffassen, da solche Ausdrücke in eine Folge einfacherer Makros zerlegt werden können. Beispiel:

begin
    H1 := H * Y ;
    H1 := H1 $\bmod$ Z ;
    X := Z $\dot{-}$ H1
end ;

Es ist also möglich, Wertzuweisungen der Form

$$X := E$$

mit einem beliebigen arithmetischen Ausdruck E zu benutzen.

Auch in den **while** – Anweisungen

$$\textbf{while}\ \ X \neq 0\ \textbf{do}\ \ s;$$

kann man statt der Variablen X beliebige arithmetische Ausdrücke zulassen, also etwa $(X \dot{-} Y + Z) * (X * Y \dot{-} Z)$, sofern man nur darunter wieder ein Makro für den jeweils auftretenden arithmetischen Ausdruck versteht.

Die anderen gebräuchlichen Vergleichsoperationen sind mittels zusammengesetzter arithmetischer Ausdrücke und des Ungleichsoperators zu bilden:

Operation	Bedeutung
$X < Y$	$Y \dot{-} X \neq 0$
$X > Y$	$X \dot{-} Y \neq 0$
$X \leq Y$	$(Y + 1) \dot{-} X \neq 0$
$X \geq Y$	$(X + 1) \dot{-} Y \neq 0$
$X = Y$	$\big((Y + 1) \dot{-} X\big) * \big((X + 1) \dot{-} Y\big) \neq 0$

Beliebige boolesche Ausdrücke sind mit Hilfe der sechs Vergleichsoperatoren, sowie den logischen Operatoren $\neg$ (**not**), $\wedge$ (**and**), $\vee$ (**or**) aufgebaut. Die kommutativen, assoziativen und distributiven Gesetze sowie die de Morganschen Gesetze erlauben Umformungen der booleschen Ausdrücke und ggfs. auch ihre Vereinfachung. Die Negation kann durch die komplementäre Vergleichsoperation – die Paare $(<, \geq)$, $(\leq, >)$, $(>, \leq)$, $(\geq, <)$, $(\neq, =)$ bilden jeweils komplementäre Operationen – eliminiert werden. Die Konjunktion

$\wedge$ und die Disjunktion $\vee$ lassen sich ebenfalls auf einfache Vergleiche zurückführen, wie die folgenden Beispiele für den Ungleichsoperator (andere Vergleichsoperatoren können, wie zuvor gezeigt, darauf zurückgeführt werden) zeigen:

- $(A \neq B) \vee (C \neq D)$ entspricht dem Ausdruck
  $(B \dotminus A) + (A \dotminus B) + (C \dotminus D) + (D \dotminus C) \neq 0$.
- $(A \neq B) \wedge (C \neq D)$ entspricht dem Ausdruck
  $((A \dotminus B) + (B \dotminus A)) * ((C \dotminus D) + (D \dotminus C)) \neq 0$.

Da mit den logischen Operatoren $\neg$, $\wedge$ und $\vee$ alle booleschen Funktionen

$$f : \{ 0,1 \}^2 \rightarrow \{ 0,1 \}$$

ausgedrückt werden können, sind somit in der **while** – Anweisung beliebige boolesche Ausdrücke als Bedingung zulässig und alle solchen Ausdrücke sind auch in Minipascal formulierbar.

Minipascal enthält *cardinal* als impliziten Standarddatentyp und auf diesen Datentyp beziehen sich alle Aussagen, die zuvor hergeleitet wurden. Dies bedeutet jedoch keine Einschränkung bezüglich anderer Datentypen, da sich auf den Datentyp *cardinal* die Datentypen *integer*, *real*, *char* und *boolean* sowie der Aufzählungstyp zurückführen lassen:

a) *integer*: Die Funktion $f : \mathbb{Z} \rightarrow \mathbb{N}_0$ mit $f(z) = 2*z$ für $z \geq 0$ und $f(z) = -2*z-1$ für $z < 0$ bildet die ganzen Zahlen auf $\mathbb{N}_0$ ab. Die arithmetischen Operationen können entsprechend definiert werden.

b) *real*: Die Gleitpunktzahlen können als Paar (m,e), wobei m die Mantisse und e den Exponenten bezeichnet, geschrieben werden. Da m und e jeweils als ganze Zahlen angesehen werden können, lassen sich die Paare (m,e) gödelisieren, d. h. auf $\mathbb{N}_0$ abbilden.

c) *char*: Die Ordnungsfunktion *ord(z)* liefert bereits die geforderte Abbildung.

d) *boolean*: Man interpretiere 1 als *true* und 0 als *false*.

e) Beim Aufzählungstyp ordne man den n Werten die Zahlen 1 bis n zu.

Operationen mit diesen Datentypen lassen sich also durch arithmetische Operationen über dem Datentyp *cardinal* erklären und realisieren. Beispielsweise lauten die Operationen für den Datentyp *boolean*:

- Negation $\neg$: Ersetze 0 durch 1 und 1 durch 0.
- Konjunktion $\wedge$: Entspricht der Multiplikation.
- Disjunktion $\vee$: Entspricht dem "Maximum" der beiden Werte.

Entsprechend läßt sich zeigen, daß der Datentyp *record* unter den zuvor gemachten Annahmen durch den Datentyp *array* ersetzt werden kann. Man muß hierzu lediglich die Komponenten des Datentyps auf $I\!N_0$ abbilden, wodurch die verschiedenartigen Komponenten homogenisiert werden und somit als Feld darstellbar sind. Die Benutzung von Feldern geschieht aus Gründen der Übersichtlichkeit; prinzipiell kann man darauf verzichten und verlangen, daß alle Variablen explizit deklariert werden – die Komponente A[1,2,3] etwa in der Form A123. Auch der Datentyp *file* ist auf Minipascal abbildbar, da dieser Datentyp gödelisierbar ist und in Minipascal beliebig große Zahlen zulässig sind.

Die Konstanten in PASCAL sind ebenfalls als Makro interpretierbar. Tritt eine Konstante mit dem Wert k in einem Programm auf, so kann man diese Konstante überall im Programm durch eine Variable K (deren Namen noch nicht belegt sei) ersetzen und am Anfang des Programms die Anweisung K := 0 sowie $k-$mal die Anweisung K := K + 1 einschieben.

PASCAL kennt neben der Sequenz und der **while** – Anweisung noch weitere strukturierte Steuerungskonstrukte, die ebenfalls auf Minipascal abbildbar sind. Im folgenden bezeichnet H wieder eine Hilfsvariable, die sonst im Programm nicht auftritt.

a) Die Bedingungsanweisung

   if B **then** a ;

 ist auf

```
     begin
     H := 0 ;
     while  B  and  (H=0)  do
         begin
             a ;
             H := H + 1
         end
     end ;
```

 abbildbar.

b) Die Verzweigungsanweisung

   if B **then** a_1 **else** a_2 ;

 ist auf

```
begin
H := 0 ;
while  B  and  (H=0)  do
    begin
         a₁ ;
         H := H + 1
    end ;
if  H=0  then  a₂
end ;
```

zurückführbar und nach a) weiterbehandelbar.

c) Die **case** – Anweisung entspricht einer Sequenz von Verzweigungsanweisungen, z. B. entspricht

```
case  I of
     1 :  a₁ ;
     2 :  a₂ ;
     3 :  a₃
end ;
```

der Anweisungsfolge

```
if  I = 1  then   a₁  else
    if  I = 2  then   a₂  else
        if  I = 3  then   a₃ ;
```

d) Die Zählschleife

```
for  I := 1  to  N do   a ;
```

ist durch

```
begin
I := 1 ;
while I ≤ N  do
    begin
         a ;
         I := I + 1
    end
end;
```

ersetzbar.

e) Der Wiederholungsschleife

> **repeat** a **until**   B ;

entspricht

> **begin**
> a ;
> **while not** B **do** a
> **end**;

Etwas schwieriger ist die (unstrukturierte) Sprunganweisung zu behandeln. Es läßt sich zeigen, daß man die Sprunganweisungen in einem Programm eliminieren kann. Besteht nämlich ein Programm aus der Folge von (beliebigen) Anweisungen

$$(a_1, a_2, \ldots, a_r)$$

so kann jede Anweisung a_i in zwei Teile (von denen ein Teil auch "leer" sein kann) zerlegt werden, zum einen in einen Berechnungsteil a_{iB} und zum anderen in einen Steuerteil a_{iS} , der bestimmt, welche Anweisung als nächste auszuführen ist. Z. B. gibt der Steuerteil bei einer Wertzuweisung die Folgeanweisung, bei einer Schleife den Schleifenkörper oder die nächste auf die Schleife folgende Anweisung und bei einem bedingten Sprung die Folgeanweisung oder die als Sprungziel bezeichnete Anweisung an. Bezeichnet $S(i)$ die berechenbare Funktion, die angibt, welche Anweisung $a_{S(i)}$ auf die Anweisung a_i folgt, so kann das Programm in der folgenden Form geschrieben werden (es ist $S(i) = 0$, falls keine weitere Anweisung auszuführen ist):

> **begin**
> > I := 1 ;
> > { Steuervariable, die die Nummer der auszuführenden Anweisung angibt }
> > **while** I $\neq$ 0 **do**
> > > **begin**
> > > > **if** I = 1 **then begin** a_{1B} ; I := S(1) **end** ;
> > > > **if** I = 2 **then begin** a_{2B} ; I := S(2) **end** ;
> > > > $\vdots$
> > > > **if** I = r **then begin** a_{rB} ; I := S(r) **end**
> > > **end**
> **end** ;

Sprunganweisungen sind also durch strukturierte Steuerungskonstrukte ersetzbar (das so erhaltene Programm kann durchaus unübersichtlicher als das ursprüngliche sein!). Die Umformung in der angegebenen Art liefert ein Ergebnis, auf das später noch eingegangen wird: jedes Programm kann in strukturierten Steuerungskonstrukten so formuliert werden, daß nur eine einzige Schleife benötigt wird.

Ein weiteres Ergebnis dieser Umformung ist die Aussage, daß man auf Sprunganweisungen in Programmen verzichten kann.

Es bleibt nun noch die Untersuchung des Prozedurkonzepts. Hierbei ist zu unterscheiden zwischen *nichtrekursiven* Prozeduren – das sind Prozeduren, die keine anderen Prozeduren aufrufen –, und den *rekursiven* Prozeduren – das sind Prozeduren, die andere Prozeduren aufrufen. Nichtrekursive Prozeduren können wie ein Makro behandelt werden. Man kann an der Stelle, an der eine nichtrekursive Prozedur aufgerufen wird, unmittelbar den Prozedurrumpf einsetzen, wobei man ggfs. die Deklarationen in das aufrufende Programm übernehmen und die formalen Parameter durch die aktuellen Parameter ersetzen muß.

Rekursive Prozeduren sind Bestandteil von PASCAL, nicht dagegen zum Beispiel der Programmiersprache FORTRAN. Da man bisher in FORTRAN keine prinzipiellen Berechnungsmängel gefunden hat, ist zu vermuten, daß auch rekursive Prozeduren eliminierbar sind. Wie das gemacht werden kann, zeigt die Abwicklung von rekursiven Prozeduren auf realen Computern. Man benutzt dort einen Keller als Hilfsspeicher, der alle Variablen einer noch nicht beendeten Prozedur aufnimmt. Ruft eine Prozedur A eine andere Prozedur B (B kann auch A sein) auf, so wird in den Keller folgende Information geschrieben:
– aktuelle Parameter für B,
– lokale Variablen von A mit den Werten zum Zeitpunkt des Aufrufs von B,
– Anweisung, mit der nach Beendigung von B die Prozedur A fortzusetzen ist.

Wird B beendet, so können alle Variablen von A aus dem Keller regeneriert, die von B berechneten Werte übernommen und A an der richtigen Stelle fortgesetzt werden. Mit dieser Verfahrensweise können die rekursiven Prozeduren wie nichtrekursive Prozeduren behandelt werden.

PASCAL erlaubt potentiell eine beliebig große Rekursionstiefe, so daß bei der Umsetzung von PASCAL in Minipascal beliebig große Keller zu konstruieren sind. Dies ist wiederum über die Gödelisierung lösbar, da in Minipascal eine Variable einen beliebig großen Wert annehmen kann.

Damit sind alle Sprachelemente (die Eingabe und Ausgabe in Dateien ist ersetzbar durch Lesen und Schreiben von Variablen) von PASCAL behandelt. Gegenüber Minipascal bietet PASCAL also nicht zusätzliche "Berechnungskraft", sondern nur Berechnungskomfort. Alle Sprachelemente von PASCAL sind auf Minipascal abbildbar.

Korollar: Die Klasse F_{PAS} der durch PASCAL berechenbaren Funktionen stimmt mit der Klasse F_{MIN} der durch Minipascal berechenbaren Funktionen überein. ◇

2.4 RAM

PASCAL–Programme werden auf realen Computern zur Ausführung gebracht, die i.a. als Steuerungskonstrukte nur die Sequenz und den Sprung (bedingt und unbedingt) haben.

Idealisiert kann ein Computer als eine sogenannte *random access machine*, kurz *RAM* genannt, dargestellt werden. Eine RAM besteht aus einem Eingabeband (von dem nur gelesen wird), einem Speicher, einer Programmausführungseinheit mit einem Befehlszählregister sowie einem Ausgabeband, auf das nur geschrieben wird.

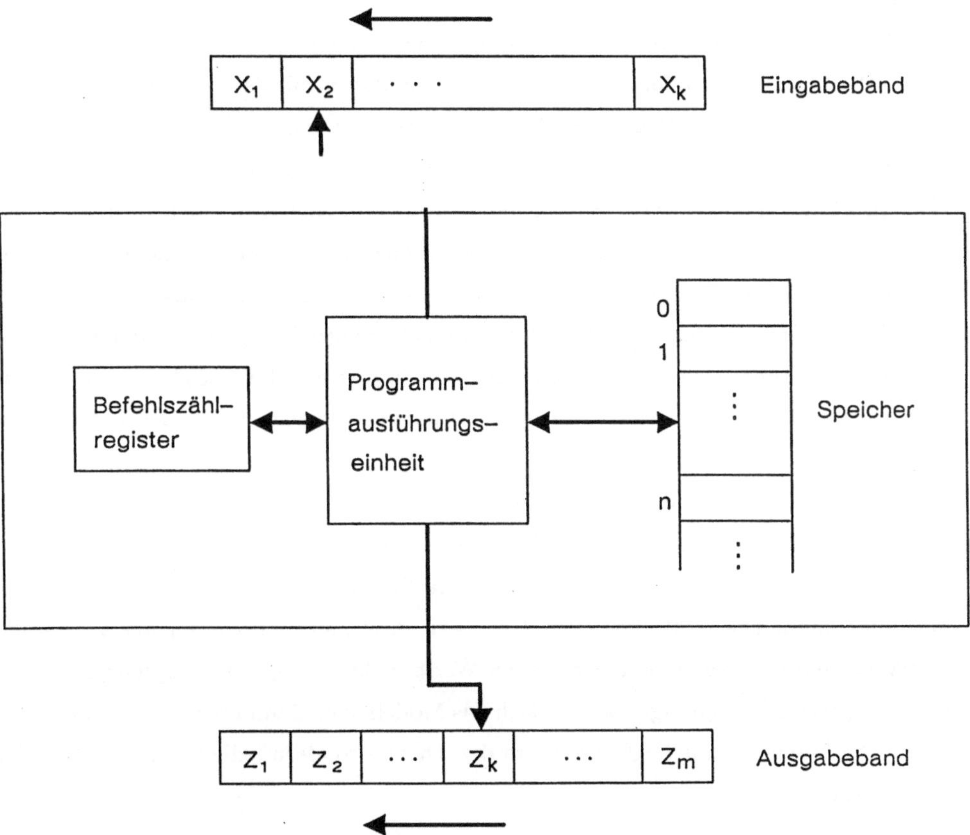

Die Arbeitsweise von RAM ist wie folgt:

- Auf dem Eingabeband stehen die Werte der Eingabevariablen. Der Lesekopf rückt jeweils um eine "Variable" nach rechts, wenn eine Variable gelesen wurde (anstatt den Lesekopf nach rechts zu verschieben, kann man auch das Eingabeband nach links verschieben); bei Beginn steht der Lesekopf auf dem ersten Wert.

- Auf das Ausgabeband werden sukzessive die Werte der Ausgabevariablen geschrieben. Der Schreibkopf rückt bei jedem Schreibvorgang nach rechts. Bei Beginn ist das Ausgabeband leer. Es ist unbegrenzt und kann beliebig viele Werte aufnehmen.

- Das Programm ist in der Ausführungseinheit gespeichert und die Anweisungen sind mit laufenden Nummern markiert. Das Befehlszählregister zeigt an, welcher Befehl als nächster ausgeführt werden soll. Alle Operationen werden in einer besonderen Speicherzelle, Akkumulator genannt, ausgeführt.

- Der unbegrenzte Speicher hat die Adressen $0, 1, \ldots$ und jede Speicherzelle kann den Wert einer Variable aufnehmen. Die Größe des Wertes ist keiner Beschränkung unterworfen.

- Ein Befehl besteht aus einem Operationscode sowie einem Operanden. Der Befehlsvorrat enthält Operationen für das Laden des Akkumulators mit dem Wert einer Speicherzelle, das Speichern des Wertes des Akkumulators in einer Speicherzelle, arithmetische Operationen sowie Sprungbefehle als besondere Steuerungsbefehle.

- Das Befehlszählregister wird, mit Ausnahme bei Sprungbefehlen, nach Ausführung eines Befehls um 1 erhöht. Bei einem bedingten Sprung wird, falls die Bedingung nicht erfüllt ist, das Befehlszählregister wie üblich um 1 erhöht, und, falls die Bedingung erfüllt ist, wird das Befehlszählregister auf das Sprungziel eingestellt. Bei einem unbedingten Sprung wird das Befehlszählregister immer auf das Sprungziel eingestellt. Bei Beginn steht das Befehlszählregister auf dem ersten auszuführenden Befehl.

Die Arbeitsweise von RAM entspricht also weitgehend der von realen Computern. Der wesentliche Unterschied zu einem realen Computer liegt darin, daß der Speicher der RAM beliebig viele Speicherzellen hat und jede Speicherzelle eine beliebig große Zahl aufnehmen kann. Dieses Modell ist in der Praxis direkt anwendbar, solange sowohl das Programm selbst als auch die auftretenden Werte nicht den Speicher "sprengen". Wird aber der Spreicher "gesprengt", so läßt sich das Modell auch dann noch konzeptionell vertreten. Die Beschränkung liegt ja nicht in der Theorie sondern lediglich in der aktuellen Implementierung.

Nimmt man als arithmetische Operationen

— Setze Akkumulator auf den Wert 0, d.h. Akkumulator:= 0,

— Akkumulator:= Akkumulator + 1,

— Akkumulator:= Akkumulator $\dot{-}$ 1,

so können alle arithmetischen Operationen von Minipascal auf RAM ausgeführt werden:

MINIPASCAL	RAM
$V := 0;$	Akkumulator $:= 0;$
	$V :=$ Akkumulator;
$V := V + 1;$	Akkumulator $:= V;$
	Akkumulator $:=$ Akkumulator $+ 1;$
	$V :=$ Akkumulator;
$V := V \dot{-} 1;$	Akkumulator $:= V;$
	Akkumulator $:=$ Akkumulator $\dot{-} 1;$
	$V :=$ Akkumulator;

Legt man als bedingten Sprungbefehl in RAM

if Akkumulator $= 0$ **then goto** M ;

zugrunde, so kann die **while** –Schleife in Minipascal

while B **do** a;

durch die Anweisungsfolge

1:"Berechne" B und setze Akkumulator$:=$ B, wobei B $= 0$ als *false* gilt und

B $= 1$ als *true*;

2: falls Akkumulator $= 0$, weiter bei 6;

3: a;

4: Akkumulator$:= 0$;

5: falls Akkumulator $= 0$, weiter bei 1;

6:

ersetzt werden. Also können alle Berechnungen, die mit Minipascal ausgeführt werden können — und damit auch mit PASCAL — , auch auf RAM zur Ausführung gebracht werden. Da sich andererseits auch zeigen läßt, daß alle RAM–Programme in Minipascal ausdrückbar sind, ergibt sich das

Korollar: RAM, Minipascal und PASCAL sind einander äquivalent, d.h. die drei Programmiermodelle beschreiben dieselbe Klasse von berechenbaren Funktionen.

Die in der Praxis gebräuchlichen Programmiersprachen — FORTRAN, COBOL, C usw. — werden durch Compiler auf Rechnerstrukturen abgebildet, die wiederum mit der RAM dargestellt werden können. Somit ist als Ergebnis festzuhalten, daß diese Programmiersprachen alle dieselbe Klasse von berechenbaren Funktionen beschreiben.

2.5 Halteproblem

Ein interessantes Problem der Entscheidbarkeit ist das *Halteproblem*. Sei P eine beliebige PASCAL–Prozedur und X ein beliebiger Eingabeparameter dieser Prozedur.

Die Frage lautet nun, ob P mit der Eingabe X terminiert, oder allgemeiner: Gibt es einen Algorithmus H (= PASCAL–Programm), der vorhersagt, ob für beliebiges P und X die Prozedur P terminiert oder nicht.

Nimmt man an, daß eine solche Prozedur H existiert, dann muß H ein Prädikat

$$\text{Halt}(P, X) = \begin{cases} 0 & P \text{ hält bei Eingabe } X \text{ nicht,} \\ 1 & P \text{ hält bei Eingabe } X \end{cases}$$

berechnen. Also hat die Prozedur H zwei Eingabeparameter, nämlich P und X , sowie den Ausgabeparameter Halt. Die PASCAL–Programme lassen sich gödelisieren, also jedem PASCAL–Programm eine ganze Zahl G $\in I\!N_0$ zuordnen; ebenso kann die Eingabe X zu einer Zahl Y gödelisiert werden. H habe als Eingabe die Gödelnummern G und Y, sowie als Ausgabeparameter die Variable Halt. Also lautet der Prozedurkopf von H:

H(G,Y : *integer*; **var** Halt : *integer*);

a) In einem ersten Schritt wird H diagonalisiert, indem gefragt wird, ob das Programm mit der Schlüsselzahl G auch bei der spezifischen Eingabe G terminiert. Das so entstehende Prädikat ist Halt(G,G).

b) Man betrachte nun das Programm

```
program  B (input,output);
    var  G, Halt : integer;
    procedure  H( G,Y : integer;  var   Halt : integer);
    { entscheidet, ob ein Programm mit Codezahl G }
    { bei Eingabe Y terminiert }
    begin
        read(G);
        H(G,G,Halt);
        while  Halt = 1 do ;        { endlose Schleife für Halt = 1 }
        write(Halt)
    end .
```

Das Programm B berechnet die (partielle) Funktion

$$f_B(G) = \begin{cases} 0 & \text{falls} \quad \text{Halt(G,G)} = 0, \\ \bot & \text{sonst.} \end{cases}$$

Also terminiert B genau dann, wenn das Programm P mit der Gödelnummer G nicht terminiert.

c) Man gebe nun B als Eingabe seine eigene Gödelnummer. Nach dem in b) Gesagtem gilt dann: "B terminiert genau dann, wenn B nicht terminiert". Das ist ein klarer Widerspruch. Die Annahme, daß eine Prozedur H zur Entscheidung des Halteproblems existiert, ist also falsch.

Korollar: Es ist nicht entscheidbar, ob ein beliebiges Programm bei einer beliebigen Eingabe terminiert oder nicht terminiert.

Die Bedeutung dieser Aussage liegt in den Worten "beliebig". Für bestimmte Programme oder bestimmte Eingaben kann es durchaus entscheidbar sein, ob das Programm terminiert.

Ein ähnliches Problem wie das Halteproblem ist das *Totalitätsproblem*: Terminiert ein beliebiges Programm P für alle Eingaben X? Auch diese Frage ist nicht entscheidbar. Nimmt man nämlich an, das Totalitätsproblem wäre entscheidbar, so könnte man für ein beliebiges Programm entscheiden, ob es für alle Eingaben terminiert. Man hätte damit ein Kriterium, um das Halteproblem zu entscheiden. Ist nämlich gefragt, ob ein beliebiges Programm P mit der Funktion f_P bei der Eingabe X terminiert, so kann diese Fragestellung auf das Totalitätsproblem abgebildet werden. Man betrachtet die Funktion

$$g(N) = \begin{cases} 0 & \text{für alle } N \neq X, \\ f_P(X) & \text{für } N = X \end{cases}$$

und stellt fest, daß g genau dann total ist, wenn P mit der Eingabe X terminiert. Die Annahme der Entscheidbarkeit des Totalitätsproblems führt also zu einem Algorithmus der Entscheidbarkeit des Halteproblems. Nach dem zuvor Bewiesenen ist ein solcher Algorithmus aber nicht möglich, also ist die Annahme, das Totalitätsproblem sei entscheidbar, nicht richtig.

Ein weiteres Problem, das *Äquivalenzproblem*, ist die Frage nach der Äquivalenz zweier Programme, d. h. zwei Programme P_1 und P_2 erzeugen für die gleiche Eingabe auch die gleiche Ausgabe. Auch dieses Problem ist nicht entscheidbar, da man dabei entscheiden muß, ob die Programme für dieselben Eingabewerte terminieren. Das ist aber wegen der Unentscheidbarkeit des Halteproblems nicht möglich.

Im nächsten Kapitel wird gezeigt werden, daß nahezu alle interessanten Probleme zur Nichtentscheidbarkeit führen. Ein solches Ergebnis ist auch zu erwarten, wenn man bedenkt, daß die Zahl der Programme abzählbar ist, jedoch die Zahl der Funktionen nicht abzählbar ist.

3. Funktionen

Jedes Programm berechnet eine bestimmte Funktion. Wegen der Möglichkeit der Gödelisierung kann man dabei ohne Einschränkung annehmen, daß die Funktion über den Bereich der nichtnegativen ganzen Zahlen $I\!N_0$ erklärt ist, und daß f im Wertebereich einstellig ist. Also

$$f : I\!N_0^r \longrightarrow I\!N_0.$$

Die Funktion f hat das r–tupel $(n_1, n_2, \ldots, n_r)$ als Argument. Zur Abkürzung werde N für das r–tupel gesetzt, also $f(N)$ statt $f(n_1, n_2, \ldots, n_r)$. Im Sinne von PASCAL ist N ein Feld mit r Komponenten.

Prädikate, die in Programmen als Bedingungen auftreten können, sind spezielle Funktionen mit $\{0, 1\}$ als Wertebereich. Ein Prädikat ist also berechenbar, wenn es ein Programm gibt, das als Ergebnis 1 liefert, wenn das Prädikat wahr ist, und als Ergebnis 0, wenn das Prädikat falsch ist. Die Vergleichsoperationen als Prädikate sind berechenbar, da der Vergleich zweier Zahlen mittels einem der sechs Vergleichsoperatoren in PASCAL entweder das Ergebnis falsch oder wahr liefert. Wie bereits gezeigt, lassen sich Negation, Disjunktion und Konjunktion auf arithmetische Operationen der Zahlen 0 und 1 zurückführen. Somit lassen sich alle Berechnungen von Prädikaten auf Berechnungen mit ganzen Zahlen zurückführen.

Da es abzählbar viele Programme gibt, gibt es unter den überabzählbar vielen Funktionen auch nur abzählbar viele berechenbare Funktionen. Es ist also nur eine "kleine" Teilmenge aller Funktionen berechenbar. Wie diese berechenbaren Funktionen aussehen, ist Gegenstand dieses Kapitels. Es läßt sich zeigen, daß alle berechenbaren Funktionen aus genau drei Funktionen mit Hilfe von ebenfalls drei Konstruktionsprinzipien aufgebaut werden können.

3.1 Primitiv–rekursive Funktionen

Viele Funktionen lassen sich auf einfachere Funktionen zurückführen. Beispiele:

– Potenzierung auf fortgesetzte Multiplikation,

– Multiplikation auf fortgesetzte Addition,

– Addition auf fortgesetzte Addition von 1.

Dies zeigt, daß man, sofern man die Addition von 1 "beherrscht", im Prinzip auch multiplizieren kann. Bei der Suche nach möglichst einfachen Funktionen, aus denen sich andere aufbauen lassen, gelangt man zu den sogenannten elementaren Funktionen.

Die *elementaren* Funktionen sind

a) die *Nullfunktion* $C_r : I\!N_0^r \longrightarrow I\!N_0$ mit $C_r(n_1, \ldots, n_r) := 0$, $r \geq 0$,

b) die *Nachfolgefunktion* $S : I\!N_0 \longrightarrow I\!N$ mit $S(n_1) := n_1 + 1$,

c) die *Projektionsfunktion* $U_i^r : I\!N_0^r \longrightarrow I\!N_0$ mit $U_i^r(n_1, \ldots, n_i, \ldots, n_r) := n_i$, $r \geq 1$.

Die elementaren Funktionen sind total.

Die elementaren Funktionen sind berechenbar:

a) Nullfunktion

    function Null(N: **array**[1..r] of *cardinal*): *cardinal*;

    begin Null:= 0 **end**;

b) **function** Nachfolge(n: *cardinal*): *cardinal*;

    begin Nachfolge:= n+1 **end**;

c) **function** Projektion(N: **array**[1..r] of *cardinal*; i: *cardinal*) : *cardinal*;

    begin Projektion:= N[i] **end**;

Betrachtet man die Funktion $f(n) = n+3$, so kann diese wegen $f(n) = ((n+1)+1)+1$ in der Form $S(S(S(n)))$ geschrieben werden. $f(n) = n+3$ geht folglich aus der dreimaligen Anwendung der Nachfolgefunktion hervor. Dies ist jedoch nicht die einzige Möglichkeit, die Funktion $f(n) = n + 3$ aus den elementaren Funktionen aufzubauen. Es gilt auch: $n + 3 = S(S(S(U_1^1(n))))$ oder $(n + 3)$– malige Anwendung der Nachfolgefunktion auf $C_1(n)$.

Aus den elementaren Funktionen können also in vielfältiger Weise neue Funktionen gebildet werden.

Zwei wichtige Konstruktionsprinzipien zur Bildung neuer Funktionen sind die Substitution und die Rekursion.

a) *Substitution:* Es sei $g : I\!N_0^r \longrightarrow I\!N_0$ gegeben. Sind $h_i : I\!N_0^m \longrightarrow I\!N_0, 1 \leq i \leq r$, Funktionen, so geht $f : I\!N_0^m \longrightarrow I\!N_0$ aus g durch Substitution hervor, wenn gilt:

$$f(n_1, n_2, \ldots, n_m) := g(h_1(n_1, \ldots, n_m), h_2(n_1, \ldots, n_m), \ldots, h_r(n_1, \ldots, n_m)).$$

b) *Rekursion:* Sei wieder $g : I\!N_0^r \longrightarrow I\!N_0$ sowie $h : I\!N_0^{r+2} \longrightarrow I\!N_0$. Die Funktion $f : I\!N_0^{r+1} \longrightarrow I\!N_0$ geht aus g und h durch Rekursion hervor, wenn gilt:

$$f(n_1, \ldots, n_r, 0) := g(n_1, \ldots, n_r),$$

$$f(n_1, \ldots, n_r, n_{r+1} + 1) := h(n_1, \ldots, n_r, n_{r+1}, f(n_1, \ldots, n_r, n_{r+1})) \text{ für } n_{r+1} \geq 0.$$

Die Konstruktionsprinzipien der Substitution und der Rekursion sind wiederum programmierbar und daher auch berechenbar. Sind die Funktionsprozeduren

```
function  g(N1:  array[1..r] of cardinal): cardinal;
function  h(i: cardinal; N2:  array[1..m] of cardinal): cardinal;
function  h(N3:  array[1..(r+2)] of cardinal): cardinal;
```

gegeben und "global" definiert, dann können die Funktionsprozeduren für die Substitution und die Rekursion mittels LOOP–Programmen beschrieben werden:

a) Substitution:

```
function  f (N:  array[1..m] of cardinal) : cardinal;
    var  NN :  array[1..r] of cardinal;
          i : cardinal;
    begin
        NN[1] := h(1,N);
          ⋮
        NN[r] := h(r,N);
        f := g(NN)
    end ;
```

b) Rekursion:

```
function  f (N:  array[1..(r+1)] of cardinal) : cardinal;
    var  hh, i : cardinal;
    begin
        hh := g(N[1], N[2],..,N[r]);
        i := 0;
        loop  N[r+1] do
```

begin

hh := h(N[1],..,N[r], i, hh);

i:= i+1

end ;

f:= hh;

end ;

Eine Funktion heißt nun *primitiv–rekursiv*, wenn sie entweder elementar ist oder in endlich vielen Schritten aus elementaren Funktionen durch Substitution und Rekursion hervorgeht. Die primitiv–rekursiven Funktionen sind berechenbar, da — wie zuvor gezeigt — sowohl jede elementare Funktion als auch die Substitution und die Rekursion programmierbar sind und endlich viele Schritte der Substitution und Rekursion durch Aneinanderfügen der einzelnen Schritte entstehen.

Viele der bekannten Funktionen sind, wie die folgenden Beispiele zeigen, primitiv–rekursiv (S: Substitution, R: Rekursion):

a) Konstantenfunktion $C_r^a : I\!N_0^r \longrightarrow I\!N_0$ mit $C_r^a(n_1, \ldots, n_r) = a$ für eine Konstante $a > 0$ und $r \geq 0$.

    S: $C_r^a(n_1, \ldots, n_r) = S^a(C_r(n_1, \ldots, n_r))$,

    wobei S^a die a–malige Anwendung der Nachfolgefunktion S ist.

b) Summe $s(n_1, n_2) = n_1 + n_2$.

    S: $s(n_1, 0) = U_1^1(n_1)$,

    R: $s(n_1, n_2 + 1) = S(U_3^3(n_1, n_2, s(n_1, n_2)))$.

c) Produkt $p(n_1, n_2) = n_1 * n_2$.

    S: $p(n_1, 0) = C_1(n_1)$,

    R: $p(n_1, n_2 + 1) = s(U_1^3(n_1, n_2, p(n_1, n_2)), U_3^3(n_1, n_2, p(n_1, n_2)))$.

d) Potenzierung $e(n_1, n_2) = n_1 \uparrow n_2$.

    S: $e(n_1, 0) = S(C_1(n_1))$,

    R: $e(n_1, n_2 + 1) = p(U_1^3(n_1, n_2, e(n_1, n_2)), U_3^3(n_1, n_2, e(n_1, n_2)))$.

e) Summe $f = f_1 + f_2$, f_i beliebige primitiv–rekursive Funktionen.

    S: $f = s(f_1, f_2)$.

f) Produkt $f = f_1 * f_2$, f_i beliebige primitiv–rekursive Funktionen.

    S: $f = p(f_1, f_2)$.

g) Vorgängerfunktion $V(n) = n \dot{-} 1$.

    S: $V(0) = C_1(n_1)$,

    R: $V(n + 1) = U_1^2(n, V(n))$.

h) Subtraktion sub $(n_1, n_2) = n_1 \dot{-} n_2$.

   S: sub$(n_1, 0) = U_1^1(n_1)$,

   R: sub $(n_1, n_2 + 1) = V(U_3^3(n_1, n_2, \text{sub}(n_1, n_2)))$.

i) Maximum: max $(n_1, n_2) = n_1 + (n_2 \dot{-} n_1)$.

   S: max $(n_1, n_2) = s(U_1^2(n_1, n_2), \text{sub}(U_2^2(n_1, n_2), U_1^2(n_1, n_2)))$.

Prädikate, die aus Vergleichsoperationen sowie den Operationen Negation, Disjunktion und Konjunktion aufgebaut sind, sind durch primitiv–rekursive Funktionen darstellbar. Solche *Prädikate* werden deshalb ebenfalls *primitiv–rekursiv* genannt. Bei LOOP–Programmen kann man nach der Verschachtelungstiefe n differenzieren. Bezeichnet

$$L_n := \{f_P | P \text{ ist LOOP--Programm, Schachtelungstiefe} \leq n, n \geq 0\}$$

die Klasse der Funktionen, die höchstens $n-$fach verschachtelte LOOP–Konstrukte benötigen, so ist L_0 die Klasse der Funktionen, die ohne LOOP–Konstrukte auskommen. Zu L_0 gehören offensichtlich die elementaren Funktionen. Bei der Substitution bestimmt die Zugehörigkeit der Funktionen h_i zu einer Klasse L_k und von g zu L_j die Zugehörigkeit von f zu $L_{\max(k,j)}$.

Ist bei der Rekursion g in L_i und h in L_j , so liegt das durch Rekursion definierte f in der Klasse $L_{\max(i,j+1)}$.

Somit ist gezeigt, daß jede primitiv–rekursive Funktion zu einem bestimmten L_n gehört und alle primitiv–rekursiven Funktionen liegen in der Klasse

$$L := \bigcup_{n \in I\!N_0} L_n.$$

Die Umkehrung dieser Aussage gilt auch, d.h. jede Funktion aus L ist primitiv–rekursiv. Zusammengenommen ergibt sich dann, daß die Klasse der primitiv–rekursiven Funktionen genau mit der Klasse L übereinstimmt.

Beweis:

O.B.d.A. sei P ein Programm in Minipascal, das genau je eine Eingabe– und Ausgabevariable hat. Der Beweis wird über die Zahl n der Verschachtelungstiefe geführt.

a) $n = 0$: Ist Z die Ausgabevariable, so sind für Z nur die Wertzuweisungen Z := 0, Z := Z + 1 und Z := Z $\dot{-}$ 1 möglich. Diese Anweisungen können im Programm endlich oft auftreten (ohne Schleifen), während alle übrigen Anweisungen nichts zum Ergebnis beitragen. Nun entspricht aber Z := 0 der Nullfunktion, Z := Z + 1 der Nachfolgefunktion und für die Subtraktion $Z := Z \dot{-} 1$ wurde bereits gezeigt, daß diese ebenfalls primitiv–rekursiv ist. Also ergibt sich im Fall $n = 0$ stets eine primitiv–rekursive Funktion.

b) Sei nun angenommen, daß die Aussage für festes $n \geq 0$ schon bewiesen sei. Ein Programm für eine Funktion aus L_{n+1} besteht dann aus einer Sequenz der Art ($m \geq 1$):

$$P_0;\ \textbf{loop}\ i_1\ \textbf{do}\ Q_1;$$
$$P_1;\ \textbf{loop}\ i_2\ \textbf{do}\ Q_2;$$
$$\vdots \qquad \vdots$$
$$P_{m-1};\ \textbf{loop}\ i_m\ \textbf{do}\ Q_m;$$
$$P_m;$$

wobei die P_i und die Q_i alle in der Klasse L_n liegen. Im Fall $m = 1$, d.h.

$$P_0;\ \textbf{loop}\ i_1\ \textbf{do}\ Q_1; P_1$$

sei die "Laufvariable" i_1 o.B.d.A. verschieden von der Ausgabevariablen Z. Dann realisiert das LOOP–Konstrukt gerade eine Rekursion und P_0 und P_1 eine Substitution, also ist die realisierte Funktion primitiv–rekursiv.

Im Falle $m > 1$ handelt es sich um mehrmalige sukzessive Anwendung der Substitution und der Rekursion, was ebenfalls zu einer primitiv–rekursiven Funktion führt ◇

3.2 Ackermannfunktion

Die Frage, ob alle berechenbaren Funktionen primitiv–rekursiv sind, ist zu verneinen,
wie das Beispiel der *Ackermannfunktion* (nach F.W. Ackermann, 1896–1962)

$$a : I\!N_0^2 \longrightarrow I\!N$$

zeigt. Sie ist rekursiv durch folgende Regeln erklärt:

$$a(0,0) = 1,$$
$$a(0,1) = 2,$$
$$a(0,y) = y + 2 \quad \text{für} \quad y \geq 2,$$
$$a(x+1,0) = 1 \quad \text{für} \quad x \geq 0,$$
$$a(x+1,y+1) = a(x,a(x+1,y)) \quad \text{für} \quad x \geq 0, y \geq 0.$$

Für kleine Argumente x und y lassen sich die Funktionswerte direkt, d.h. ohne Rekursion, angeben (Beweis durch Induktion):

$$a(1,y) = 2 * y \quad \text{für} \quad y \geq 1.$$
$$a(2,y) = 2 \uparrow y \quad \text{für} \quad y \geq 0.$$
$$a(3,y) = 2^{2^{\cdot^{\cdot^{2}}}} \left.\right\} y - \text{mal}, \ y \geq 1$$
$$a(x,1) = 2 \quad \text{für} \quad x \geq 0.$$
$$a(x,2) = 4 \quad \text{für} \quad x \geq 0.$$

Man kann zeigen, daß die Ackermannfunktion stärker wächst als es Substitution und Rekursion ermöglichen. Dazu werden zunächst einige Eigenschaften der Ackermannfunktion
benötigt:

a) Die Ackermannfunktion ist wertmäßig größer als ihr zweites Argument angibt, also

$$a(x,y) \geq y + 1 \qquad \text{für alle} \quad x,y \in I\!N_0.$$

Dies läßt sich durch Induktion nach x zeigen. Für $x = 0$ und $y = 0$ folgt die Behauptung sofort aus der Definition. Unter der Induktionsannahme, daß $a(x,y) \geq y + 1$ für
festes $x \in I\!N_0$ und alle $y \in I\!N_0$ gilt, folgt dann:

$$a(x+1,y) = a(x,a(x+1,y-1))$$
$$\geq a(x+1,y-1) + 1 = a(x,a(x+1,y-2)) + 1$$
$$\geq a(x+1,y-2) + 2$$
$$\geq \dots$$
$$\geq a(x+1,0) + y$$
$$= y + 1.$$

b) Des weiteren wächst $a(x, y)$ streng monoton im y-Argument, also

$$a(x, y - 1) < a(x, y) \qquad \text{für } x \geq 0, y \geq 1.$$

Auch dies läßt sich wieder durch Induktion nach x zeigen. Für $x = 0$ ist die Behauptung erfüllt. Mit der Induktionsannahme für festes $x \in I\!N_0$ und alle $y \in I\!N$ folgt dann

$$\begin{aligned}
a(x + 1, y) &= a(x, a(x + 1, y - 1)) \\
&> a(x + 1, y - 1).
\end{aligned}$$

c) $a(x, y)$ wächst im ersten Argument stärker als im zweiten Argument, also

$$a(x, y + 1) \leq a(x + 1, y) \quad \text{für } x \geq 0, \ y \geq 3.$$

Beweis: Wegen $a(x, y) \geq y + 2$ für $x \geq 0$ und $y \geq 2$ ist

$$\begin{aligned}
a(x + 1, y) &= a(x, a(x + 1, y - 1)) \\
&\geq a(x, y - 1 + 2) \\
&= a(x, y + 1).
\end{aligned}$$

Die Eigenschaften können nun dazu genutzt werden, um zu zeigen, daß es eine Konstante $c \in I\!N_0$ gibt, so daß

$$\sum_{i=1}^{n} a(c_i, y) < a(c, y), \qquad n \geq 1,$$

für beliebige Konstanten $c_i \in I\!N_0$ und alle $y > 2$ gilt.

Beweis: a) Für $n = 1$ ist nichts zu beweisen.

b) Sei nun $n = 2$ und $c_{\max}$ das Maximum von c_1 und c_2.

$$\begin{aligned}
a(c_1, y) + a(c_2, y) \ &\leq 2 * a(c_{\max}, y) = a(1, \ a(c_{\max}, y)) \\
&< a(c_{\max} + 1, a(c_{\max} + 2, y)) \\
&= a(c_{\max} + 2, y + 1) \\
&< a(c_{\max} + 3, y)
\end{aligned}$$

Setze $c = c_{\max} + 3 = \max\{c_1, c_2\} + 3$.

c) Ist $n \geq 2$, so ergibt sich durch Induktion nach n :

$$\begin{aligned}
\sum_{i=1}^{n+1} a(c_1, y) &= (a(c_1, y) + a(c_2, y)) + \sum_{i=3}^{n+1} a(c_i, y) \\
&< a(\bar{c}, y) + a(\bar{\bar{c}}, y) \\
&< a(c, y). \ \diamond
\end{aligned}$$

Diese Eigenschaft läßt vermuten, daß die Ackermannfunktion stärker wächst als jede andere primitiv–rekursive Funktion, wenn man nur das erste Argument hinlänglich groß genug wählt. Es wird nun gezeigt, daß es zu jeder primitiv–rekursiven Funktion $f :$ $I\!N_0^r \to I\!N_0$ ein $c \in I\!N_0$ gibt, derart daß

$$f(n_1, \ldots, n_r) < a(c, n_1 + \ldots + n_r), \quad n_1 + n_2 + \ldots + n_r > 2,$$

gilt. Um dies zu beweisen, genügt es, die Gültigkeit dieser Aussage für die elementaren Funktionen, die Substitution und die Rekursion nachzuweisen.

a) Nullfunktion $C_r(n_1, \ldots, n_r) = 0 < a(0,0) < a(0, n_1 + n_2 + \ldots + n_r)$.

b) Nachfolgefunktion $S(n_1) = n_1 + 1 < a(0, n_1)$.

c) Projektionsfunktion $U_i^r(n_1, \ldots, n_r) = n_i < a(0, n_1 + \ldots + n_r)$.

d) Substitution:

Es sei $g(n_1, \ldots, n_r) < a(c_0, n_1 + \ldots + n_r)$,
$$h_i(n_1, \ldots, n_m) < a(c_i, n_1 + \ldots + n_m), \quad 1 \leq i \leq r.$$

$$\begin{aligned}
f(n_1, \ldots, n_m) &= g(h_1, \ldots, h_r) \\
&< a(c_0, h_1 + \ldots + h_r) \\
&< a(c_0, a(c_1, n_1 + \ldots + n_m) + \ldots + a(c_r, n_1 + \ldots + n_m)) \\
&< a(c_0, a(\overline{c}, n_1 + \ldots + n_m)) \\
&< a(c_0 + \overline{c}, a(\overline{c} + c_0 + 1, n_1 + \ldots + n_m)) \\
&= a(c_0 + \overline{c} + 1, n_1 + \ldots + n_m)) \\
&= a(c, n_1 + \ldots + n_r).
\end{aligned}$$

e) Rekursion:

Es sei $g(n_1, \ldots, n_r) < a(c_0, n_1 + \ldots + n_r)$,
$$h(n_1, \ldots, n_{r+2}) < a(c_1, n_1 + \ldots + n_{r+2}).$$

ea) $f(n_1, \ldots, n_r, 0) = g(n_1, \ldots, n_r) < a(c_0, n_1 + \ldots + n_r + 0)$.

eb) Induktionsannahme:

$$f(n_1, \ldots, n_r, n_{r+1}) < a(\overline{c}, n_1 + \ldots + n_{r+1}) \text{ für } n_{r+1} \geq 0.$$

ec) $f(n_1, \ldots, n_r, n_{r+1} + 1) = h(n_1, \ldots, n_r, n_{r+1}, f(n_1, \ldots, n_{r+1}))$
$$\begin{aligned}
&< a(c_1, n_1 + \ldots + n_{r+1} + f(n_1, \ldots, n_{r+1})) \\
&< a(c_1, n_1 + \ldots + n_{r+1} + a(\overline{c}, n_1 + \ldots + n_{r+1})) \\
&< a(c_1, a(0, n_1 + \ldots + n_{r+1}) + a(\overline{c}, n_1 + \ldots + n_{r+1}))
\end{aligned}$$

$$\leq a(c_1, a(c_2, n_1 + \ldots + n_{r+1}))$$
$$< a(c_1 + c_2, a(c_1 + c_2 + 1, n_1 + \ldots + n_{r+1}))$$
$$= a(c_1 + c_2 + 1, n_1 + \ldots + n_{r+1} + 1)$$
$$< a(c_1 + c_2 + 2, n_1 + \ldots + n_{r+1})$$
$$= a(c, n_1 + \ldots + n_{r+1}) \quad \diamond$$

Nimmt man an, daß die Ackermannfunktion $a(x, y)$ primitiv–rekursiv ist, dann ist auch $g(x) = a(x, x)$ primitiv–rekursiv. Also gibt es ein $c \in I\!N_0$ derart, daß

$$g(x) < a(c, x) \quad \text{für alle } x > 2$$

gilt. Für $x > c$ ist dies jedoch falsch. Also ist die Annahme, daß die Ackermannfunktion primitiv–rekursiv ist, falsch.

Anhand der Definitionsregeln kann $a(x, y)$ berechnet werden, wenn sichergestellt ist, daß die Regeln nach endlich vielen Schritten zum Erfolg führen. Zur Berechnung von $a(x, y)$ werden die Werte von $a(x, y - 1)$ und $a(x - 1, a(x, y - 1))$ benötigt. Da $a(0, y)$ in endlich vielen Schritten berechenbar ist, kann durch die Induktionsannahme, daß $a(x, y)$ für alle $y \in I\!N_0$ und ein festes $x \geq 0$ in endlich vielen Schritten berechenbar ist, gezeigt werden, daß auch wegen

$$a(x + 1, y) = a(x, a(x + 1, y - 1)),$$
$$a(x + 1, y - 1) = a(x, a(x + 1, y - 2)),$$
$$\vdots$$
$$a(x + 1, 1) = a(x, a(x + 1, 0)),$$
$$a(x + 1, 0) = a(x, 1),$$

die Ackermannfunktion in endlich vielen Schritten berechenbar ist. Eine rekursive Funktionsprozedur lautet:

```
function  a(x, y : integer) : integer ;
begin
    if  x = 0 then
        if  y ≤ 1 then  a := y + 1 else  a := y + 2
            else
        if  y = 0 then  a := 1 else  a := a(x - 1, a(x, y - 1))
end;
```

Somit ergibt sich zusammenfassend:

- Die Ackermannfunktion ist nicht primitiv–rekursiv, aber berechenbar.
- Die Klasse der primitiv–rekursiven Funktionen ist eine echte Teilmenge der berechenbaren Funktionen.

3.3 Minimalisierung

Da die primitiv–rekursiven Funktionen nur eine echte Teilmenge der berechenbaren Funktionen sind, muß man, um alle berechenbaren Funktionen in mathematischer Notation zu beschreiben, diese Klasse erweitern. Dies kann man zum einen versuchen, indem die Klasse der elementaren Funktionen erweitert wird, und/oder zum andern, indem neben der Substitution und der Rekursion weitere Konstruktionsprinzipien zugelassen werden. Es zeigt sich, daß ein weiteres Konstruktionsprinzip ausreicht, um alle berechenbaren Funktionen zu erfassen.

Es sei $g(n_1, n_2, \ldots, n_r, y) = g(N, y)$ eine totale primitiv–rekursive Funktion mit

$$g : I\!N_0^{r+1} \to I\!N_0.$$

Dann heißt die Funktion

$$f(N) = \mu y[g(N, y)]$$

die *Minimalisierung* von g (bezüglich y), wenn gilt:

$$f(N) := \begin{cases} y, & \text{falls } g(N, y) = 0 \text{ und } g(N, z) \neq 0 \text{ für alle } z < y, \\ \bot, & \text{falls } g(N, y) \neq 0 \text{ für alle } y \in I\!N_0. \end{cases}$$

Man nennt μ den *unbeschränkten* μ–Operator. Da g eine totale Funktion ist, ist $g(N, y)$ für alle Tupel (N, y) definiert. Die Vorschrift zur Bildung von $f(N)$ liefert für alle $N \in D_f$ einen abbrechenden Algorithmus.

Der *beschränkte* μ–Operator ist durch

$$f(N) = \mu_{y=0}^{z} y \, [g(N, y)] := \begin{cases} y, & \text{falls } y \in [0, z], \ g(N, y) = 0 \text{ und} \\ & \quad g(N, y') \neq 0 \text{ für } y' < y, \\ \bot, & \text{sonst} \end{cases}$$

gegeben. y ist also die kleinste Zahl im Intervall $[0, z]$, für die $g(N, y) = 0$ gilt.

Wie mächtig die Minimalisierung für die Funktionsbildung ist, zeigen die folgenden Beispiele:

a)	$f(x) = \mu y[x \bmod 2 + y]$ liefert $f(x) = 0$ für gerades x und $f(x) = \bot$ für ungerades x.

b) $f(x) = \mu y[x^2 \dot{-} y]$ liefert die Funktion $f(x) = x^2$. Setzt man dagegen $f(x) = \mu y[y^2 \dot{-} x]$, so ist $f(x) = 0$ für alle x.

c) Sei p ein Prädikat mit

$$p(x,y) = \begin{cases} 1, & \text{falls } y \text{ eine Primzahl größer als } x \text{ ist,} \\ 0, & \text{sonst.} \end{cases}$$

Die Funktion

$$f(x) = \mu y[1 \dot{-} p(x,y)]$$

liefert die kleinste Primzahl, die größer als x ist.

d) Ist

$$h : S^* \to I\!N_0$$

eine Gödelisierung, so kann man die Wörter von S^* nach ihren Gödelnummern ordnen. Für $w_i, w_j \in S^*$ und $w_i \neq w_j$ gilt also

$$w_i < w_j \iff h(w_i) < h(w_j).$$

Die so geordneten Wörter von S^* nennt man *gödelgeordnet* (bezüglich h). Mithilfe des berechenbaren Prädikats

$$p(n,y) = \begin{cases} 1, & \text{falls } y \geq n \text{ und } y \text{ ist Gödelnummer,} \\ 0, & \text{sonst,} \end{cases}$$

liefert die Funktion

$$g(1) := \mu y[1 \dot{-} p(0,y)],$$
$$g(n+1) := \mu y[1 \dot{-} p(g(n)+1,y)], \qquad n \geq 1,$$

die Folge der Gödelnummern in aufsteigender Reihenfolge. $g : I\!N \to I\!N_0$ wächst streng monoton und ist total. Durch die Funktion

$$k(n) := h^{-1}(g(n))$$

kann man dann das n-te Wort in der gödelgeordneten Folge der Wörter von S^* bestimmen. Die Funktion $k : I\!N \to S^*$ ist total und injektiv, ihre Umkehrfunktion $k^{-1} : S^* \to I\!N$ liefert somit auch wieder eine Gödelisierung mit $k^{-1}(S^*) = I\!N$. $\diamond$

Eine Funktion heißt μ-*rekursiv*, wenn sie mit Hilfe der Konstruktionen Substitution, Rekursion und unbeschränkte μ-Operation aus den elementaren Funktionen in endlich vielen Schritten aufgebaut ist. Eine Funktion heißt *partiell-rekursiv*, wenn sie μ-rekursiv und partiell ist, und sie heißt *total-rekursiv*, wenn sie μ-rekursiv und total ist.

Entsteht $f(N)$ durch Minimalisierung von $g(N,y)$, so ist $f(N)$ berechenbar, falls es ein y mit $g(N,y) = 0$ gibt. Ist nämlich

$$\textbf{function } G\,(\,N : \textbf{array } [1..r] \textbf{ of } \textit{cardinal},\ y : \textit{cardinal}) : \textit{cardinal}$$

eine Funktionsprozedur zur Berechnung von g, dann leistet die Prozedur

```
function  F ( N :   array  [1..r] of  cardinal ) : cardinal;
var  y  : cardinal;
begin
    y := 0 ;
    while  G(N,y) ≠ 0  do   y := y + 1 ;
    F := y
end ;
```

das Gewünschte. Ist jedoch $g(N,y) \neq 0$ für alle $y \geq 0$, so terminiert die Funktionsprozedur F nicht, also ist f auch nicht berechenbar für das Argument N.

Ist

$$F_R := \{f|\ f\ \text{ist partiell–rekursiv}\,\}$$

die Klasse der partiell–rekursiven Funktionen, so ist F_R eine echte Obermenge der primitiv–rekursiven Funktionen. Da die partiell–rekursiven Funktionen berechenbar sind, gilt $F_R \subset F_{PAS}$. Im folgenden wird gezeigt, daß jede berechenbare Funktion partiell–rekursiv ist und deshalb auch $F_{PAS} \subset F_R$ ist. Somit folgt dann

$$F_R = F_{PAS},$$

d.h. die Klasse der berechenbaren Funktionen ist identisch mit der Klasse der partiell–rekursiven Funktionen.

Beweis:

a) O.B.d.A. kann man annehmen, daß ein Programm P nur eine Eingabevariable X, die nicht verändert wird, sowie nur eine Ausgabevariable Z hat. Ferner hat das Programm P nur eine einzige **while** –Schleife, wobei X vor Betreten der Schleife eingelesen wird und Z nach Verlassen der Schleife ausgegeben wird. P hat also die Gestalt:

```
program  P (input, output);
    { Deklarationen }
begin
    1: read( X )   { Eingabe, X wird nicht verändert } ;
```

$\quad$ 2: V $\quad$ { Vorbereitungen für Schleife, enthält keine Schleife } ;

$\quad$ 3: **while** $\;B\;$ **do** $\;R\quad$ { R enthält keine Schleife } ;

$\quad$ 4: $N\quad$ { Nachbehandlung, enthält keine Schleife } ;

$\quad$ 5: *write* (Z) { Ausgabe }

end .

Die Programmteile V, R und N enthalten als Kontrollkonstrukte nur die Sequenz sowie **if–then–else** 's . Als eigentliche Operation tritt nur die Wertzuweisung auf.

b) Sind $Y1, Y2, \ldots, Yn$ die Variablen in einem Programm, so bewirkt eine Sequenz von Wertzuweisungen, die selbst wieder aus Ausdrücken aufgebaut sind, daß das Programm eine primitiv–rekursive Funktion berechnet. Ein Konstrukt der Form

$\quad$ **if** $\;B\;$ **then** $\;A1\;$ **else** $\;A2$

wobei B ein primitiv–rekursives Prädikat ist und $A1$ sowie $A2$ Programmteile sind, die primitiv–rekursive Funktionen f_1 und f_2 berechnen, bezeichnet ebenfalls wieder eine primitiv–rekursive Funktion. Ist $B(Y)$ das Prädikat in Abhängigkeit von Y und $f_1 = f_1(Y), f_2 = f_2(Y)$, so berechnet das obige Konstrukt die Funktion

$$F(Y) = \bigl(1 - B(Y)\bigr) * f_2(Y) + B(Y) * f_1(Y) \, ,$$

die wiederum primitiv–rekursiv ist. Also berechnet ein Programm, das nur Wertzuweisungen (aufgebaut mithilfe von Ausdrücken) sowie die Sequenz und die Verzweigung als Kontrollkonstrukte benutzt, eine primitiv–rekursive Funktion.

c) Die Teile V, R und N des Programms P berechnen also jeweils eine primitiv–rekursive Funktion. Man kann deshalb P wie folgt interpretieren:

$\quad$ 1: Lese X ein.

$\quad$ 2: Berechne Y aus X , i.e. $Y = v(X)$, wobei v eine primitiv–rekursive Funktion bezeichnet.

$\quad$ 3: "**while** $\;B(Y)\;$ **do** $\;Y := r(Y)$", wobei $B(Y)$ ein primitiv–rekursives Prädikat und $r(Y)$ eine primitiv–rekursive Funktion ist.

$\quad$ 4: Berechne Z aus Y, i.e. $Z := n(Y)$ mit einer primitiv–rekursiven Funktion n.

$\quad$ 5: Drucke Z.

Den dritten obigen Schritt kann man auch so beschreiben, daß bei $m-$ maligen Durchgang durch die Schleife der Wert $r^m(Y)$ — mit $r^0(Y) := Y$, $r^{m+1}(Y) := r(r^m(Y))$, für $m \geq 0$ — berechnet wird.

d) Es sei $h(X)$ die von P berechnete Funktion. Betrachtet man nun das Programm PP, das aus P hervorgeht, wenn man die **while** –Schleife durch eine Zählschleife ersetzt, und ist m die Anzahl der Schleifendurchgänge, dann berechnet das Programm

```
program  PP (input, output);
       { Deklarationen }
       begin
            1: read( X, m )    {  m Anzahl der Schleifendurchgänge } ;
            2: V ;
            3: for  i := 1 to  m do  R;
            4: N ;
            5: write( Z )
       end .
```

dieselbe Funktion wie P, wenn in P die Anzahl der Schleifendurchgänge gleich m ist. Ist

$$k(X, I) := \begin{cases} 0, & \text{falls } I = m \\ \neq 0, & \text{für } I < m \\ \bot, & \text{für } I > m \end{cases}$$

so ist die Anzahl der Schleifendurchgänge durch

$$\mu I \, [\, k(X, I) \,]$$

gegeben. Aus der Funktion $g(X, m)$ von PP erhält man demnach für die Funktion $h(X)$ von P:

$$h(X) = g(X, m) = g \, (\, X, \; \mu I[k(X, I)] \,).$$

Nun ist g primitiv–rekursiv, aber das Argument m ist μ–rekursiv berechenbar. Also ist $h(X)$ partiell–rekursiv und gehört somit zu F_R $\diamond$

3.4 Universelle Funktionen

Betrachtet man die Funktion

$$f(n_1, n_2) = (\cos 2\pi n_1)n_2^{n_1}$$

mit $f : I\!N_0 \times I\!N_0 \to I\!N_0$, so erhält man durch Einsetzen eines festen Wertes für n_1 eine einstellige Funktion $g : I\!N_0 \to I\!N_0$. Aus f entstehen so für $n_1 = 0, 1, 2, \ldots$ die Potenzen $n_2^0 = 1, n_2^1, n_2^2, \ldots$. Die Klasse $H = \{n^q | q \geq 0\}$ von Funktionen läßt sich durch f "beschreiben". Ist f berechenbar, so ist auch jede Funktion von H berechenbar.

Eine Funktion $u : I\!N_0 \times I\!N_0 \to I\!N_0$ heißt *universell* für die Funktionsklasse F, wenn

$$F = \{g(n_2) \mid g(n_2) = u(n_1, n_2),\ n_1 \in I\!N_0, n_1 \text{ fixiert } \}$$

gilt, wobei g eine einstellige Funktion in der Variablen n_2 ist, die aus der zweistelligen Funktion $u(n_1, n_2)$ durch Fixierung der Variablen n_1 auf einen festen Wert entsteht. Ist u berechenbar und ist U ein Programm, das u berechnet, so heißt U ein *universelles Programm* für F (zu U gibt es wieder unendlich viele äquivalente universelle Programme). Jede Funktion aus F läßt sich dann mit U berechnen. Man muß hierzu den richtigen "Code" n_1 (der die zu berechnende Funktion kennzeichnet) eingeben und natürlich das Argument n_2 , für das die Funktion berechnet werden soll.

Es ist naheliegend nach Kriterien für die Existenz universeller Programme zu fragen, insbesondere nach der Existenz eines universellen Programmes für F_{PAS} bzw. F_R. Daß es nicht für jede Klasse von Funktionen ein universelles Programm gibt, zeigt das folgende Beispiel.

Es sei H irgendeine Klasse von totalen Funktionen, die gegenüber der Substitution abgeschlossen ist und die die Nachfolgefunktion und die Projektionsfunktion U_2^2 enthält. Nimmt man an, daß es ein universelles Programm U für die universelle Funktion u für H gibt und ist

$$g(n_2) := u(U_2^2(n_1, n_2), n_2) + 1,$$

dann ist $g \in H$ und es gibt folglich ein n_1 derart, daß

$$g(n_2) = u(n_1, n_2), \quad n_1 \text{ fest,}$$

gilt. Für das Argument n_1 ist dann einerseits

$$g(n_1) = u(n_1, n_1)$$

und andererseits gemäß Definition

$$g(n_1) = u(n_1, n_1) + 1$$

also ein Widerspruch. Also ist die Annahme, daß es ein universelles Programm für H gibt, falsch.

Korollar: Für die Klasse der primitiv–rekursiven Funktionen gibt es kein universelles Programm.

Läßt man partielle Funktionen zu und geht zur Klasse F_R über, so läßt sich zeigen, daß es hierfür ein universelles Programm gibt. Ist $f \in F_R$ und $f(n) = \perp$, so terminiert das universelle Programm für das Argument n nicht. Die Universalität erkauft man sich also damit, daß das universelle Programm ab und zu nicht terminiert.

Der Beweis dafür, daß es für die Funktionenklasse F_{PAS} ein universelles Programm U gibt, wird konstruktiv in informeller Art skizziert. Ein detaillierter Beweis kann daraus ohne Schwierigkeiten abgeleitet werden. Der Beweisgang zerfällt in mehrere Schritte.

a) Minipascal–Programme sind Wörter über einem gewissen Alphabet S. Die Gödelisierung von S^* liefert eine Aufzählung der Wörter über S, die mit

$$w_0, w_1, w_2, \ldots$$

bezeichnet wird. Dabei bezeichnet der Index i bei w_i die Gödelnummer von w_i. Natürlich sind in der Folge der w_i auch alle syntaktisch falschen Programme enthalten, denen die leere Funktion zugeordnet ist. Da die Folge der w_i alle syntaktisch korrekten Programme enthält und jedem solchen Programm eine Funktion $f \in F_{PAS}$ zugeordnet ist, enthält die Folge alle Programme zur Berechnung der Funktionen aus F_{PAS}.

b) Für jede Zahl $n \in I\!N_0$ läßt sich feststellen, ob n Gödelnummer eines korrekten Programms in Minipascal ist. Man muß hierfür eine Syntaxanalyse des n entsprechenden Programmtextes durchführen (im Vorgriff auf spätere Kapitel: Minipascal läßt sich durch eine Grammatik definieren, für die es Algorithmen zur Syntaxanalyse gibt). Die Folge der korrekten Programme

$$v_1, v_2, v_3, \ldots$$

läßt sich aus der Folge der w_i berechnen: v_1 ist das erste korrekte Programm in der Folge der w_i, v_2 das zweite usw.

c) Von den Programmen in der Folge v_i interessieren hier nur die mit einer Funktion $f : I\!N_0 \to I\!N_0$, also genau die Programme, die jeweils nur eine *read*-Anweisung und eine *write*-Anweisung (außerhalb einer Schleife) haben. Auch diese Eigenschaft läßt sich algorithmisch nachprüfen. Aus der Folge der v_i entsteht so die Folge der syntaktisch korrekten Programme mit einer Eingabe- und einer Ausgabeanweisung:

$$P_1, P_2, P_3, \ldots$$

Dieser Folge der P_i entspricht eine Folge von Funktionen

$$f_1, f_2, f_3, \ldots$$

derart, daß f_i durch P_i berechnet wird und nun $f_i : I\!N_0 \to I\!N_0$ gilt. Eine beliebige Funktion $f \in F_{PAS}$ hat den *Index* i, wenn $f = f_i$ ist. Da es zu jedem Programm unendlich viele äquivalente Programme gibt, gibt es auch für jede Funktion $f \in F_{PAS}$ unendlich viele Indizes.

d) Das universelle Programm U erhält als Eingabe den Index i sowie das Argument n, für das der Funktionswert $f_i(n)$ zu berechnen ist. U arbeitet wie folgt:

1) Lies Index i ein; lies Argument n ein;
2) $j := 0; w := 0;$
3) Falls $j \geq i$ weiter bei 8);
4) $w := w + 1;$
5) Erstelle Programmtext P_w zu Gödelnummer w;
6) Falls P_w nicht syntaktisch korrekt oder nicht genau eine Eingabe- oder Ausgabeanweisung hat, weiter bei 4);
7) $j := j + 1;$ weiter bei 3);
8) Starte Programm P_w und weise der Eingabevariablen den Wert n zu $\diamond$

Das Programm P_w und die Schritte 1) bis 8) sind als Einheit zu sehen. Terminiert P_w und damit U, so wird der Funktionswert $f_i(n)$ ausgegeben. Ist $f_i(n) = \perp$, so terminiert P_w nicht und damit auch U nicht. $\diamond$

Es gibt also ein universelles Programm U für F_{PAS} und F_R; die U zugeordnete Funktion u ist die universelle Funktion von F_{PAS} und F_R. U läßt sich konstruktiv ermitteln.

3.5 Nichtberechenbare Funktionen

Daß es Funktionen gibt, die nicht berechenbar sind, zeigt das Halteproblem: Es gibt keinen Algorithmus, um zu entscheiden, ob ein beliebiges Programm mit einer beliebigen Eingabe terminiert. Hätte man einen solchen Algorithmus, so ließen sich damit viele offene Fragen entscheiden wie zum Beispiel die Fermatsche Vermutung, nach der es keine ganzen Zahlen $x, y, z \geq 1$ und ganzzahliges $n > 2$ derart gibt, daß

$$x^n + y^n = z^n$$

eine Lösung hat. Man bräuchte "nur" das (nicht optimale) Programm

```
program  Fermat(input, output);
var  x, y, z, n, k : integer ;  found : boolean ;
function  E(X, N : integer) : integer ;     { Ergebnis: X^N }
  var  H, I : integer;
  begin
    H := 1 ;
    for I := 1 to  N  do  H := H * X ;
    E := H
  end ;
begin
  k := 8 ;
  found := false ;
  repeat
      k := k + 1 ;     {k = x + y + z + n}
      for  x := 1 to  k - 8 do
        for  y := x + 1 to  k - 6 - x do
          for  z := y + 1 to  k - 3 - x - y do
            for  n := 3 to  k - x - y - z do
              if  E(x, n) + E(y, n) = E(z, n) then  found := true
  until found
end .
```

auf Terminierung untersuchen. Terminiert es, so ist die Fermatsche Vermutung falsch; terminiert es nicht, so ist sie richtig. Es besteht natürlich die Möglichkeit, eventuell einen speziellen Algorithmus zu entwickeln, der die Frage der Terminierung entscheiden kann. Aber eine Lösung der Fermatschen Vermutung durch einen allgemeinen " Terminierungs-algorithmus" wird es nie geben.

Es sei

$$f_1, f_2, f_3, \ldots$$

eine Aufzählung der berechenbaren Funktionen, d.h. alle partiell–rekursiven kommen in dieser Folge vor. Ist $G \subset F_R$ eine Teilmenge partiell–rekursiver Funktionen, so kann man G eine Teilmenge von $I\!N$ zuordnen, *Indexmenge von* G genannt, durch die G eindeutig charakterisiert ist. Jede partiell–rekursive Funktion f hat einen Index i, so daß die Indexmenge I_G von G durch

$$I_G := \{n | n \in I\!N, f_n \in G\}$$

gegeben ist. Komplement, Durchschnitt und Vereinigung von Indexmengen ergeben wieder eine Indexmenge. Beispiele für solche Indexmengen sind:

— Menge aller berechenbaren Funktionen,

— Menge aller primitiv–rekursiven Funktionen,

— Menge aller berechenbaren Funktionen, die für höchstens endlich viele Argumente nicht definiert sind,

— Menge aller berechenbaren Funktionen, für die $f(1) = 0$ ist.

Diese Beispiele zeigen, daß es durchaus interessant wäre, Indexmengen zu berechnen. Man hätte dann ein Verfahren, um gewisse Eigenschaften von Programmen nachzuweisen. Kann man nämlich die Indexmenge berechnen, so kann man für ein vorgegebenes Programm feststellen, ob es zur Indexmenge gehört. Das Halteproblem zeigt, daß dies, zumindest in dieser Allgemeinheit, nicht erwartet werden kann. Es wird sich sogar zeigen, daß diese Berechenbarkeit einer bestimmten Indexmenge einen Ausnahmefall darstellt. Um dies zu zeigen, bedarf es noch einiger Vorbereitungen.

Eine Funktion g heißt *Ergänzung* einer Funktion f, wenn $g(x) = f(x)$ für alle $x \in D_f$ ist. Die Ergänzung heißt *partiell–rekursiv*, wenn $g \in F_R$ ist, und sie heißt *total–rekursiv*, wenn $g \in F_R$ und g total ist. Eine Indexmenge I_G heißt *abgeschlossen* gegen partiell–rekursive (bzw. total–rekursive) Ergänzung, wenn jede partiell–rekursive (bzw. total–rekursive) Ergänzung g einer Funktion f, die zu I_G gehört, ebenfalls bereits zu I_G gehört.

Satz: Es gibt eine berechenbare Funktion $f \in F_R$, die keine total–rekursive Ergänzung hat.

Beweis: Sei f_i die Aufzählung der berechenbaren Funktionen. Definiert man nun

$$f(n) := \begin{cases} f_n(n) + 1 & \text{für } n \in D_{f_n} \\ \bot & \text{sonst} \end{cases}$$

und hätte f eine total–rekursive Ergänzung g, so müßte dieses g unter den f_i vorkommen. Ist nun $g = f_j$, $j \in I\!N_0$, eine total–rekursive Ergänzung, so wäre $f_j(j)$ definiert, d.h. es wäre $f_j(j) = f(j)$, was der Definition von f widerspricht. $\diamond$

Ist G eine Menge von partiell–rekursiven Funktionen mit der Indexmenge I_G, so ist I_G aufzählbar, wenn es einen Algorithmus gibt, der I_G berechnet und somit feststellen kann, ob ein bestimmter Index zu I_G gehört oder nicht gehört. Der folgende Satz zeigt, daß nur ganz bestimmte Indexmengen aufzählbar sind.

Satz von Rice: Jede aufzählbare Indexmenge ist gegen partiell–rekursive Ergänzung abgeschlossen.

Beweis (indirekt): Sei I_G eine aufzählbare Indexmenge und es sei $n \in I_G$, $m \notin I_G$ derart gewählt, daß f_m eine Ergänzung von f_n ist ($f_n, f_m \in F_R$). Setzt man

$$P_G(i) = \begin{cases} 1 & \text{falls } i \in I_G, i \in I\!N, \\ 0 & \text{falls } i \notin I_G, i \in I\!N, \end{cases}$$

so ist P_G die charakteristische Funktion von I_G. Die Funktion

$$h(t, u) = P_G(t) \cdot f_m(u) + (1 - P_G(t))f_n(u)$$

ist partiell–rekursiv und berechenbar. Also gibt es einen Index k derart, daß $h = f_k$ ist.

Ist nun $k \in I_G$, so ist $f_k(u) = h(k, u) = f_m(u)$; da nach Voraussetzung $f_m(u)$ nicht zu I_G gehört, ergibt sich ein Widerspruch. Ist andererseits $k \notin I_G$, so ergibt sich aus $f_k(u) = f_n(u)$ ebenfalls ein Widerspruch. Also ist die Annahme, es gäbe eine partiell–rekursive Ergänzung, die nicht zu I_G gehört, falsch $\diamond$

Aus dem Satz von Rice ergibt sich ein einfaches Entscheidbarkeitskriterium für Indexmengen I_G. Diese sind nämlich nur dann entscheidbar, wenn $I_G = \emptyset$ oder $I_G = I\!N$ ist.

Beweis: Daß $I_G = \emptyset$ oder $I_G = I\!N$ entscheidbar ist, ist trivial. Für die andere Richtung des Beweises sei nun I_G entscheidbar. Dann ist sowohl I_G als auch das Komplement $I\!N \setminus I_G$ aufzählbar und, nach dem Satz von Rice, abgeschlossen gegen partiell–rekursive Ergänzung. Sei nun k ein Index der überall undefinierten Funktion g, d.h. $g(n) = \perp$ für $n \in I\!N_0$. Dann ist jede Funktion $h \in F_R$ eine partiell–rekursive Ergänzung von g. Der Index k von g liegt nun entweder in I_G oder in $I\!N \setminus I_G$:

a) Ist $k \in I_G$, so sind für alle $j \in I\!N$ die Funktionen f_j Ergänzungen von $g = f_k$. Da I_G gegen partiell–rekursive Ergänzung abgeschlossen ist, muß k ebenfalls in I_G liegen. Also ist $I_G = I\!N$.

b) Ist $k \in I\!N \setminus I_G$, so schließt man analog, daß $I\!N \setminus I_G = I\!N$ und daraus $I_G = \emptyset$ ist $\diamond$

Entscheidbar sind somit nur triviale Eigenschaften von Funktionen und Programmen. Ist E eine beliebige Eigenschaft, die gewisse, aber nicht alle partiell–rekursiven Funktionen bzw. Programme haben, so ist die Indexmenge

$$I_G := \{n|\ f_n \quad \text{hat Eigenschaft } E \,,\ n \in I\!N\}$$

nicht entscheidbar. Einem Programm läßt sich also nicht "ansehen", ob es eine bestimmte nichttriviale Eigenschaft hat.

Beispiele für Nichtentscheidbarkeit sind:

a) $I_G := \{n|\ f_n = \text{const}\}$, d.h. alle Programme, die für jede Eingabe dieselbe Ausgabe liefern.

b) $I_G := \{n|\ \exists\, k :\ f_n(k) \neq 0\}$, d.h. alle Programme, die für mindestens eine Eingabe terminieren und einen Funktionswert $\neq 0$ haben.

c) $I_G := \{n|\ f_n \text{ primitiv–rekursiv }\}$, d.h. alle Programme, die primitiv–rekursive Funktionen berechnen.

d) $I_G = \{n|\ f_n(1) = 0\}$, d.h. alle Programme, die für die Eingabe 1 die Ausgabe 0 liefern.

4. Regelsprachen

Nach DIN 44300 ist der Begriff "Programmiersprache" wie folgt definiert: "Eine *Programmiersprache* ist eine zum Abfassen von Programmen geschaffene Sprache. Ein Programm ist eine zur Lösung einer Aufgabe vollständige Anweisung zusammen mit allen erforderlichen Vereinbarungen. Eine Vereinbarung ist eine Absprache über in Anweisungen auftretende Sprachelemente. Eine Anweisung ist eine in einer beliebigen Sprache abgefaßte Arbeitsvorschrift, die im gegebenen Zusammenhang wie auch im Sinne der benutzten Sprache abgeschlossen ist."

Offenbar ist diese Definition für eine formale Betrachtungsweise nicht geeignet. Es ist daher zu überlegen, ob man nicht auf anderem, mathematischen Weg zu einem Begriff "Programmiersprache" kommen kann, der sich mit dem eher intuitiven, zuvor beschriebenen Begriff deckt.

Zunächst sind alle (richtigen) Programme einer Programmiersprache eine Zeichenfolge über einem fest vorgegebenen Alphabet S. Dies legt die folgende Begriffsbildung nahe: Eine Teilmenge L von S^* über einem Alphabet S heißt *formale Sprache* (über S).

Die Form der Untersuchung, ob ein Wort w (= Programm) aus L ist oder nicht, hängt von der Beschreibung dieser Teilmenge ab. Man unterscheidet im wesentlichen vier Verfahren: Aufzählung, Generierung, Erkennung und Konstruktion.

Die *Aufzählung* ist die einfachste und auf den ersten Blick die am nächsten liegende Methode. Man zählt die Wörter auf, die zu L gehören; z.B. ist $L_1 = \{aa, ab, ba, bb\}$ eine formale Sprache über dem Alphabet $S = \{a, b\}$. Bei großem $card(L)$ ist diese Methode aber unübersichtlich und für nicht endliches $card(L)$ gar nicht ausführbar.

Bei der *Generierung* gibt man Regeln an, denen bestimmte Worte aus S^*, eben genau die Worte aus L, genügen. Wie diese Regeln aussehen und allgemein formuliert werden können, ist Gegenstand dieses Kapitels. Hier soll lediglich ein Beispiel dieses Verfahren andeuten: Ist $S = \{a, b\}$ und L_2 die Menge aller Worte aus S^*, die sich aus AB gewinnen lassen, indem man A durch a oder b und B durch a oder b ersetzt, so ist L_2 offenbar identisch mit L_1 im vorigen Absatz.

Bei der *Erkennung* gibt man einen Algorithmus an, der für jedes Wort $w \in S^*$ entscheidet, ob $w \in L$ oder $w \notin L$ ist, d.h. L wird als entscheidbare Teilmenge von S^* interpretiert. Auch die Angabe eines Algorithmus, der für jedes $w \in S^*$ genau dann abbricht, wenn $w \in L$ ist, ist möglich. Hierbei wird also L als rekursiv aufzählbare Menge interpretiert. Ist z.B. $S = \{a, b\}$ und gilt $w \in L_3 :\Longleftrightarrow |w| = 2$, dann ist L_3 offenbar identisch mit L_1 und L_2 aus den vorigen Abschnitten.

Bei der *Konstruktion* schließlich wird L durch einen mengen– bzw. halbgruppentheoretischen Ausdruck beschrieben. Beispiel: Ist $S = \{a, b\}$, $L_4 = S^2$, so ist L_4 identisch mit L_1, L_2 und L_3.

Durch eine formale Sprache L kann man die Syntax einer Programmiersprache definieren: Ein Wort $w \in S^*$ ist genau dann ein syntaktisch korrektes Programm, wenn $w \in L$ ist. Hierbei ist aber noch nichts über die Bedeutung des Programms bzw. die Semantik der Programmiersprache ausgesagt. Hierzu benötigt man eine Vorschrift, die einem gegebenen korrekten Programm und einer gegebenen Eingabe eine entsprechende Ausgabe zuordnet.

Eine *Programmiersprache* besteht aus einer formalen Sprache L über S, einem Eingabealphabet E, einem Ausgabealphabet A und einer berechenbaren Funktion $f : L \times E^* \longrightarrow A^*$. L definiert die Syntax, f die Semantik. Ist $L = S^*$, so heißt L *syntaxfrei*.

Die Funktion f ist i.a. partiell, da nicht jedes Programm für jede Eingabe terminiert.

4.1 Produktionssysteme

Die Bildung von Wörtern über einem Alphabet S kann — ähnlich dem Aufbau von Sätzen in natürlichen Sprachen — gewissen Syntaxregeln folgen. Eine *(Produktions)regel* ist ein geordnetes Paar $r = (w_1, w_2) \in S^* \times S^*$. Ist R eine endliche Menge von Regeln, so heißt $P = (S, R)$ ein *Produktionssystem* (auch *Semi–Thue–System* genannt).

Ein Produktionssystem heißt *symmetrisch*, falls mit jedem $(w_1, w_2) \in R$ auch $(w_2, w_1) \in R$ gilt. Das Produktionssystem $\hat{P} = (S, \hat{R})$ mit $\hat{R} = \{(w_2, w_1) \mid (w_1, w_2) \in R\}$ heißt das zu $P = (S, R)$ *inverse* Produktionssystem.

Im folgenden sei $P = (S, R)$ ein Produktionssystem mit $v_1, v_2 \in S^*$:

a) v_1 *führt unmittelbar zu* v_2, oder v_2 ist *in einem Schritt ableitbar* aus v_1, in Zeichen $v_1 \longrightarrow v_2$, wenn es $(w_1, w_2) \in R$ gibt, so daß $v_1 = x w_1 y$ und $v_2 = x w_2 y$ für $x, y \in S^*$ gilt. v_2 geht also aus v_1 hervor, wenn das Teilwort w_1 von v_1 entsprechend einer Regel $(w_1, w_2) \in R$ durch das Teilwort w_2 ersetzt wird. Da für jede Regel $(w_1, w_2) \in R$ w_1 unmittelbar zu w_2 führt, also $w_1 \longrightarrow w_2$ gilt, schreibt man statt (w_1, w_2) meist $w_1 \longrightarrow w_2$.

b) v_1 *führt zu* v_2, oder v_2 ist *ableitbar* aus v_1, in Zeichen $v_1 \overset{*}{\longrightarrow} v_2$, wenn es Wörter $w_i \in S^*$, $0 \le i \le n$, gibt, so daß

$$v_1 = w_0 \longrightarrow w_1 \longrightarrow \ldots \longrightarrow w_n = v_2, \qquad n \ge 1,$$

gilt. $\overset{*}{\longrightarrow}$ ist die reflexive, transitive Hülle von $\longrightarrow$. Die Folge $(w_0, w_1, ..., w_n)$ heißt *Ableitung der Länge n* von w_0 nach w_n . Ableitung der Länge n heißt also, daß $n-$ mal eine Produktionsregel angewandt wird.

c) Eine Ableitung heißt *minimal*, wenn $w_i \ne w_j$ ist für alle $i \ne j$. Jede Ableitung kann gegebenenfalls durch Weglassen von Ableitungsschritten minimal gemacht werden.

Die Ableitbarkeit läßt sich durch einen Graphen veranschaulichen, dessen Knoten Wörter aus S^* entsprechen und dessen Kanten die "Ableitung in einem Schritt" symbolisieren. Es sei $P = \big(\{a, b, c\}, \{(ba, ac), (ac, ba), (b, aa)\}\big)$. Ausgehend von bac erhält man den Graphen:

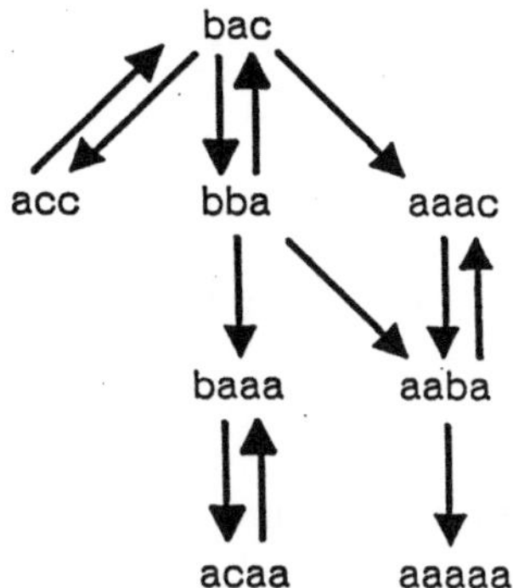

Das Beispiel zeigt, daß für $bac \xrightarrow{*} aaaaa$ beliebig viele Ableitungen existieren, da jedem Weg von bac nach $aaaaa$ eine Ableitung entspricht und ein zyklischer Graph unendlich viele Wege enthält. Für $bac \xrightarrow{*} aaaaa$ gibt es mehrere minimale Ableitungen:

$$bac \longrightarrow aaac \longrightarrow aaba \longrightarrow aaaaa,$$
$$bac \longrightarrow bba \longrightarrow aaba \longrightarrow aaaaa,$$
$$bac \longrightarrow bba \longrightarrow baaa \longrightarrow aaaaa.$$

Produktionssysteme stehen in einem engen Zusammenhang mit dem Funktionsbegriff und dem Programmbegriff. Interpretiert man die Funktionsbeziehung

$$f : S^* \longrightarrow T^*$$

in der Weise, daß man sagt, daß Wörter über S in Wörter über T übergeführt werden und daß diese Überführung durch die Funktion f festgelegt ist, so kann man für $u \in S^*, v \in T^*$ eine Ableitung $u \xrightarrow{*} v$ angeben; natürlich muß man für das Produktionssystem das Gesamtalphabet $S \cup T$ zugrundelegen. Geht man zum Beispiel von der unären Darstellung aus, so kann jede Zahl n durch $(n + 1)-$ malige Wiederholung des Zeichens | und Begrenzern \$ dargestellt werden, also:

$$\$|||...|\$.$$

a) Nullfunktion. Das Produktionssystem $P = (S, R)$ mit $S = \{ \ | \ , \ \$ \ \}$ und der Regel $r = (\ \$|| \ , \ \$| \ ) \in R$ bewirkt, daß

$$\$||| \ ... \ |\$ \xrightarrow{*} \$|\$$$

ist, d. h. jeder Wert $n \geq 0$ wird auf den Wert 0 abgebildet. Statt der Regel r kann man auch die Regel (\ ||\$ \ , \ |\$ \ ) oder die Regel (\ || \ , \ | \ ) nehmen.

b) Addition. Die Additionsaufgabe

$$\$||..|\$ \; + \; \$||..|\$$$

kann durch die Regelmenge $R = \{\, r_1,\, r_2\,\}$ mit

$$r_1 = (\,\$+\$||\,,\ |\$+\$|\,), \qquad r_2 = (\,\$+\$|\$\,,\ \$\,)$$

gelöst werden.

Diese zwei Beispiele lassen vermuten, daß Produktionssysteme eine äquivalente Darstellung für Funktionen erlauben. Entsprechendes gilt natürlich auch für den Bezug zu Programmen: Jede Anwendung einer Regel, also jeder Ableitungsschritt, kann durch ein bestimmtes Programmteil und wiederholte Anwendung von derselben Ableitung durch eine Schleife realisiert werden. Auf diesen Zusammenhang wird in einem späteren Kapitel ausführlich eingegangen. Hier sollen nun zunächst die Produktionssysteme allein auf der Grundlage der Zeichentransformation weiterbehandelt werden.

4.2 Regelgrammatiken

Produktionssysteme können zur Definition von Sprachen benutzt werden. Zeichnet man z.B. ein bestimmtes Wort w über dem Alphabet T aus, so ist die Menge aller Wörter, die aus w ableitbar sind, eine formale Sprache. Um die Anzahl der Regeln möglichst klein zu halten, ist es vorteilhaft, zusätzliche Hilfszeichen einzuführen, die *Nichtterminale* genannt werden, während die Zeichen aus T *Terminale* genannt werden. Die Nichtterminale sind Hilfsmittel zur Sprachbeschreibung, die in den Wörtern der Sprache selbst nicht auftreten. So werden in der Beschreibung der Syntax natürlicher Sprachen auch Hilfsbegriffe wie Subjekt, Prädikat, Konjunktion usw. verwendet.

Ein einfaches Produktionssystem, dessen Regeln an natürlichen Sprachen orientiert sind, lautet:

$$\langle \text{Satz} \rangle \longrightarrow \langle \text{Subjekt} \rangle \ \langle \text{Prädikat} \rangle \ \langle \text{Objekt} \rangle$$
$$\langle \text{Prädikat} \rangle \longrightarrow \langle \text{Prädikat} \rangle \ \text{und} \ \langle \text{Prädikat} \rangle$$
$$\langle \text{Objekt} \rangle \longrightarrow \langle \text{Substantiv} \rangle$$
$$\langle \text{Subjekt} \rangle \longrightarrow \langle \text{Substantiv} \rangle$$
$$\langle \text{Substantiv} \rangle \longrightarrow \text{Eltern}$$
$$\langle \text{Substantiv} \rangle \longrightarrow \text{Kinder}$$
$$\langle \text{Prädikat} \rangle \longrightarrow \text{beobachten}$$
$$\langle \text{Prädikat} \rangle \longrightarrow \text{ärgern.}$$

Dieses Produktionssystem ist über dem Alphabet der Nichtterminale

$$N = \{ \langle \text{Satz} \rangle, \langle \text{Subjekt} \rangle, \langle \text{Prädikat} \rangle, \langle \text{Objekt} \rangle, \langle \text{Substantiv} \rangle \}$$

und dem Alphabet der Terminale

$$T = \{ \text{ Eltern, Kinder, und, beobachten, ärgern } \}$$

definiert. Ausgehend von $\langle \text{Satz} \rangle$ erhält man beispielsweise

$$\langle \text{Satz} \rangle \xrightarrow{*} \text{Eltern beobachten Kinder,}$$
$$\langle \text{Satz} \rangle \xrightarrow{*} \text{Kinder beobachten und ärgern Kinder,}$$
$$\langle \text{Satz} \rangle \xrightarrow{*} \text{Kinder beobachten und beobachten und beobachten Kinder.}$$

Elemente dieser vereinbarten Sprache L sind alle Wörter mit

$$L = \{ w | w \in T^*, \langle \text{Satz} \rangle \xrightarrow{*} w \}.$$

Diese Überlegungen führen zur Definition der Regelgrammatik.

Eine (*allgemeine*) *Regelgrammatik* ist ein Quadrupel $G = (N, T, R, N_1)$ mit

N : nichtleere Menge der Nichtterminale,

T : nichtleere Menge der Terminale, $N \cap T = \emptyset$,

R : endliche Menge von Regeln aus $(N \cup T)^+ \times (N \cup T)^*$ derart, daß $(N \cup T, R)$ ein Produktionssystem ist und jede Regel $(u, v) \in R$ in u mindestens ein Nichtterminal enthält. $N \cup T$ heißt das *Gesamtalphabet* oder *Vokabular*.

$N_1 \in N$: *Startzeichen*.

Die Menge aller Wörter aus T^*, die aus N_1 ableitbar sind, heißt die von G erzeugte Regelsprache $L(G)$, i.e.

$$L(G) := \{w \mid w \in T^*, N_1 \overset{*}{\longrightarrow} w\}.$$

Zwei Regelgrammatiken G_1 und G_2 heißen äquivalent, in Zeichen $G_1 \sim G_2$, wenn sie die gleiche Regelsprache erzeugen, also $L(G_1) = L(G_2)$ ist $\diamond$

Zwischen Regelsprachen und natürlichen Sprachen bestehen die Analogien:

	Regelsprache	natürliche Sprache
Grundmenge	T , Menge der Terminale	Wörter der Sprache
Hilfszeichen	N , Menge der Nichtterminale	grammatikalische Begriffe wie
		Subjekt, Verb etc.
Regeln	Wortpaare über $N \cup T$	grammatikalische Regeln
Sprachelemente	Wörter über T	Sätze der Sprache

Die Einschränkung in der Definition, daß alle Wörter aus nur einem Nichtterminal N_1 ableitbar sein müssen, wird aus Gründen der Übersichtlichkeit gemacht. Ist nämlich eine beliebige Menge M von Wörtern über $N \cup T$ als Startzeichen gegeben, so läßt sich dieser Fall durch die Hinzunahme eines neuen Nichtterminals N_0 und von Regeln der Form $N_0 \to w$ für alle $w \in M$ auf ein Startzeichen reduzieren. Dadurch, daß jede Regel (u, v) in u mindestens ein Nichtterminal enthält, erreicht man, daß Wörter, die bereits vollständig aus Terminalen aufgebaut sind, nicht mehr weiter abgeleitet werden. Man beachte, daß das leere Wort nicht auf der linken Seite einer Regel stehen darf.

Die Elemente von N werden im folgenden mit großen Buchstaben $N_1, N_2, ..., A, B, C, ...$ bezeichnet und die Elemente von T mit kleinen Buchstaben $t_1, t_2, ..., a, b, c, d, ...$; sofern nötig, werden gelegentlich die Elemente noch weiter indiziert. Die explizite Bestimmung aller durch eine Regelgrammatik erzeugten Wörter gelingt meist nur bei relativ einfachen Regeln. Sei $G = (N, T, R, N_1)$ mit $N = \{N_1, N_2\}$, $T = \{a, b, c\}$ und den Regeln

$$(1) \quad N_1 \to \varepsilon,$$
$$(2) \quad N_1 \to aN_1N_2c,$$
$$(3) \quad cN_2 \to N_2c,$$
$$(4) \quad aN_2 \to ab,$$
$$(5) \quad bN_2 \to bb.$$

Durch einmalige Anwendung einer Regel erhält man das leere Wort als einziges, das nur aus Terminalen besteht. Durch zweimalige Anwendung irgendwelcher Regeln ergibt sich kein Wort aus T^*. Dreimalige Anwendung führt zu der einzigen Möglichkeit

$$N_1 \xrightarrow{(2)} aN_1N_2c \xrightarrow{(1)} aN_2c \xrightarrow{(4)} abc.$$

Man sieht, daß alle möglichen Ableitungen nach dem folgenden Schema ablaufen müssen (die Reihenfolge ist nicht eindeutig):

a) $k-$ malige Anwendung der Regel (2):
$$N_1 \xrightarrow{*} a^k N_1 (N_2c)^k, \qquad k \geq 1.$$

b) Einmalige Anwendung der Regel (1) in a):
$$N_1 \xrightarrow{*} a^k (N_2c)^k, \qquad k \geq 1.$$

c) $(k-1)-$ malige Anwendung der Regel (3) in b):
$$N_1 \xrightarrow{*} a^k N_2^k c^k, \qquad k \geq 1.$$

d) Einmalige Anwendung der Regel (4) in c):
$$N_1 \xrightarrow{*} a^k b N_2^{k-1} c^k, \qquad k \geq 1.$$

e) $(k-1)-$ malige Anwendung der Regel (5) in d):
$$N_1 \xrightarrow{*} a^k b^k c^k, \qquad k \geq 1.$$

Also ist unter zusätzlicher Beachtung von Regel (1)

$$L(G) = \{a^n b^n c^n \mid n \geq 0\}.$$

Der Begriff der separierten Regelgrammatik erlaubt die Zurückführung der Regelgrammatiken auf eine Klasse von "einfacheren" äquivalenten Regelgrammatiken. Sind alle Regeln einer Grammatik von der Form

$$\text{a) } u \to v, \qquad u \in N^+, v \in N^+,$$
$$\text{oder} \qquad \text{b) } u \to v, \qquad u \in N, v \in T \cup \{\varepsilon\},$$

so heißt die Grammatik *separiert*.

Ist $G = (N, T, R, N_1)$ eine beliebige Regelgrammatik, so gibt es hierzu stets eine äquivalente separierte Regelgrammatik. Führt man nämlich für jedes Terminal $t_1 \in T$

mit Hilfe neuer Nichtterminale A_i neue Regeln $A_i \rightarrow t_i$ ein, so kann man in allen Regeln von R die Terminale t_i durch die neuen Nichtterminale A_i ersetzen. Die dadurch geänderte Regelmenge R werde mit R_N bezeichnet. Die Grammatik $G' = (N', T, R', N_1)$ mit

$$N' = N \cup \{A_i \mid 1 \leq i \leq |T|\},$$
$$R' = R_N \cup \{(A_i, t_i) \mid \text{ für alle } t_i \in T\}.$$

ist zu G äquivalent. Die Grammatik G' hat nun fast die geforderte Gestalt, lediglich Regeln der Form (u, ε) mit $u \in N^+$ müssen nun noch mit Hilfe eines neuen Nichtterminals B durch

$$u \rightarrow B, \qquad B \rightarrow \varepsilon$$

ersetzt werden. Die so erhaltene Grammatik G'' ist separiert, äquivalent zu G' und damit auch äquivalent zu G.

Die Regeln lassen sich noch weiter vereinfachen. Liegt nämlich bei einer separierten Grammatik eine Regel der Form $u \rightarrow v$ mit $u, v \in N^+$, also

$$A_1 A_2 ... A_n \longrightarrow B_1 B_2 ... B_m \qquad (n, m \geq 1)$$

vor, so lassen sich die Fälle unterscheiden:

a) $n = 1$, $m = 1$: $A_1 \rightarrow B_1$.

    Es handelt sich um eine *einfache Substitution*.

b) $n = 1$, $m = 2$: $A_1 \rightarrow B_1 B_2$.

    Es liegt eine *Expansion* vor.

c) $n = 1$, $m > 2$: $A_1 \rightarrow B_1 B_2 \ldots B_m$.

    Mit Hilfe neuer Nichtterminale C_i, $1 \leq i \leq m - 2$, läßt sich die Regel durch die Regeln

$$A_1 \rightarrow B_1 C_1, C_1 \rightarrow B_2 C_2, \ldots, C_{m-3} \rightarrow B_{m-2} C_{m-2}, C_{m-2} \rightarrow B_{m-1} B_m$$

    ersetzen. Alle diese Regeln nehmen eine Expansion vor, sind also von dem in b) genannten Typ.

d) $n = 2$, $m = 1$: $A_1 A_2 \rightarrow B_1$.

    Mit Hilfe eines neuen Nichtterminals C kann diese Regel durch

$$A_1 A_2 \rightarrow B_1 C, \qquad C \rightarrow \varepsilon$$

ersetzt werden. Eine Regel der Art $A_1 A_2 \rightarrow B_1 C$ heißt *doppelte Substitution*, die Regelart $C \rightarrow \varepsilon$ heißt *Reduktion*.

e) $n = 2$, $m = 2$: $A_1 A_2 \rightarrow B_1 B_2$.

Es liegt doppelte Substitution vor.

f) $n = 2$, $m > 2$: $A_1 A_2 \rightarrow B_1 B_2 \ldots B_m$.

Analog zu c) erhält man mit Hilfe neuer Nichtterminale $C_i (1 \leq i \leq m-2)$ die Regeln

$$A_1 A_2 \rightarrow B_1 C_1, C_1 \rightarrow B_2 C_2, ..., C_{m-3} \rightarrow B_{m-2} C_{m-2}, C_{m-2} \rightarrow B_{m-1} B_m,$$

die vom Typ doppelte Substitution bzw. Expansion sind.

g) $n \geq 3$, $m < n$:

Die Regel

$$A_1 A_2 ... A_m A_{m+1} ... A_n \longrightarrow B_1 B_2 ... B_m$$

läßt sich mit neuen Nichtterminalen C_i $(2 \leq i \leq n-1)$ folgendermaßen schreiben:

$$A_1 A_2 \rightarrow B_1 C_2, C_2 A_3 \rightarrow B_2 C_3, \ldots, C_m A_{m+1} \rightarrow B_m C_{m+1},$$
$$C_{m+1} A_{m+2} \rightarrow C_{m+2}, \ldots, C_{n-1} A_n \rightarrow \varepsilon.$$

Ersetzt man nun noch eine Regel der Art $AB \rightarrow \varepsilon$ mit Hilfe neuer Nichtterminale C, D durch $AB \rightarrow CD$ und $C \rightarrow \varepsilon$ und $D \rightarrow \varepsilon$, so sind unter Beachtung von d) für die Regeln $AB \rightarrow C$ alle Regeln von der Art doppelte Substitution oder Reduktion.

h) $n \geq 3$, $m \geq n$:

Die Regel

$$A_1 A_2 ... A_n \longrightarrow B_1 B_2 ... B_n B_{n+1} ... B_m$$

läßt sich analog zu g) mit Hilfe neuer Nichtterminale C_i $(2 \leq i \leq m-1)$ umschreiben:

$$A_1 A_2 \rightarrow B_1 C_2, C_2 A_3 \rightarrow B_2 C_3, \ldots, C_{n-1} A_n \rightarrow B_{n-1} C_n, C_n \rightarrow B_n C_{n+1}, \ldots,$$
$$C_{m-2} \rightarrow B_{m-2} C_{m-1}, C_{m-1} \rightarrow B_{m-1} B_m.$$

Es liegen also die Fälle doppelte Substitution bzw. Expansion vor.

Die einfache Substitution $A \rightarrow B$ läßt sich mit dem neuen Nichtterminal C noch durch $A \rightarrow BC$, $C \rightarrow \varepsilon$ ersetzen, also durch Expansion und Reduktion ausdrücken.

Somit ergibt sich, daß man die Regeln einer (separierten) Grammatik auf folgende vier Typen zurückführen kann:

— Reduktion: $A \rightarrow \varepsilon$,

— Termination: $A \rightarrow t$,

— Expansion: $A \to BC$,

— doppelte Substitution: $AB \to CD$,

wobei A, B, C, D Nichtterminale, t ein Terminal und ε das leere Wort bezeichnet. Eine Grammatik, die nur diese Regeltypen hat, heißt *normal*.

Beispiel: Sei $G = (N, T, R, N_1)$ mit den Regeln

$$N_1 \to aN_2bN_1, \ N_1 \to ab, \ N_2 \to aaN_1, \ N_2bN_1 \to \varepsilon$$

gegeben. Eine äquivalente separierte Grammatik hat die Regeln (neue Nichtterminale A_i, $1 \le i \le 3$):

$$N_1 \to A_1N_2A_2N_1, \ N_1 \to A_1A_2, \ N_2 \to A_1A_1N_1, \ N_2A_2N_1 \to A_3, \ A_1 \to a,$$
$$A_2 \to b, \ A_3 \to \varepsilon \, .$$

Die weitere Umformung auf eine normale Grammatik liefert (neue Nichtterminale C_i, $1 \le i \le 4$):

$$N_1 \to A_1C_1, \ C_1 \to N_2C_2, \ C_2 \to A_2N_1, \ N_1 \to A_1A_2, \ N_2 \to A_1C_3, \ C_3 \to A_1N_1,$$
$$N_2A_2 \to C_4, \ C_4N_1 \to A_3, \ A_1 \to a, \ A_2 \to b, \ A_3 \to \varepsilon \ \diamond$$

Für jede Regelgrammatik $G = (N, T, R, N_1)$ läßt sich noch zeigen, daß die von ihr erzeugten Wörter aufzählbar sind. Hierzu bilde man die Mengen

$$M_0 := \{ \, N_1 \, \} \, ,$$
$$M_i := \{ \, w | w \in (N \cup T)^*, \ \exists \ \text{Ableitung} \ N_1 \to w_1 \to \ldots \to w_i = w \, \} \, , \ i \ge 1 \, .$$

M_i enthält also alle Wörter, die aus N_1 in i Schritten ableitbar sind. M_{i+1} läßt sich aus M_i gewinnen, indem man für alle Wörter aus M_i systematisch alle (endlich vielen) Regeln anwendet. Jedes M_i zerfällt in zwei disjunkte Teilmengen

$$M_i = M_{i,N} \cup M_{i,T}$$

wobei $M_{i,T}$ alle Wörter enthält, die nur aus Terminalen bestehen, und $M_{i,N}$ alle übrigen Wörter enthält. Für die Bildung von M_{i+1} ist dann nur $M_{i,N}$ von Interesse. Die Folge der $M_{i,T}$ erzeugt aber eine Aufzählung der Wörter $w \in L(G)$.

4.3 Chomsky–Hierarchie

Eine Regel $r = (A, v)$ mit einem Nichtterminal A (w_1, w_2 Wörter aus T^*, y_1, y_2 Wörter aus T^+, B Nichtterminal) heißt:

Name	v
linear	$w_1 \, B w_2$
rechtslinear	$w_1 \, B$
linkslinear	$B \, w_2$
abschließend	w_1
rekursiv	$y_1 \, A \, y_2$
rechtsrekursiv	$y_1 \, A$
linksrekursiv	$A \, y_2$ ◇

Sind alle Regeln einer Grammatik von derselben Art oder abschließend, so nennt man die Grammatik entsprechend. Also ist z.B. eine Grammatik linear, wenn alle Regeln abschließend oder linear sind (rechtslineare und linkslineare Regeln sind ebenfalls linear!). Eine Ableitung $u \to v$ heißt *(links–)kanonisch*, wenn v durch Anwendung einer Regel auf das am weitesten links stehende Nichtterminal von u entsteht; sie heißt *rechtskanonisch*, wenn v durch Anwendung einer Regel auf das am weitesten rechts stehende Nichtterminal von u entsteht.

Man unterscheidet (nach Chomsky, $*$1928), je nach den Forderungen, die man an die Form der Regeln stellt, vier verschiedene Typen von Regelgrammatiken bzw. Regelsprachen. Sei $G = (N, T, R, N_1)$, dann lauten die vier Typen:

Typ	Name	Regeln
3	*regulär*	alle nichtabschließenden Regeln sind entweder linkslinear oder rechtslinear, keine Regel der Form (u, ε).
2	*kontextfrei*	$u \in N, v \in (N \cup T)^+$ für alle $(u, v) \in R$.
1	*kontextsensitiv*	$u = w_1 A w_2, v = w_3$ mit $A \in N$ und $w_i \in (N \cup T)^*$, sowie $|w_1 A w_2| \leq |w_3|$ für alle $(u, v) \in R$.
0	*allgemein*	keine Einschränkungen. ◇

Man beachte, daß die regulären, kontextfreien und kontextsensitiven Grammatiken keine Regel (u, ε) enthalten. Man nennt solche Grammatiken ε *–frei.*

Eine Teilmenge $L \subset S^*$ heißt *Regelsprache* des Typs i, wenn es eine Grammatik G des Typs i mit $L = L(G)$ gibt.

Da die abschließenden Regeln sowie die linkslinearen bzw. rechtslinearen Regeln von der Form (A, w) mit $A \in N, w \in (N \cup T)^+$ sind, sind alle regulären Sprachen kontextfrei. Wegen $|A| \leq |w|$ und $(A, w) = (\varepsilon A \varepsilon, w)$ folgt, daß alle kontextfreien Sprachen kontextsensitiv sind. Folglich bilden die vier Sprachklassen eine Hierarchie, die sogenannte *Chomsky-Hierarchie.* Bezeichnet

$$L(i) = \{L(G) \mid G \text{ vom Typ } i, \ \ 0 \leq i \leq 3\},$$

dann gilt wegen der Hierarchie

$$L(3) \subset L(2) \subset L(1) \subset L(0).$$

Der Name "kontextfrei" bei einer Grammatik soll bedeuten, daß bei den Ableitungen ein Nichtterminal ohne Rücksicht auf die im Kontext stehenden Zeichen ersetzt werden darf. Der Name "kontextsensitiv" hat von der Definition her keine unmittelbare Interpretation. Diese Interpretation ergibt sich aber aus einer Eigenschaft der kontextsensitiven Grammatiken. Ist G nämlich eine kontextsensitive Grammatik, so kann man o.B.d.A. annehmen, daß G separiert ist. Jede nichtabschließende Regel hat dann die Gestalt

$$A_1 A_2 ... A_m \longrightarrow B_1 B_2 ... B_n$$

mit $m \leq n$, die mit Hilfe neuer Nichtterminale C_i in der Form

$$A_1 A_2 ... A_m \rightarrow C_1 A_2 ... A_m,$$
$$C_1 A_2 ... A_m \rightarrow C_1 C_2 A_3 ... A_m,$$
$$\vdots$$
$$C_1 C_2 ... C_{m-2} A_{m-1} A_m \rightarrow C_1 C_2 ... C_{m-1} A_m,$$
$$C_1 C_2 ... C_{m-1} A_m \rightarrow C_1 C_2 ... C_m B_{m+1} ... B_n,$$
$$C_1 C_2 ... C_m B_{m+1} ... B_n \rightarrow C_1 C_2 ... C_{m-1} B_m ... B_n,$$
$$\vdots$$
$$C_1 B_2 ... B_n \rightarrow B_1 B_2 ... B_n$$

geschrieben werden kann. Für jede solche Regel ist die Länge der linken Seite einer Regel kleiner oder gleich der Länge der rechten Seite und somit ist die Grammatik kontextsensitiv. Darüber hinaus kann auch jede Regel in der Form

$$w_1 A w_2 \to w_1 w w_2$$

geschrieben werden, wenn A ein Nichtterminal bezeichnet und w, w_1, w_2 Wörter über dem Gesamtalphabet dieser geänderten Grammatik (inklusive dem Leerwort) sind; beispielsweise ist

$$A_1 A_2 ... A_m \to C_1 A_2 ... A_m$$

durch

$$\varepsilon A_1 (A_2 ... A_m) \to \varepsilon C_1 (A_2 ... A_m)$$

in die geforderte Form zu bringen. Diese Form kann nun aber so interpretiert werden, daß das Nichtterminal A_1 durch C_1 ersetzt werden darf, sofern der Kontext von A_1 in der angegebenen Form beschrieben werden kann.

Bei den regulären Sprachen besteht zwischen den Grammatiken mit linkslinearen Regeln und denen mit rechtslinearen Regeln kein prinzipieller Unterschied, da sich jede reguläre Grammatik sowohl rechtslinear als auch linkslinear ausdrücken läßt. Dies läßt sich durch folgende Korrespondenzen erreichen:

rechtslinearer Fall	linkslinearer Fall
$N_1 \to w$	$N_1 \to w$
$A \to w$	$N_1 \to Aw$
$N_1 \to wA$	$A \to w$
$A \to wB$	$B \to Aw$

Mittels dieser Korrespondenzen entspricht jeder Ableitung im rechtslinearen Fall

$$N_1 \to w_1 A_1 \to w_1 w_2 A_2 \to ... \to w_1 ... w_{n-1} A_{n-1} \to w_1 w_{n-1} w_n$$

eine Ableitung im linkslinearen Fall

$$N_1 \to A_{n-1} w_n \to A_{n-2} w_{n-1} w_n \to ... \to A_1 w_2 ... w_{n-1} w_n \to w_1 w_2 ... w_{n-1} w_n$$

und vice versa. Somit sind die beiden Darstellungsformen äquivalent.

Ist eine Sprache L endlich, $L = \{ w_i \mid 1 \leq i \leq k, w_i \in T^* \}$, so kann sie immer durch eine reguläre Grammatik beschrieben werden, nämlich mit Hilfe von k abschließenden Regeln $N_1 \to w_i$, $1 \leq i \leq k$. Jede endliche Sprache ist somit regulär.

Die Regeln von regulären Grammatiken lassen sich noch weiter vereinfachen. Liegt eine reguläre Grammatik mit rechtslinearen Regeln vor, so können die abschließenden Regeln

$$A \to w = a_1 a_2 ... a_n, \qquad a_i \in T, \ A \in N,$$

mit Hilfe von neuen Nichtterminalen C_i in der Form

$$A \to a_1 C_1, C_1 \to a_2 C_2, ..., C_{n-2} \to a_{n-1} C_{n-1}, C_{n-1} \to a_n$$

und die rechtslinearen Regeln

$$A \to wB = a_1 a_2 ... a_n B, \qquad a_i \in T; \quad A, B \in N,$$

in der Form (D_i neue Nichtterminale)

$$A \to a_1 D_1, D_1 \to a_2 D_2, ..., D_{n-2} \to a_{n-1} D_{n-1}, D_{n-1} \to a_n B$$

geschrieben werden. Also gibt es zu jeder regulären Grammatik mit abschließenden und rechtslinearen Regeln eine äquivalente reguläre Grammatik, die nur Regeln der Form

$$(A, a) \quad \text{oder} \quad (A, aB)$$

mit $a \in T$ und $A, B \in N$ hat. Analog gibt es zu jeder regulären Grammatik mit abschließenden und linkslinearen Regeln eine äquivalente reguläre Grammatik mit Regeln der Form

$$(A, a) \quad \text{oder} \quad (A, Ba).$$

Im folgenden werde o.B.d.A. angenommen, daß eine reguläre Grammatik nur abschließende und rechtslineare Regeln der angegebenen Art hat.

Transformiert man eine kontextfreie Grammatik in eine separierte Grammatik, so lassen sich die so erhaltenen Regeln — gemäß dem Beweisgang zur Umformung in normale Grammatiken — auf drei Typen zurückführen: Termination, einfache Substitution und Expansion. Es läßt sich zeigen, daß auch noch die einfache Substitution durch Expansion und Termination ersetzbar sind. Setzt man nämlich für die Grammatik $G = (N, T, R, N_1)$, die nur Regeln der Art Termination, einfache Substitution und Expansion hat,

$$R_1 = \{(A, t) \mid A \in N, t \in T, (A, t) \in R\},$$
$$R_2 = \{(A, BC) \mid A, B, C \in N, (A, BC) \in R\},$$
$$R_3 = \{(A, w) \mid \exists\, B \in N : (B, w) \in (R_1 \cup R_2) \text{ und } A \xrightarrow{*} B \text{ in } G\},$$

so enthält R_1 gerade die Terminationsregeln, R_2 die Expansionsregeln und R_3 alle Regeln mit "einfachen Substitutionen", aber ersetzt durch Regeln der Termination und Expansion. Die Grammatik $G' = (N, T, R_1 \cup R_2 \cup R_3, N_1)$ ist nun zu G äquivalent. Denn ist $w \in L(G)$, so existiert eine Ableitung $N_1 \to w_1 \to ... \to w_n = w$ in G. Wird aber nun bei der Ableitung eine Regel des Types der einfachen Substitution angewandt, d.h. ein Nichtterminal A_1 durch ein Nichtterminal A_2 ersetzt, so verfolge man die Ersetzung dieses Nichtterminals in der weiteren Ableitung $A_1 \to A_2 \to ... \to A_m$, bis eine Ableitung des Typs Termination oder Expansion auftritt, also z.B. (A_m, w). Dann ist $(A_1, w) \in R_3$, also $w \in L(G')$. Da andererseits aus $(A, w) \in R_3$ auch $A \overset{*}{\longrightarrow} w$ in G folgt, ist auch $L(G') \subset L(G)$. Damit ist die Äquivalenz nachgewiesen.

Die zu einer kontextfreien Grammatik äquivalente Grammatik, die nur Regeln des Types Termination oder Expansion enthält, heißt *Chomsky-Normalform*. Die Chomsky-Normalform läßt sich konstruktiv gewinnen; man braucht hierzu lediglich das im Beweis benutzte Verfahren anzuwenden.

Für kontextsensitive Grammatiken $G = (N, T, R, N_1)$ folgt aus dem Beweisgang für normale Grammatiken, daß diese durch Regeln des Typs Termination, Expansion, einfache Substitution und doppelte Substitution darstellbar sind. Analog dem Vorgehen bei den kontextfreien Grammatiken läßt sich auch hier die einfache Substitution durch die übrigen drei Typen ersetzen. Setzt man

$$R_1 = \{(A, t) \mid A \in N,\ t \in T,\ (A, t) \in R\},$$
$$R_2 = \{(A, BC) \mid A, B, C \in N,\ (A, BC) \in R\},$$
$$R_3 = \{(AB, CD) \mid A, B, C, D \in N,\ (AB, CD) \in R\}$$

so entspricht R_1 den Regeln der Termination, R_2 den Regeln der Expansion und R_3 den Regeln der doppelten Substitution. Für die fehlenden Regeln der einfachen Substitution setzt man

$$R_4 = \{(A, t) \mid \exists\, B \in N : (B, t) \in R \text{ und } A \overset{*}{\longrightarrow} B \text{ in } G\}$$
$$\cup\ \{(A, BC) \mid \exists\, D \in N : (D, BC) \in R \text{ und } A \overset{*}{\longrightarrow} D \text{ in } G\}$$
$$\cup\ \{(AB, CD) \mid \exists\, E \in N : (EB, CD) \in R \text{ und } A \overset{*}{\longrightarrow} E \text{ in } G\}$$
$$\cup\ \{(AB, CD) \mid \exists\, E \in N : (AE, CD) \in R \text{ und } B \overset{*}{\longrightarrow} E \text{ in } G\}$$

und erhält so Ersatz für die Regeln der einfachen Substitution. Die Grammatik $G' = (N, T, R_1 \cup R_2 \cup R_3 \cup R_4, N_1)$ ist nun zu G äquivalent, da dieselben Überlegungen wie zuvor bei den kontextfreien Grammatiken angestellt werden können.

Faßt man die Ergebnisse zusammen, so ergeben sich für die Chomsky-Hierarchie die folgenden "Normalformen" (A, B, C, D Nichtterminale; t Terminal; ε Leerwort):

Typ	Termination $A \to t$	Expansion $A \to tB$	$A \to BC$	doppelte Substitution $AB \to CD$	Reduktion $A \to \varepsilon$
3	ja	ja	nein	nein	nein
2	ja	nein	ja	nein	nein
1	ja	nein	ja	ja	nein
0	ja	nein	ja	ja	ja

Durch Hinzunahme bzw. Wegnahme einer Regelart bzw. Änderung einer Regelart (bei der Expansion) kommt man zu der jeweils benachbarten Regelsprache.

Eine Regelsprache $L(G)$ besteht aus einer Menge von Wörtern über T. Sind nun zwei Grammatiken $G_j = (N_j, T_j, R_j, N_{j1})$, $j = 1, 2$, gegeben und haben beide Grammatiken denselben Typ, so ist die Frage naheliegend, welcher Typ von Sprache bei den üblichen Mengenoperationen Vereinigung $L(G_1) \cup L(G_2)$, Durchschnitt $L(G_1) \cap L(G_2)$, Produkt $L(G_1)L(G_2)$, Komplement $T^* \setminus L(G_1)$, Stern $L^*(G_1)$ sowie Spiegelung $\widetilde{L(G_1)}$ entsteht. O.B.d.A. sei $N_1 \cap N_2 = \emptyset$.

Einfach liegen die Verhältnisse bei der Spiegelung. Ist $(u, v) \in R_1$, so liefert die Grammatik $G = (N_1, T_1, \tilde{R}_1, N_{11})$ mit

$$\tilde{R}_1 = \{(u, \tilde{v} \mid (u, v) \in R_1\}$$

gerade die Sprache $L(G) = \widetilde{L(G_1)}$. Die Regeln $(u, \tilde{v})$ sind aber von demselben Typ wie die Regeln (u, v). Man beachte, daß bei den regulären Sprachen alle linkslinearen Regeln rechtslinear werden und vice versa. Die Spiegelung verändert also nicht den Typ der Sprache.

Betrachtet man für eine Regelsprache $L = L(G)$ den Stern L^*, so ist L^* sicherlich nicht kontextsensitiv, da das leere Wort in L^* enthalten ist. Deshalb wird für die Typ $-i-$ Sprachen mit $1 \leq i \leq 3$ die Menge L^+ betrachtet. Die Grammatik

$$G = (N_1 \cup \{N_0\}, T_1, R_1 \cup \{(N_0, N_0 N_{11}), (N_0, N_{11})\})$$

erzeugt für $i = 1, 2$ eine Sprache mit $L(G) = L_1^+$, wenn N_0 ein neues Nichtterminal bezeichnet. Da die neu hinzugekommenen Regeln vom Typ 2 sind, ist die Grammatik G von Typ i für $i = 1, 2$. Für Typ–0–Sprachen kann nach demselben Verfahren wie zuvor, ggfs. durch Hinzunahme einer Regel (N_0, ε), die Sprache $L(G) = L_1^*$ erzeugt werden. Bei den regulären Sprachen seien o.B.d.A. die Regeln rechtslinear. Wenn man zu jeder abschließenden Regel $(A, w) \in R_1$ mit $A \in N_1, w \in T^+$ eine neue Regel $(A, w N_{11})$ hinzunimmt, so ergibt sich $L(G) = L_1^+$. Es gilt somit, daß für eine Sprache L vom Typ i die Menge L^+ wiederum vom Typ i ist.

Die Vereinigung $L = L(G_1) \cup L(G_2)$ wird durch die Grammatik

$$G = (N_1 \cup N_2 \cup \{N_{00}\}, T_1 \cup T_2, R_1 \cup R_2 \cup \{(N_{00}, N_{11}), (N_{00}, N_{12})\}, N_{00})$$

mit einem neuen Nichtterminal N_{00} erzeugt. Also ergibt die Vereinigung zweier Regelsprachen eines Types i wiederum eine Regelsprache desselben Typs i.

Das Produkt $L = L(G_1)L(G_2)$ hat für den Typ i, $0 \le i \le 2$, die Grammatik G vom Typ i:

$$G = (N_1 \cup N_2 \cup \{N_{00}\}, T_1 \cup T_2, R_1 \cup R_2 \cup \{(N_{00}, N_{11}N_{21})\}, N_{00})$$

mit $N_{00} \notin N_1 \cup N_2$. Ist der Typ 3, so kann man, im rechtslinearen Fall, jede abschließende Regel $(A, t) \in R_1$ mit $A \in N_1, t \in T_1$ durch die Regel (A, tN_{21}) ersetzen. Bezeichnet R_1' die so geänderten Regeln von R_1, so liefert

$$G = (N_1 \cup N_2, T_1 \cup T_2, R_1' \cup R_2, N_{11})$$

die reguläre Sprache $L = L(G_1)L(G_2)$. Das Produkt zweier Regelsprachen eines Typs i hat somit ebenfalls den Typ i.

Von den mengentheoretischen Operationen bleiben nun noch das Komplement und der Durchschnitt. Wegen

$$L_1 \cap L_2 = T^* \setminus (T^* \setminus L_1 \cup T^* \setminus L_2)$$

genügt es, das Komplement zu betrachten, da daraus und mittels der Vereinigung der Durchschnitt gebildet werden kann. Die Behandlung dieser Fragestellung muß auf einen späteren Abschnitt verschoben werden.

4.4 Entscheidungsprobleme

Für Regelsprachen gibt es, differenzierbar zur Chomsky–Hierarchie, eine Hierarchie der Entscheidbarkeit. Es zeigt sich, daß umso weniger entscheidbar ist, je allgemeiner der Sprachtyp ist. Für allgemeine Regelsprachen ist also weniger entscheidbar als für reguläre Sprachen.

Folgende Fragestellungen können auf Entscheidbarkeit hin untersucht werden:

a) *Ableitbarkeitsproblem:* Gegeben ist eine Grammatik $G = (N, T, R, N_1)$ des Typs i. Gibt es für ein Wort $w \in T^*$ eine Ableitung $N_1 \xrightarrow{*} w$, d.h. $w \in L(G)$?

b) *Äquivalenzproblem:* Definieren zwei Grammatiken G_1 und G_2 vom Typ i dieselbe Sprache, d.h. ist $L(G_1) = L(G_2)$?

c) *Abgeschlossenheitsproblem:* Sind G_1 und G_2 zwei Grammatiken des Typs i, so wird gefragt, ob der Durchschnitt der beiden Sprachen, d.h. $L_3 = L(G_1) \cap L(G_2)$ und das Komplement $L_4 = T^* \setminus L(G_1)$ bzw. $L_5 = T^* \setminus L(G_2)$ wieder eine Sprache des Typs i ist.

d) *Maximalitätsproblem:* Ist $L(G) = T^*$ bzw. $L(G) = T^+$ für eine Grammatik G des Typs i?

e) *Leerheitsproblem:* Ist $L(G) = \emptyset$ für eine Grammatik G des Typs i?

f) *Finitheitsproblem:* Ist die Anzahl der Wörter einer Sprache $L(G)$ des Typs i endlich?

g) *Inklusionsproblem:* Gilt $L(G_1) \subset L(G_2)$ für zwei Grammatiken G_1 und G_2 des Typs i?

h) *Disjunktheitsproblem:* Ist $L(G_1) \cap L(G_2) = \emptyset$ für zwei Grammatiken G_1 und G_2 des Typs i?

Auf Fragen dieser Art wird in späteren Abschnitten eingegangen. Hier soll nur die Entscheidbarkeit des Ableitbarkeitsproblems für kontextsensitive Sprachen — und damit auch für kontextfreie und reguläre Sprachen — gezeigt werden.

Ist $G = (N, T, R, N_1)$ eine kontextsensitive Grammatik und $w \in T^n$ das zu untersuchende Wort, so bilde man die Mengen:

$$M_0 := \{N_1\},$$
$$M_i := M_{i-1} \cup \{w_2 \mid \exists\, w_1 \in M_{i-1} : w_1 \to w_2 \text{ und } |w_2| \leq n\} \text{ für } i \geq 1.$$

Die Menge M_i enthält nun alle Wörter $w \in (N \cup T)^+$, deren Länge $\leq n$ ist und die aus N_1 in höchstens i Schritten ableitbar sind. Ist $M_i = M_{i-1}$ für irgendein i, so gilt auch $M_{i-1} = M_{i+k}$ für alle $k \geq 0$, da M_i nur von M_{i-1} und den Regeln abhängt. Es kann nun gezeigt werden, daß es stets eine Zahl m gibt, für die $M_m = M_{m-1}$ gilt. Ist

$$V = \{v \mid v \in (N \cup T)^*, |v| \leq n\},$$

so gilt

$$|V| \leq \sum_{i=0}^{n} |N \cup T|^i \leq |N \cup T|^{n+1}.$$

Wegen $M_i \subset V$ für alle i gibt es ein $m \leq |N \cup T|^{n+1}$ mit $M_m = M_{m-1}$, d.h. die Folge der M_i bricht ab.

Die Umkehrung der obigen Aussage gilt jedoch nicht, d.h. die Menge der kontextsensitiven Sprachen ist eine echte Teilmenge der entscheidbaren Sprachen oder, in anderen Worten, es gibt entscheidbare Sprachen, die nicht kontextsensitiv sind. Im folgenden wird eine solche Sprache konstruiert:

a) Ist $G = (N, T, R, N_1), T = \{a, b\}, R = \{(u_i, v_i)|1 \leq i \leq n\}$ eine beliebige kontextsensitive Grammatik, so läßt sich G durch das Wort

$$u_1 \to v_1 \sharp u_2 \to v_2 \sharp ... \sharp u_n \to v_n$$

über dem Alphabet $V = N \cup T \cup \{\sharp, \to\}$ darstellen (N läßt sich daraus bestimmen). Alle Wörter über V lassen sich durch einen Homomorphismus φ nach T^* codieren:

$$\varphi(a) = bab, \quad \varphi(b) = ba^2b, \quad \varphi(\to) = ba^3b, \quad \varphi(\sharp) = ba^4b,$$
$$\varphi(N_i) = ba^{i+4}b \text{ für alle } N_i \in N, \ i \geq 1.$$

Somit ist jeder kontextsensitiven Grammatik G ein Wort über T zugeordnet und für jedes $w \in T^*$ ist feststellbar, ob w eine kontextsensitive Grammatik darstellt.

b) Man ordne die Wörter T längenlexikographisch und numeriere sie, mit 1 beginnend. Diese Numerierung induziert eine Numerierung der Grammatiken. Natürlich kann für zwei verschiedene Nummern i und j auch $G_i \sim G_j$ gelten, da z.B. eine Permutation der Regeln eine Änderung des korrespondierenden Wortes bewirkt, ohne daß die Bedeutung der Grammatik verändert wird. Die so geordnete Folge sei mit $w_1, w_2, ...$ bezeichnet. Jedem Wort $w \in T^*$ entspricht dann ein eindeutiger Index i.

c) Sei nun

$$L := \{w|w \in T^*, w \notin L(G_i) \text{ wenn } i \text{ der Index von } w \text{ ist } \}.$$

Die Sprache L ist entscheidbar, weil für jedes Wort der Index i berechnet werden kann, daraus die Grammatik bestimmt werden kann und dann entscheidbar ist, ob $w \in L$ oder $w \notin L$ gilt.

d) Die Sprache L ist nicht kontextsensitiv. Nimmt man nämlich an, daß sie kontextsensitiv ist, so gibt es einen Index k mit $L = L(G_k)$. Betrachtet man nun w_k, so führt sowohl die Annahme $w_k \in L$ als auch $w_k \notin L$ zum Widerspruch. Also ist L eine entscheidbare, nicht kontextsensitive Sprache.

5. Reguläre Sprachen und Automaten

Ist $G = (N, T, R, N_1)$ eine reguläre Grammatik mit rechtslinearen und abschließenden Regeln, so gibt es hierfür eine anschauliche graphische Darstellung. Für alle abschließenden Regeln $A \rightarrow t$ schreibt man mit Hilfe eines neuen Nichtterminals N_e die äquivalenten Regeln $A \rightarrow tN_e$ und $N_e \rightarrow \varepsilon$, so daß die abschließenden Regeln dieselbe Gestalt wie die rechtslinearen Regeln erhalten. Man beachte, daß G somit nicht mehr $\varepsilon-$ frei ist, also nicht regulär ist. Man ordnet nun dieser so geänderten Grammatik einen kantenmarkierten, einfachen, gerichteten Graphen $H = (V, W)$ derart zu, daß jedem Nichtterminal der Grammatik genau ein Knoten aus V von H entspricht, d.h. es gibt ein injektives $f : N \cup \{N_e\} \rightarrow V$, das die Nichtterminale auf die Knoten des Graphen abbildet. Für jede Regel $A \rightarrow tB$ wird eine gerichtete Kante $(f^{-1}(A), f^{-1}(B))$ in H definiert, und diese Kante wird mit t markiert. Mehrfache Markierungen aufgrund von Regeln $A \rightarrow t_i B$, $1 \leq i \leq m$, werden mit $t_1, t_2, \ldots, t_m$ bezeichnet. Der Regel (N_e, ε) entspricht keine Kante. Der N_1 entsprechende Knoten wird als Anfangsknoten besonders markiert, ebenso der N_e entsprechende Knoten als Endknoten. Jeder Ableitung eines Wortes entspricht dann ein Weg vom Anfangsknoten zum Endknoten, wobei die Markierungen der Kanten durch Konkatenation das abgeleitete Wort ergeben. Die Menge aller Wege vom Anfangsknoten zum Endknoten bestimmt die Menge aller ableitbaren Worte, also die von G erzeugte Sprache.

Beispiel: Sei G eine reguläre Grammatik mit den Regeln

$$N_1 \rightarrow aA, \qquad A \rightarrow aA, \qquad A \rightarrow c,$$
$$N_1 \rightarrow bA, \qquad A \rightarrow bB, \qquad B \rightarrow bB,$$
$$B \rightarrow c.$$

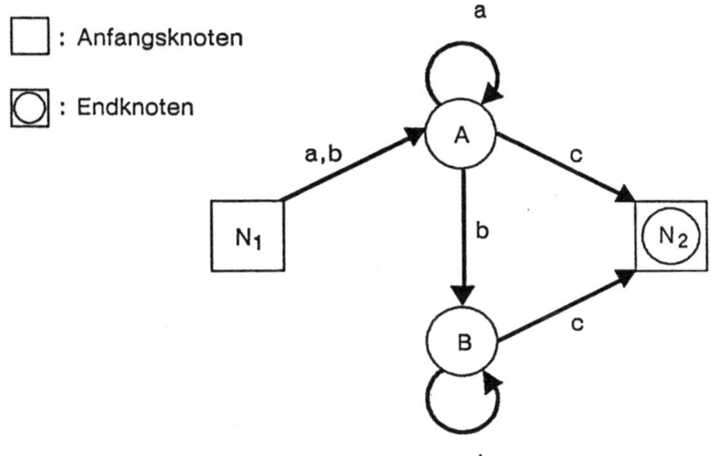

Die Sprache $L(G)$ ist durch

$$L(G) = \{a^i c \mid i \geq 1\} \cup \{a^i b^j c \mid i, j \geq 1\} \cup \{ba^i c \mid i \geq 0\} \cup \{ba^i b^j c \mid i \geq 0, j \geq 1\}$$

gegeben ◇

Die Darstellung als Graph erlaubt eine anschauliche Interpretation für rechtslineare, linkslineare und abschließende Regeln. Eine Grammatik mit rechtslinearen und abschließenden Regeln ist aus dem Graphen rekonstruierbar:

- abschließende Regeln sind durch die Kanten (A, N_e) bestimmt: die Regeln lauten $A \to t$, wenn t die Kantenmarkierung ist.
- rechtslineare Regeln ergeben sich aus allen übrigen Kanten: einer Kante von A nach B mit der Kantenmarkierung t entspricht die Regel $A \to tB$.

Für den linkslinearen Fall betrachte man den Knoten N_e als Startknoten und den Knoten N_1 als Endknoten. Einer Kante von A nach B mit Markierung t entspricht die Regel $B \to At$, die abschließenden Regeln sind durch Kanten, die vom Endknoten N_1 wegführen, bestimmt.

5.1 Akzeptoren

Zu jeder regulären Grammatik $G = (N, T, R, N_1)$ gibt es, wie zuvor ausgeführt, einen Graphen zur Darstellung von G. Diese Darstellung von G kann auch noch anders gedeutet werden, nämlich als ein Apparat, der für jedes Wort w über T feststellt, ob es zu $L(G)$ gehört.

Man stelle sich ein Gerät vor, das über eine Eingabe in Form einer Tastatur verfügt. Als Eingabe sind nur Zeichen aus T möglich. Eine aktuelle Situation des Geräts soll durch Angabe eines Zustandes $z_i \in Z$ beschrieben werden, wobei $Z = \{z_i \mid 1 \le i \le n\}$ die endliche Menge der Zustände bezeichnet. Befindet sich das Gerät im Zustand z_i, dann kann durch Eingabe eines Zeichens $t \in T$ erreicht werden, daß das Gerät in einen Zustand z_j übergeht. Dieses nur von der Eingabe abhängige Verhalten kann durch eine sogenannte Überführungsrelation

$$F \subset (Z \times T) \times Z$$

beschrieben werden. Ist $(z_i, t, z_j) \in F$, so bedeutet dies, daß das Gerät durch Eingabe des Zeichens t vom Zustand z_i in den Zustand z_j gelangt. Ist für einen weiteren Zustand $z_k \neq z_j$ das Tripel $(z_i, t, z_k) \in F$, so ist nicht festgelegt, ob das Gerät vom Zustand z_i durch Eingabe von t in den Zustand z_j oder in den Zustand z_k übergeht.

Vor der ersten Eingabe befinde sich das Gerät in einem ausgezeichneten Startzustand; die Menge der Startzustände werde mit $Z_A \subset Z$ bezeichnet. Daneben sei noch eine Menge $Z_E \subset Z$ als Menge von Endzuständen festgelegt. Durch Eingabe eines Wortes durchläuft das Gerät eine Zustandsfolge, beginnend bei einem Startzustand. Ein Wort, das so einen Übergang von einem Startzustand zu einem Endzustand bewirkt, heißt akzeptiert. Ist durch Eingabe des Wortes keine Zustandsfolge von einem Startzustand zu einem Endzustand möglich, so heißt das Wort nicht akzeptiert.

Die Beziehung zwischen dem Graphen einer regulären Grammatik und dem soeben beschriebenen Gerät läßt sich nun leicht herstellen. Die Knoten des Graphen entsprechen den Zuständen, dem Startknoten entspricht ein Zustand $z \in Z_A$, dem Endknoten N_e entspricht ein Zustand $z \in Z_E$. Die Kanten wiederum stellen die entsprechenden Elemente der Überführungsrelation dar. Somit ist jeder Graph ein Funktionsschema eines solchen Geräts, wobei die Menge der akzeptierten Wörter gleich der regulären Sprache $L(G)$ ist.

Ein solches Gerät heißt Akzeptor. Die formale Definition lautet:

Ein (*endlicher*) *Akzeptor* A ist ein Quintupel $A = (Z, T, F, Z_A, Z_E)$, wobei

Z : nichtleere, endliche Menge von Zuständen,

T : endliches, nichtleeres Eingabealphabet,

F : Überführungsrelation, $F \subset Z \times T \times Z$,

Z_A : Menge der Startzustände, $Z_A \subset Z$,

Z_E : Menge der Endzustände, $Z_E \subset Z$, $Z_A \cap Z_E = \emptyset$.

Ein Wort $w = a_1 a_2 \ldots a_n$, $a_i \in T$ für $1 \le i \le n$, heißt von A *akzeptiert*, wenn es eine Folge

$$(z_{i_1}, a_1, z_{i_2}), (z_{i_2}, a_2, z_{i_3}), \ldots, (z_{i_n}, a_n, z_{i_{n+1}})$$

mit $z_{i_1} \in Z_A, z_{i_{n+1}} \in Z_E$ und $(z_{i_k}, a_k, z_{i_{k+1}}) \in F$, $1 \le k \le n$, gibt. Für die Folge der Zustände schreibt man kurz

$$z_{i_1} \xrightarrow{\ *\ } z_{i_{n+1}}$$

mit der Bedeutung, daß man durch Anwendung von w vom Zustand z_{i_1} in den Zustand $z_{i_{n+1}}$ gelangt. Gibt es keine solche Folge für ein Wort w, dann heißt w nicht akzeptiert. Die Menge $L(A)$ aller von A akzeptierten Wörter heißt die *Sprache* des Akzeptors.

Ist die Überführungsrelation F eine Funktion sowie $\mid Z_A \mid = 1$, so heißt der Akzeptor *deterministisch*, sonst *nichtdeterministisch*. Nichtdeterministisch heißt also ein Akzeptor dann, wenn einem Zeichen im allgemeinen kein eindeutiger Folgezustand zugeordnet ist. Man beachte ferner, daß nicht verlangt ist, daß für ein Eingabezeichen immer von jedem Zustand aus ein Folgezustand existiert. Gibt es für einen Zustand $z \notin Z_E$ und ein Zeichen $a \in T$ kein Tripel (z, a, z'), so bleibt der Akzeptor im Zustand z "stehen".

Man kann die Relation $F \subset Z \times T \times Z$ zu einer Relation $G \subset Z \times T^+ \times Z$ erweitern, wenn man setzt:

a) $(z, t, z') \in G$ für alle $(z, t, z') \in F$,

b) $(z, tw, z') \in G$ genau dann, wenn es einen Zustand z'' gibt derart, daß $(z, t, z'') \in F$ und $(z'', w, z') \in G$ gilt. Dabei sei $t \in T$ und $w \in T^+$.

Damit ist

$$L(A) = \{w \mid (z, w, z') \in G, w \in T^+, z \in Z_A, z' \in Z_E\}.$$

Ist A deterministisch, dann entspricht der Relation F eine Funktion $f : Z \times T \to Z$ und der Relation G eine Funktion $g : Z \times T^+ \to Z$. Es ist dann

$$g(z, tw) = g(f(z, t), w) = z',$$

wobei z' der Zustand ist, der erreicht ist, wenn tw ausgehend von z angewandt wird. Sofern keine Mißverständnisse möglich sind, bezeichnet $G(z, tw)$ im nichtdeterministischen Fall irgendeinen der möglichen Zustände, der ausgehend von z durch tw erreicht werden kann.

Da ein Akzeptor nichts anderes als eine Interpretation der graphischen Darstellung einer regulären Sprache durch einen Graphen ist, ist die Sprache $L(A)$ eines Akzeptors regulär. Zu jedem Akzeptor A gibt es eine reguläre Sprache L mit $L = L(A)$ und zu jeder regulären Sprache L gibt es einen Akzeptor A mit $L(A) = L$.

Mit den Akzeptoren liegt somit eine weitere Möglichkeit der Sprachbeschreibung vor. Man kann eine Sprache dadurch definieren, daß man einen Akzeptor angibt, der die Wörter, die zu der Sprache gehören, akzeptiert, alle anderen Wörter aber "zurückweist". Die Angabe eines Akzeptors zur Sprachdefinition entspricht einer Angabe eines Algorithmus, der für jedes Wort untersucht, ob es zu einer Sprache gehört oder nicht. Daß sich ein deterministischer Akzeptor in einen Algorithmus umformulieren läßt, ist sehr leicht einzusehen, da jedes vorgegebene Wort in dem Akzeptor einen genau definierten Weg festlegt. Aber auch für nichtdeterministische Akzeptoren läßt sich solch ein Algorithmus ohne Schwierigkeiten formulieren. Die Akzeptoren bieten also ein weiteres Beschreibungsverfahren für Sprachen, das sogenannte *Erkennungsverfahren*. Allerdings erlauben die Akzeptoren keine neue Sprachklasse, da mit ihnen nur reguläre Sprachen beschrieben werden können.

Man kann zu jedem nichtdeterministischen Akzeptor A_n einen deterministischen Akzeptor A_d derart angeben, daß $L(A_n) = L(A_d)$ gilt. Sei

$$A_n = (Z_n, T, F_n, Z_{nA}, Z_{nE}),$$
$$A_d = (Z_d, T, F_d, Z_{dA}, Z_{dE}).$$

Ein Wort $w = a_1 a_2 \ldots a_k \in T^+$, $a_i \in T$, führt in A_n eventuell zu mehreren verschiedenen Zuständen. Ist für w

$$Q_w := \{z | z_{na} \xrightarrow{*} z \text{ für } w \text{ und } z_{na} \in Z_{nA}\},$$

so enthält die Menge Q_w alle Zustände von A_n, die bei Eingabe von w von einem Startzustand aus erreicht werden. Q_w ist natürlich eine Teilmenge von Z_n (Q_w ist die leere Menge, wenn es für w kein z' mit $z \xrightarrow{*} z', z \in Z_{nA}$, gibt).

Für ein Wort $wa, a \in T, w \in T^+$, gilt

$$Q_{wa} = \{z \mid z \in Z_n, z' \in Q_w, (z', a, z) \in F_n\}.$$

Q_{wa} ist also durch Q_w, a und F_n bestimmt. Der deterministische Akzeptor A_d wird nun so festgelegt, daß die nichtleeren Mengen $Q_w \subset Z_n$ die Zustände von A_d sind. Da Q_w ein Element der Potenzmenge der endlichen Menge Z_n ist, ist auch die Menge aller Q_w endlich. Im einzelnen gilt:

1) Die Elemente von Z_d sind Teilmengen von Z_n und es gilt

$$Z_d = \{Q_w \mid w \in T^+\}.$$

2) A_d hat genau einen Anfangszustand, nämlich

$$Z_{dA} = \{z \mid z \in Z_{nA}\} = Z_{nA}.$$

3) Endzustände von A_d sind alle Mengen Q_w die einen Endzustand von A_n enthalten:

$$Z_{dE} = \{Q_w \mid \exists\, z \in Z_{nE} : z \in Q_w\}.$$

4) $z' \in Z_d$ geht durch Eingabe von $a \in T$ aus $z \in Z_d$ hervor, wenn

$$z' = \{q' \mid (q, a, q') \in F_n \ \text{für} \ q \in z\}$$

ist. Damit ist auch die Funktion F_d festgelegt.

Dieser so konstruierte Akzeptor ist offensichtlich deterministisch. Es bleibt noch zu zeigen, daß $L(A_d) = L(A_n)$ ist. Ein Zustand Q_w von A_d ist genau dann Endzustand, wenn Q_w einen Endzustand von A_n enthält. Da jeder Zustand in Q_w für w erreichbar ist, ist $Q_w \in Z_d$ genau dann, wenn $w \in L(A_n)$.

Da jedem nichtdeterministischen Akzeptor ein deterministischer Akzeptor mit demselben Sprachanfang zugeordnet werden kann, und andererseits natürlich jeder deterministische Akzeptor auch nichtdeterministisch ist, sind die beiden Arten von Akzeptoren einander äquivalent.

Beispiel:

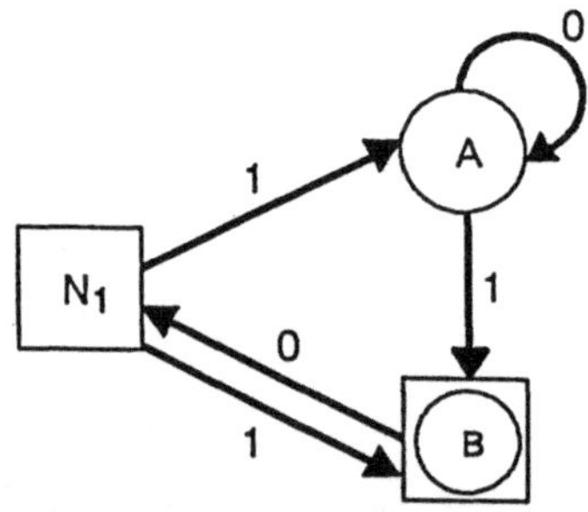

Der entsprechende deterministische Akzeptor hat die Zustände

$$z_1 = Q_\epsilon = \{N_1\},$$
$$z_2 = Q_1 = \{A, B\},$$
$$z_3 = Q_{10} = \{A, N_1\},$$
$$z_4 = Q_{11} = \{B\},$$
$$z_5 = Q_{100} = \{A\}$$

(Endzustände sind z_2 und z_4 wegen $B \in Z_n$)

und das graphische Bild:

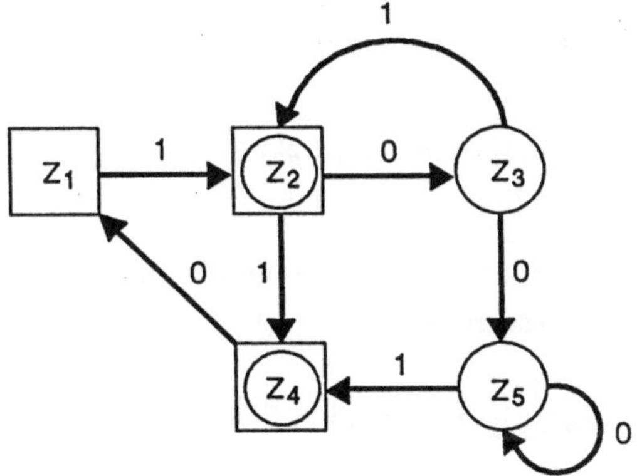

Ist eine rechtslineare reguläre Grammatik $G = (N, T, R, N_1)$ gegeben (eine linkslineare kann auf eine rechtslineare Grammatik transformiert werden), so ergibt sich daraus ein entsprechender nichtdeterministischer Akzeptor A durch folgende Zuordnung:

$$Z := N \cup \{N_e\}, \ N_e \notin N,$$
$$Z_A := \{N_1\},$$
$$Z_E := \{N_e\},$$
$$F := \{(A, t, B) \mid A \to tB \in R\} \cup \{(A, t, N_e) \mid A \to t \in R\}.$$

Man zeigt leicht, daß gerade die Wörter $w \in L(G)$ durch A akzeptiert werden, also $L(G) = L(A)$ ist.

Ist umgekehrt ein Akzeptor gegeben, so transformiert man diesen ggfs. zunächst in einen deterministischen Akzeptor und macht dann die Zuordnungen

$$N := Z,$$

$$N_1 := Z_A,$$
$$R := \{(A, tB) \mid A, B \in Z, t \in T, (A, t, B) \in F\}$$
$$\cup \{(A, t) \mid A \in Z, t \in T, (A, t, z) \in F \text{ und } z \in Z_E\}.$$

Sind zwei deterministische Akzeptoren

$$A_i = (Z_i, T, F_i, Z_{iA}, Z_{iE}), \quad i = 1, 2,$$

gegeben, so können diese kombiniert werden und als ein "vereinter" Akzeptor

$$A = (Z, T, F, Z_A, Z_E)$$

angesehen werden. Diese Vereinigung geschieht nach den Regeln

a) $Z = Z_1 \times Z_2$

b) $Z_A = (Z_{1A}, Z_{2A})$. Man beachte, daß deterministische Akzeptoren nur einen Anfangs-
    zustand haben.

c) $F = \{((z_1, z_2), a, (z_1', z_2')) \mid (z_1, a, z_1') \in F_1, (z_2, a, z_2') \in F_2\}$

d) $Z_E \subset Z$.

Je nachdem, wie die Teilmenge Z_E gewählt wird, kann der Akzeptor A mannigfache
mengentheoretische Operationen beschreiben:

a) Vereinigung:

$$Z_E = \{(z_1, z_2) \mid z_1 \in Z_{1E} \text{ oder } z_2 \in Z_{2E}\} \text{ impliziert } L(A) = L(A_1) \cup L(A_2).$$

b) Durchschnitt:

$$Z_E = \{(z_1, z_2) \mid z_1 \in Z_{1E}, z_2 \in Z_{2E}\} \text{ und daraus } L(A) = L(A_1) \cap L(A_2).$$

c) Differenz:

$$Z_E = \{(z_1, z_2) \mid z_1 \in Z_{1E}, z_2 \in Z_2 \setminus Z_{2E}\} \text{ und daraus } L(A) = L(A_1) \setminus L(A_2).$$

Während bei a) und b) die Voraussetzung der Determiniertheit von A_1 und A_2 nicht
notwendig ist, ist es bei der Differenz erforderlich, daß die Akzeptoren deterministisch
sind. Wählt man als A_1 den Akzeptor mit $L(A_1) = T^*$, so besagt c), daß auch das
Komplement wieder durch einen Akzeptor beschrieben werden kann.

Da jedem Akzeptor eine reguläre Sprache entspricht und umgekehrt jeder regulären Sprache ein Akzeptor zugeordnet ist, sind die regulären Sprachen gegenüber den Operationen
Vereinigung, Durchschnitt, Differenz und Komplement abgeschlossen.

Über Akzeptoren lassen sich einige Fragestellungen zu regulären Sprachen entscheiden:
 - Die Äquivalenz zweier Sprachen, $L_1 = L_2$, kann über $L = L_1 \setminus L_2$ auf die Frage
   $L = \emptyset$ zurückgeführt werden. Zur Entscheidung, ob $L = \emptyset$ ist, genügt es zu zeigen,
   ob es im Graphen einen Weg von einem Startzustand zu einem Endzustand gibt.

- Ob eine Sprache L endlich ist, läßt sich daran entscheiden, ob der entsprechende Akzeptor mit p Zuständen ein Wort der Länge $\geq p$ akzeptiert.

- Die echte Inklusion $L_1 \subset L_2$ ist wegen $L = L_1 \cap (T^* \setminus L_2) = \emptyset$ auf die Frage $L = \emptyset$ zurückführbar.

- Alle Probleme bezüglich Differenz, Vereinigung, Komplement und Durchschnitt sind entscheidbar.

Betrachtet man einen Akzeptor $A = (Z, T, F, Z_A, Z_E)$, so ist für jedes $a \in T$ eine Relation F_a auf $Z \times Z$ definiert:

$$F_a := \{(z', z'') \mid (z', a, z'') \in F, a \text{ fest}, a \in T\}.$$

Diese Relation läßt sich so erweitern:

$$F_w := \{(z', z'') \mid (z', w, z''), w \text{ fest}, w \in T^*\}.$$

Es gilt

$$F_{aw} := F_a F_w.$$

Man erhält so eine Verknüpfung der Relationen, wobei F_ε die identische Relation ist. Da es nur endlich viele Relationen auf Z gibt, ist die Menge

$$F(A) := \{F_w \mid F_w \subset Z \times Z, w \in T^*\}$$

mit der angegebenen Verknüpfung ein Monoid mit dem Einselement F_ε. Dieser wird auch der durch A induzierte Monoid genannt. Ist A deterministisch, so ist jedes Element aus $F(A)$ eine Funktion $F_w : Z \to Z$. Umgekehrt kann man von einer endlichen Halbgruppe H ausgehen und zu dieser Halbgruppe den entsprechenden deterministischen Akzeptor bestimmen. Ist z.B. der Akzeptor

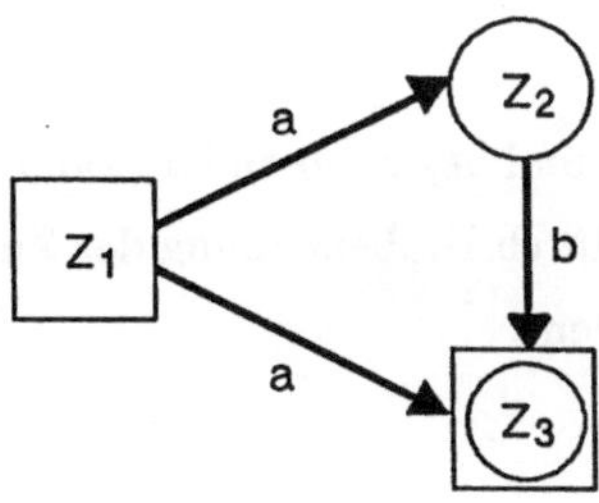

gegeben, so gilt

$$F_a = \{(z_1, z_2), (z_1, z_3)\},$$
$$F_b = \{(z_2, z_3)\},$$
$$F_{ab} = \{(z_1, z_3)\},$$

$$F_w = \emptyset \text{ für alle } w \in T^+ \setminus \{a, b, ab\}.$$

Somit gilt die Verknüpfungstafel:

	F_ε	F_a	F_b	F_{ab}	F_{ba}
F_ε	F_ε	F_a	F_b	F_{ab}	F_{ba}
F_a	F_a	F_{ba}	F_{ab}	F_{ba}	F_{ba}
F_b	F_b	F_{ab}	F_{ba}	F_{ba}	F_{ba}
F_{ab}	F_{ab}	F_{ba}	F_{ba}	F_{ba}	F_{ba}
F_{ba}	F_{ba}	F_{ba}	F_{ba}	F_{ba}	F_{ba} .

Viele Begriffe der Graphentheorie lassen sich direkt auf Akzeptoren übertragen: zerlegbar, zusammenhängend, erreichbar, Abstand, zyklisch, etc. Diese Übertragung von Begriffen führt zwar zu einem tieferen (algebraischen) Verständnis des Akzeptors, ist aber für die Zielsetzung dieses Buches nicht weiter von Bedeutung.

Ein Akzeptor $A_1 = (Z_1, T_1, F_1, Z_{1A}, Z_{1E})$ heißt *Unterakzeptor* des Akzeptors $A = (Z, T, F, Z_A, Z_E)$, wenn $Z_1 \subset Z$, $T_1 \subset T$, $Z_{1A} = Z_A \cap Z_1$, $Z_{1E} = Z_E \cap Z_1$ und $F_1 \subset (F \cap (Z_1 \times T_1 \times Z_1))$ ist. Ein Unterakzeptor eines nichtdeterministischen Akzeptors kann deterministisch sein. Umgekehrt kann ein Unterakzeptor eines deterministischen Akzeptors nichtdeterministisch sein.

Ein Akzeptor $A_1 = (Z_1, T_1, F_1, Z_{1A}, Z_{1E})$ heißt *homomorph* zum Akzeptor $A_2 = (Z_2, T_2, F_2, Z_{2A}, Z_{2E})$, wenn es injektive Funktionen $f : Z_1 \to Z_2$ und $g : T_1 \to T_2$ gibt, so daß gilt:

a) $(z', a, z'') \in F_1 \iff (f(z'), g(a), f(z'')) \in F_2$,

b) $f(Z_{1A}) = Z_{2A}$,

c) $f(Z_{1E}) = Z_{2E}$.

Sind f und g bijektiv, so heißen A_1 und A_2 zueinander *isomorph*, in Zeichen $A_1 \simeq A_2$. Isomorphe Akzeptoren können also durch Umbenennung der Zustände und der Eingabealphabete ineinander überführt werden.

5.2 Reguläre Ausdrücke

Die regulären Sprachen können auf eine einfache Art mittels des sogenannten *pumping–Lemma* charakterisiert werden. Dieses besagt, daß für jede reguläre Sprache in jedem genügend großem Wort, falls ein solches existiert, ein Teilwort gefunden werden kann, das man beliebig oft wiederholen kann, ohne die reguläre Sprache zu "verlassen". Bildlich: Sei $w = tuv$ ein Wort mit $|w| \geq p$ für eine geeignete Konstante p, und $|u| \geq 1$, dann sind auch die Wörter $w_i = tu^i v, i \geq 0$, in der Sprache enthalten:

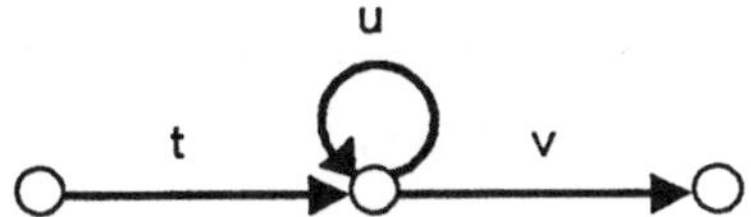

Man kann dieses Lemma manchmal nutzen, um zu entscheiden, ob eine vorgegebene Sprache regulär ist. Sei beispielsweise $L = \{a^n b^n \mid n \geq 1\}$ gegeben und es werde angenommen, L sei regulär. Nach dem pumping–Lemma gibt es dann ein p derart, daß ein $w = a^n b^n$ mit $|w| \geq p$ in der Form $w = tuv$ geschrieben werden kann und daß $w_i = tu^i v \in L$ gilt. Ist nun $u = a^k$ oder $u = b^k$, dann ist $w_0 = tu^0 v = tv \notin L$. Für $u = a^k b^m$ ist aber $tuuv \notin L$. Dies ist ein Widerspruch, also ist die Annahme, daß L regulär ist, falsch.

Dies Lemma kann auch dazu benutzt werden, das *Finitheitsproblem* für reguläre Sprachen zu entscheiden. Es wird gefragt, ob $|L(G)| < \infty$ gilt. Zunächst entscheidet man, ob $L(G) = \emptyset$ gilt. Ist $L(G) \neq \emptyset$, so ist $L(G)$ genau dann nicht finit, wenn es eine Ableitungsfolge

$$A \xrightarrow{\,*\,} wA, \quad A \in N, \ w \in T^+,$$

gibt. Das läßt sich wegen der Endlichkeit der Menge der Nichtterminale entscheiden.

Doch nun zum Beweis des pumping–Lemma. Es sei $G = (N, T, R, N_1)$ eine reguläre Grammatik, H der G entsprechende Graph und H habe p Knoten, es gilt also $p = |N| + 1$. Ist $w \in L(G)$ und $|w| \geq p$, so muß man in dem Graphen mindestens p Kanten durchwandern, also auch mindestens $p + 1$ Knoten. Folglich ist beim Durchwandern mindestens ein Knoten z zweimal passiert worden. Wird vom ersten Durchgang durch z bis zum zweiten Durchgang durch z das Teilwort u erzeugt, so lassen sich natürlich durch weitere Durchgänge derselben Art bzw. durch Nichtdurchlaufen alle Teilwörter

$u^k, k \geq 0$, erzeugen. Ist t das Teilwort vom Startknoten bis zum Knoten z und v das Teilwort vom Knoten z bis zu einem Endknoten, so sind in $L(G)$ alle Wörter $w_k = tu^k v, k \geq 0$, enthalten. Für die Länge von u gilt dabei $0 < |u| \leq p$.

Da in einem Graphen jeder Weg als eine Kombination endlich vieler Teilwege darstellbar ist, ist zu vermuten, daß die regulären Sprachen als eine Vereinigung endlich vieler solcher Kombinationen dargestellt werden können. Diese Beschreibungsform benötigt nur die Vereinigung, die Konkatenation und die Sternbildung (bei Schleifen) als Operationen. Die so gebildeten Ausdrücke werden reguläre Ausdrücke genannt.

Es seien T und $V = \{\cup, *, \phi, (,)\}$ disjunkte Alphabete. Ein Wort u über $T \cup V$ ist genau dann ein *regulärer Ausdruck* über $T \cup V$, wenn

1) u ein Zeichen aus T oder das Zeichen ϕ ist oder

2) u von einer der Formen $v \cup w, vw, v^*, (v)$ ist, wobei v und w reguläre Ausdrücke über $T \cup V$ sind.

Jeder reguläre Ausdruck u beschreibt eine *reguläre Menge* $M(u)$ über T gemäß den Regeln:

1) $M(\phi) = \emptyset$, d.h. ϕ bezeichnet die leere Menge.

2) $M(t) = \{t\} \quad \forall\, t \in T$,

3) Für reguläre Ausdrücke u, v gilt

$$M(u \cup v) = M(u) \cup M(v),$$
$$M(uv) = M(u)M(v),$$
$$M(u^*) = (M(u))^* = M^*(u),$$
$$M((u)) = M(u).$$

Bei den in 3) genannten Regeln ist darauf zu achten, daß die Operationen in der ihrer Priorität entsprechenden Reihenfolge ausgeführt werden, also z.B.

$$M(uv \cup w^*) = M(uv) \cup M(w^*)$$
$$= M(u)M(v) \cup M^*(w).$$

Beispiele für $T = \{a, b, c\}$:

a) $M(a \cup bb^*(c \cup b)^*) = M(a) \cup M(b)M^*(b)M^*(c \cup b)$
$$= \{a\} \cup \{b\}\{b\}^*\{c, b\}^*.$$

b) $M(\phi^*) = M^*(\phi) = \emptyset^* = \{\varepsilon\}$.

c) $M((a \cup b \cup c)^*) = T^*$.

d) Die Menge $M = \{a^{k^2} \mid k \in I\!N\}$ ist nicht regulär. Schreibt man nämlich die Wörter aus M der Länge nach geordnet auf, so sieht man, daß die Längendifferenz zweier aufeinanderfolgender Elemente streng monoton wächst. Dies läßt sich aber nicht durch die vorgegebenen Regeln erreichen $\diamond$

Jeder reguläre Ausdruck stellt eine Konstruktionsvorschrift einer regulären Menge dar, indem man in dem regulären Ausdruck die Zeichen $t \in T$ durch die entsprechenden regulären Mengen $\{t\}$ und das Zeichen ϕ durch die leere Menge ersetzt (man muß natürlich zwischen dem regulären Ausdruck ϕ und der leeren Menge $\emptyset$ unterscheiden). Die Symbole $\cup, \cdot, *$ bezeichnen bei den regulären Mengen entsprechende Operationen.

Ist $u \neq \phi$ ein regulärer Ausdruck, so ist die Menge $M(u) \setminus \{\varepsilon\}$ durch eine reguläre Grammatik darstellbar, wie die folgenden Überlegungen zeigen. Zunächst läßt sich für $u = t \in T$ unmittelbar eine reguläre Grammatik angeben:

$$G = (\{N_1\}, T, \{(N_1, t)\}, N_1).$$

Da nun die regulären Sprachen gegenüber Vereinigung–, Produkt– und Sternbildung abgeschlossen sind und dies aber gerade die Operationen sind, die zur Bildung der Menge $M(u) \setminus \{\varepsilon\}$ zugelassen sind, folgt, daß es für die Menge $M(u) \setminus \{\varepsilon\}$ eine reguläre Grammatik gibt.

Man nennt zwei reguläre Ausdrücke u, v *äquivalent*, in Zeichen $u = v$, wenn $M(u) = M(v)$ ist. Man kann leicht zeigen, daß $=$ tatsächlich eine Äquivalenzrelation ist. Einige Äquivalenzen:

1) $u \cup v = v \cup u$,

2) $u \cup \phi = u = u \cup u$,

3) $(u \cup v)w = uw \cup vw$, $u(v \cup w) = uv \cup uw$,

4) $\phi u = u\phi = \phi$, $\phi^* u = u\phi^* = u$,

5) $\phi^* \cup uu^* = u^*$,

6) $(u^* \cup v^*)^* = (u^* v^*)^* = (u \cup v)^*$,

7) $u^* u^* = u^* = (u^*)^*$.

Es ist im allgemeinen ein schwieriges Problem, mit Hilfe von Regeln obiger Art die Äquivalenz bzw. Nichtäquivalenz regulärer Ausdrücke nachzuweisen. Eine wesentlich einfachere Methode liefern die sogenannten Ableitungen von regulären Ausdrücken.

Ist u ein regulärer Ausdruck mit der regulären Menge $M(u)$, so heißt ein regulärer Ausdruck v mit

$$M(v) = D_a(M(u)) := \{x \in T^* \mid ax \in M(u)\}$$

die Ableitung von u nach a, $a \in T$. Für den regulären Ausdruck v schreibt man $D_a u$, um den Zusammenhang zu u und a herauszustellen. Man beachte, daß der Begriff Ableitung bei einem regulären Ausdruck und bei einem Produktionssystem verschiedene Bedeutung hat.

Ist beispielsweise $u = ab \cup c^*$, so ist $D_a u = b$, $D_b u = \phi$ und $D_c u = c^*$. Es ist an dieser Stelle noch offen, ob zu jedem regulären Ausdruck eine Ableitung existiert, da erst gezeigt werden muß, daß die Ableitung einer regulären Menge wieder regulär ist. Existiert aber eine Ableitung, so ist damit auch eine ganze Äquivalenzklasse regulärer Ausdrücke Ableitung. Ebenso sind die Ableitungen äquivalenter regulärer Ausdrücke wieder äquivalent.

Sei u ein regulärer Ausdruck und

$$\delta u := \begin{cases} \phi^*, & \text{falls } \varepsilon \in M(u), \\[2mm] \phi, & \text{falls } \varepsilon \notin M(u). \end{cases}$$

Für $a, b \in T$ und $a \neq b$ gilt dann:

a) $D_a a = \phi^*$ wegen $D_a \{a\} = \{\varepsilon\}$.

b) $D_a b = \phi$ wegen $D_a \{b\} = \emptyset$.

c) $D_a \phi = \phi$, $D_a \phi^* = \phi$.

d) $\delta(\phi^*) = \phi^*$, $\delta \phi = \phi$, $\delta a = \phi$, $\delta u^* = \phi^*$,
$\delta(u \cup v) = \delta(u) \cup \delta(v)$, $\delta(uv) = \delta(u)\delta(v)$.

Man beachte, daß durch die Definition des Produktes uv bzw. des Sternes u^* festgelegt wird, in welcher Reihenfolge ein regulärer Ausdruck abgeleitet wird. So hat beim Ableiten die Sternoperation Priorität vor der Produktbildung und die Produktbildung Priorität vor der Operation $\cup$. Es muß nun noch die Reihenfolge der Ableitung bei mehreren gleichstarken Operationen vereinbart werden. Für den regulären Ausdruck $u_1 \cup u_2 \cup u_3$ erhält man sofort aus der Definition der Ableitung einer Menge

$$D_a(u_1 \cup u_2 \cup u_3) = D_a u_1 \cup D_a u_2 \cup D_a u_3.$$

Anders sieht es für den regulären Ausdruck $u_1 u_2 u_3$ aus. Hierbei ist es bei der Ableitung $D_a(uv)$ anscheinend nicht gleichgültig, ob $u = u_1, v = u_2 u_3$ oder $u = u_1 u_2, v = u_3$ gesetzt wird. Ohne Beweis sei angemerkt, daß beide Ansätze zum gleichen Ergebnis führen. Der einfacheren Berechnung halber wird vereinbart, die Ableitungen stets von links nach rechts abzuarbeiten. Dann gilt für $a \neq \varepsilon$:

$$D_a(uv) = (D_au)v \cup \delta u D_a v.$$

Dies läßt sich folgendermaßen zeigen. Ist $\varepsilon \notin M(u)$, so ist $\delta u = \phi$ und

$$\begin{aligned}
D_a(uv) &= \{z \mid az \in M(uv)\} \\
&= \{z_1 z_2 \mid az_1 z_2 \in M(u)M(v), az_1 \in M(u), z_2 \in M(v)\} \\
&= \{z_1 \mid az_1 \in M(u)\} \ \{z_2 \mid z_2 \in M(v)\} \\
&= (D_a(u))v, \quad \text{q.e.d.}
\end{aligned}$$

Ist aber $\varepsilon \in M(u)$, so ist $M(u) = \{\varepsilon\} \cup (M(u) \setminus \{\varepsilon\})$. Aus $M(uv) = M(v) \cup (M(u) \setminus \{\varepsilon\})M(v)$ ergibt sich dann aus dem vorigen sofort die Behauptung.

Ist schließlich der reguläre Ausdruck u^* gegeben, so gilt wegen $u^* = \phi^* \cup uu^*$ im Falle $\delta u = \phi$ für $a \neq \varepsilon$:

$$D_a u^* = D_a \phi^* \cup (D_a u)u^* = (D_a u)u^*.$$

Für $\delta u = \phi^*$ betrachte man $D_a u^k, k \geq 1$. Durch Induktion läßt sich zeigen, daß

$$D_a u^k = (D_a u)(\bigcup_{n=0}^{k-1} u^n)$$

gilt. Daraus folgt aber

$$\begin{aligned}
D_a u^* &= D_a(\bigcup_{k \in I\!N_0} u^k) \\
&= \bigcup_{k \in I\!N} (D_a u)(\bigcup_{n=0}^{k-1} u^n) \\
&= (D_a u) \bigcup_{k \in I\!N_0} u^k \\
&= (D_a u)u^*.
\end{aligned}$$

Also gilt generell $D_a u = (D_a u)u^*$.

Mit Hilfe dieser Regeln läßt sich zu jedem regulären Ausdruck u genau ein regulärer Ausdruck $D_a u$ finden, der die Ableitung von u nach a ist. Die Ableitung einer regulären Menge bzw. eines regulären Ausdrucks nach einem Wort ist also wieder eine reguläre Menge bzw. ein regulärer Ausdruck.

Beispiel:

Sei $T = \{a, b\}$ und $u = bb^*aaa^* \cup b^*a$. Es ist:

$$\begin{aligned}
D_a u &= D_a(bb^*aaa^*) \cup D_a(b^*a) \\
&= (D_a b)b^*aaa^* \cup (D_a b^*)a \cup (\delta b^*)D_a a \\
&= D_a a = \phi^*.
\end{aligned}$$

$$D_b u = D_b(bb^* aaa^*) \cup D_b(b^* a)$$
$$= (D_b b)(b^* aaa^*) \cup (D_b b^*)a \cup (\delta b^*)D_b a$$
$$= \phi^* b^* aaa^* \cup b^* a$$
$$= b^* aaa^* \cup b^* a \diamond$$

Es ist klar, daß die Ableitung regulärer Ausdrücke nichts mit dem Ableitungsbegriff der Analysis zu tun hat. Dennoch sind einige optische Ähnlichkeiten vorhanden (ϕ entspricht 0, ϕ^* entspricht der Konstanten 1):

D_a	Analysis $D = \frac{d}{dx}$
$D_a a = \phi^*$	$Dx = 1$
$D_a \phi^* = \phi$	$D1 = 0$
$D_a(uv) = (D_a u)v \cup (\delta u)(D_a v)$	$D(fg) = (Df)g + f(Dg)$
$D_a u^* = (D_a u)u^*$	$De^x = (Dx)e^x$

Die Ableitung eines regulären Ausdrucks u nach einem Wort $w = a_1 a_2 \ldots a_n$, d.h. $D_w u$, ist durch konsekutive Ableitungen nach einzelnen Zeichen möglich;

$$D_w u = D_{a_1 \ldots a_n} u := D_{a_n}(D_{a_{n-1}}(\ldots (D_{a_1} u)\ldots)).$$

Da jede einzelne Ableitung einen regulären Ausdruck ergibt, ist auch die Ableitung eines regulären Ausdrucks nach einem Wort wieder ein regulärer Ausdruck.

Sind w und w' Wörter aus T^* mit $|w| = |w'|$ und $w = a_1 a_2 \ldots a_n$, sowie u und v reguläre Ausdrücke, so gelten analoge Rechenregeln zu den zuvor aufgestellten Regeln:

$$D_w w = \phi^*,$$
$$D_w w' = \phi, \text{ für } w \neq w',$$
$$D_w(u \cup v) = D_w u \cup D_w v,$$
$$D_w(uv) = (D_w u)v \cup \delta(D_{a_1 a_2 \ldots a_{n-1}} u)D_{a_n} v \cup \ldots \cup \delta(D_{a_1} u)D_{a_2 \ldots a_n} v \cup \delta u D_w v.$$

Der Beweis der letzten Rechenregel kann durch Induktion nach der Länge von w geführt werden.

Mittels der δ−Funktion kann entschieden werden, ob ein Wort $w \in T^*$ zu einer regulären Menge, die durch einen regulären Ausdruck u dargestellt wird, gehört oder nicht:

$$w \in M(u) \iff w\varepsilon \in M(u) \iff \varepsilon \in M(D_w u) \iff \delta(D_w u) = \phi^*.$$

Somit gehört ein Wort w genau dann zur regulären Menge $M(u)$ eines regulären Ausdrucks u, wenn $\delta(D_w u) = \phi^*$ gilt.

Beispiel:

Sei $T = \{a, b\}, v = ab^*a, u = v^*, w = abaaa$. Dann ist:

$$D_w u = D_a D_a D_a D_b D_a u,$$

$$D_a u = D_a v^* = (D_a v)v^* = b^* a v^* = b^* a u,$$

$$D_b(b^* a u) = (D_b b^*)au \cup (\delta b^*)D_b(au) = b^* a u,$$

$$D_a(b^* a u) = (D_a b^*)au \cup (\delta b^*)D_a(au) = u,$$

$$D_a u = b^* a u,$$

$$D_a(b^* a u) = u,$$

$$\delta D_w u = \delta u = \delta v^* = \phi^*,$$

also gilt $w \in M(u)$ $\diamond$

Um festzustellen, ob ein Wort w durch einen regulären Ausdruck u beschrieben wird, kann folglich die Ableitung $D_w u$ untersucht werden. Dabei stellt sich die Frage, wieviel verschiedene, d.h. nicht äquivalente, Ableitungen eines regulären Ausdrucks u es überhaupt gibt. Das obige Beispiel zeigt, daß Ableitungen nach verschiedenen Worten äquivalent sein können, z.B. $D_a u = D_{ab} u$. Bildet man bei diesem Beispiel systematisch alle möglichen Ableitungen, so zeigt sich, daß es überhaupt nur drei verschiedene gibt: u, $b^* a u$, ϕ. Jede mögliche Ableitung ist äquivalent zu einer dieser Ableitungen.

Es läßt sich zeigen, daß die Anzahl der verschiedenen Ableitungen eines regulären Ausdrucks u bezüglich beliebiger Wörter $w \in T^*$ endlich ist. Stellt man nämlich den regulären Ausdruck als Graph mit m Knoten dar, so bedeutet jede Ableitung $D_w u$, daß ein bestimmter Knoten als Startknoten anzusehen ist und $D_w u$ alle Wörter umfaßt, die zu einem Endknoten führen. Wie zuvor gezeigt, ist jede solche Wortmenge regulär und, da es nur endlich viele Knoten sind, ist auch die Anzahl der möglichen Ableitungen endlich.

5.3 Charakteristische Gleichungen

Die Äquivalenzklassen der Ableitungen eines regulären Ausdrucks u heißen die *charakteristischen Ableitungen* von u.

Bei der Aufgabe, alle charakteristischen Ableitungen zu einem regulären Ausdruck u zu berechnen, d.h. zu jeder Äquivalenzklasse mindestens einen Repräsentanten zu finden, geht man zweckmäßigerweise folgendermaßen vor: Man ordnet die Wörter über dem Alphabet T der Länge nach (und innerhalb einer Länge lexikographisch, d.h. nach der im Alphabet vereinbarten Reihenfolge) und berechnet die Ableitungen von u nach diesen Wörtern, wobei man die Ableitungen streichen kann, aus deren Äquivalenzklasse bereits ein Repräsentant vorhanden ist. Gilt für $k \in I\!N$, daß für jedes $w \in T^*$ mit $|w| = k$ die Ableitung $D_w u$ eines regulären Ausdrucks u nach w bereits in einer charakteristischen Ableitung liegt, die einen Repräsentanten $D_{w'} u$ mit $|w'| < k$ hat, so sind alle charakteristischen Ableitungen durch $D_{w'} u$ mit $|w'| < k$ erfaßt. Man beachte, daß $D_\varepsilon u$ bereits eine charakteristische Ableitung repräsentiert.

Allerdings ist es bei diesem Verfahren i.a. nicht leicht zu entscheiden, ob zu einer Ableitung eine äquivalente Ableitung bereits berechnet wurde, da dies bedeutet, die Äquivalenz zweier regulärer Ausdrücke zu zeigen.

Die Ableitung $D_a u$ eines regulären Ausdrucks u nach einem Zeichen $a \in T$ ergibt sich aus derjenigen Teilmenge von $U = M(u)$, deren Wörter mit dem Zeichen a beginnen. Zerlegt man U in Teilmengen U_i derart, daß

$$U_i = \{a_i\}\{w | a_i w \in U, w \in T^*\}$$

gilt, so ist wegen

$$D_{a_i} u = \{w | a_i w \in U, w \in T^*\}$$

der reguläre Ausdruck u durch

$$u = \delta u \cup (\bigcup_{i=1}^{n} a_i D_{a_i} u), \quad T = \{a_1, \ldots, a_n\},$$

darstellbar. Man nennt dies den *Darstellungssatz*.

Beweis: Sei $w \in U = M(u)$. Ist $w = \varepsilon$, so folgt $\varepsilon \in M(u)$, also $\delta u = \phi^*$. Ist $w \neq \varepsilon$, so gibt es ein $a_i \in T$ und $w' \in T^*$ mit $w = a_i w'$, also $w \in M(a_i D_{a_i} u)$. Folglich ist

$$M(u) \subset M(\delta u) \cup M(a_1 D_{a_1} u) \cup \ldots \cup M(a_n D_{a_n} u).$$

Ist umgekehrt $w \in M(\delta u) \cup M(a_1 D_{a_1} u) \cup ... \cup M(a_n D_{a_n} u)$, so ist w auch Element von $M(u)$, also gilt auch

$$M(u) \supset M(\delta u) \cup M(a_1 D_{a_1} u) \cup ... \cup M(a_n D_{a_n} u). \quad \diamond$$

Bei dem Darstellungssatz liefern die einzelnen Summanden disjunkte Mengen, da die Anfangsstücke jeweils verschieden sind. Der Darstellungssatz läßt sich natürlich auch auf die Ableitungen eines regulären Ausdruck u anwenden. Ist $D_w u$ eine solche Ableitung, so gilt

$$\begin{aligned} D_w u &= \delta(D_w u) \cup (\bigcup a_i D_{a_i}(D_w u)) \\ &= \delta(D_w u) \cup (\bigcup a_i D_{w a_i} u). \end{aligned}$$

Da u nur endlich viele verschiedene Ableitungen hat, nämlich die charakteristischen Ableitungen, ergibt sich so ein Gleichungssystem aus $d(u)$ Gleichungen, wenn $d(u)$ die Anzahl der verschiedenen Ableitungen bezeichnet. Sei u ein regulärer Ausdruck und es seien $D_{w_j} u, 1 \leq j \leq d(u)$, die charakteristischen Ableitungen von u. Dann heißen die $d(u)$ Beziehungen

$$D_{w_j} u = \delta D_{w_j} u \cup (\bigcup a_i D_{w_j a_i} u)$$

das *System der charakteristischen Gleichungen* von u.

Die Bedeutung der charakteristischen Gleichungen liegt nun darin, daß sich aus ihnen der reguläre Ausdruck u rekonstruieren läßt. Um dies zu beweisen, benötigt man eine Methode zur Lösung von Gleichungen mit regulären Ausdrücken.

Lemma: Sei $X = u_1 X \cup u_2$ eine Gleichung mit regulären Ausdrücken u_1 und u_2 über dem Alphabet T und es sei $\delta u_1 = \phi$. Dann ist

$$X = u_1^* u_2$$

eine bis auf Äquivalenz eindeutige Lösung. Analog hat die Gleichung $X = X u_1 \cup u_2$ die Lösung $X = u_2 u_1^* \quad \diamond$

Beweis: Der Beweis wird nur für die Form $X = u_1 X \cup u_2$ geführt. Für $u_1 = \phi$ ist $X = \phi X \cup u_2 = u_2 = \phi^* u_2$, die Aussage ist also richtig. Sei nun $u_1 \neq \phi$. $u_1^* u_2$ ist eine Lösung, da $X = u_1^* u_2 = (u_1 u_1^* \cup \phi^*) u_2 = u_1(u_1^* u_2) \cup u_2 = u_1 X \cup u_2$ ist. Es bleibt noch die Eindeutigkeit zu zeigen. Sei v eine andere Lösung, d.h. es gelte auch $v = u_1 v \cup u_2$. Wiederholtes Einsetzen von v auf der rechten Seite der Gleichung liefert

$$v = u_1(u_1 v \cup u_2) \cup u_2 \qquad = u_1^2 v \cup u_1 u_2 \cup u_2$$

$$= u_1^2(u_1 v \cup u_2) \cup u_1 u_2 \cup u_2 \ = u_1^3 v \cup u_1^2 u_2 \cup u_1 u_2 \cup u_2$$

$$= \ldots$$

$$= u_1^n v \cup \left(\bigcup_{i=0}^{n-1} u_1^i u_2 \right)$$

für alle $n \geq 1$. Für alle $n \geq 1$ ist $M\left(\bigcup_{i=0}^{n-1} u_1^i u_2\right) \subset M(v)$, also gilt auch

$$M(u_1)^* M(u_2) \subset M(v).$$

Es bleibt zu zeigen, daß auch $M(v) \subset M(u_1)^* M(u_2)$ gilt. Die Gültigkeit dieser Beziehung wird indirekt gezeigt, d.h. es wird ein $w \in M(v)$ mit $w \notin M(u_1)^* M(u_2)$ angenommen. Dann existieren wegen $\delta u_1 = \phi$ Wörter w_1 und w_2, so daß $w = w_1 w_2$ mit $w_1 \in M(u_1)^n$ und $w_2 \in M(v)$ gilt, so daß w_2 kein Anfangsstück aus $M(u_1)$ enthält (wäre $\delta u_1 \neq \phi$, so wäre $\varepsilon \in M(u_1)$ und w_2 würde ein Anfangsstück von $M(u_1)$, nämlich ε, enthalten !). Wegen $w \notin M(u_2)$ folgt dann aber der Widerspruch $w_2 \notin M(u_1)M(v) \cup M(u_2)$ $\diamond$

Ist $\delta u_1 = \phi^*$, so kann die Gleichung $X = u_1 X \cup u_2$ mehrere nicht äquivalente Lösungen haben, wie das Beispiel $X = X \cup u_2$ zeigt, wo jeder reguläre Ausdruck v mit $M(v) \supset M(u_2)$ eine Lösung darstellt.

Sei nun ein Gleichungssystem von n Gleichungen der Form

$$X_i = \delta X_i \cup \left(\bigcup_{j \in I_i} c_{ij} X_j \right)$$

mit $1 \leq i \leq n, I_i \subset \{1,..,n\}, \delta X_i = \phi^*$ bzw. $\phi, c_{ij} \in T$ vorgegeben. Die Indexmenge I_i zeigt an, daß nicht alle charakteristischen Ableitungen auf der rechten Seite auftreten müssen. Jedoch muß das Gleichungssystem so beschaffen sein, daß es nicht in zwei voneinander unabhängige Systeme zerlegt werden kann. Ist o.B.d.A. der gesuchte reguläre Ausdruck $u = X_1 = D_\varepsilon u$, so repräsentieren die X_i die charakteristischen Ableitungen. Die Gleichungen lassen sich nun sukzessive reduzieren. Es gilt nämlich

$$X_n = u_1 X_n \cup u_2$$

mit $u_1 = \phi$ oder u_1 regulär, $\delta u_1 = \phi$, u_2 regulär, woraus

$$X_n = u_1^* u_2$$

folgt. Für $u_1 = \phi$ kann nun in den übrigen $n-1$ die Variable X_n durch u_2 ersetzt werden und für $u_1 \neq \phi$ wird X_n durch $u_1^* u_2$ ersetzt. Nun kann entsprechend X_{n-1} so behandelt werden, dann X_{n-2} usw.

Es bleibt nun noch zu zeigen, daß für jedes $w \in T^*$ ein X_j mit $D_w u = D_w X_1 = X_j$ existiert. Der Beweis hierzu läßt sich durch vollständige Induktion über die Länge von w führen. Für $|w| = 1$ folgt dies aus dem Darstellungssatz und für $w = w'a, a \in T$ und $w' \in T^*$, kann $D_w u = D_{w'a} u = D_a(D_{w'} u) = D_a X_i$ gesetzt werden.

Somit ist gezeigt, daß ein System von charakteristischen Gleichungen eines regulären Ausdrucks u eine bis auf Äquivalenz eindeutige Lösung hat.

Beispiel: Sei $T = \{a, b\}$ und U die Menge aller Wörter aus T^*, in denen kein Zeichen aus T zweimal hintereinander vorkommt. Man finde für U einen regulären Ausdruck u.

Diese Aufgabe läßt sich durch sukzessive Anwendung des Darstellungssatzes lösen. Zunächst gilt:

$$u = \phi^* \cup a D_a u \cup b D_b u,$$
$$D_a u = \phi^* \cup a D_{aa} u \cup b D_{ab} u,$$
$$D_b u = \phi^* \cup a D_{ba} u \cup b D_{bb} u.$$

Da kein Wort aus U mit aa oder bb beginnen kann, ist

$$D_{aa} u = D_{bb} u = \phi.$$

In $D_{ab} u$ liegt jedes Wort aus U, das nicht mit b beginnt, also ist $D_{ab} u = D_b u$. Entsprechend ist $D_{ba} u = D_a u$. Somit ergibt sich das System:

$$u = \phi^* \cup a D_a u \cup b D_b u,$$
$$D_a u = \phi^* \qquad\qquad \cup b D_b u,$$
$$D_b u = \phi^* \cup a D_a u.$$

Die Auflösung dieses Gleichungssystems liefert sukzessive:

a) Einsetzung von $D_b u$ aus der letzten Gleichung:

$$u \quad = (\phi^* \cup b)(\phi^* \cup a D_a u),$$
$$D_a u = \phi^* \cup b \cup ba D_a u.$$

b) Die letzte Gleichung von a) liefert die Lösung:

$$D_a u = (ba)^*(\phi^* \cup b).$$

c) $D_a u$ aus b) in u in a) eingesetzt:

$$u = (\phi^* \cup b)(\phi^* \cup a(ba)^*(\phi^* \cup b)).$$

Graphisch läßt sich der gesuchte reguläre Ausdruck unmittelbar aus der Aufgabenstellung aufstellen:

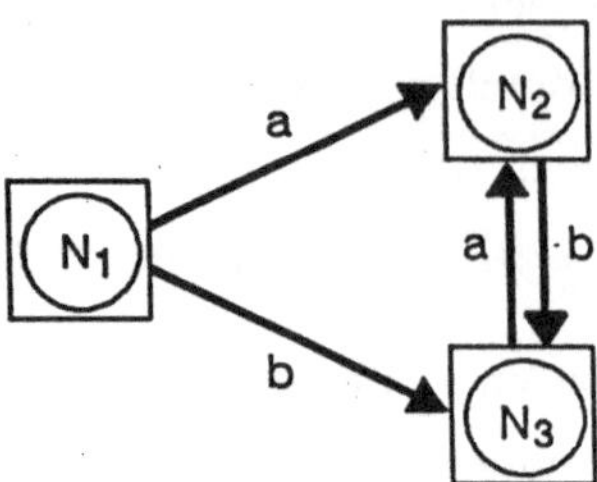

Der Darstellungssatz liefert auch ein Verfahren zum Nachweis der Äquivalenz zweier vorgegebener regulärer Ausdrücke. Zwei reguläre Ausdrücke u und v sind genau dann äquivalent, wenn $M(u) = M(v)$ bzw. $\delta D_w u = \delta D_w v$ für alle $w \in T^*$ ist. Zur Untersuchung von $\delta D_w u$ und $\delta D_w v$ genügt es aber offenbar, wenn die charakteristischen Ableitungen untersucht werden.

Um alle möglichen Kombinationen zu erfassen, kann man zunächst die Darstellungen

$$u = \delta u \cup \left(\bigcup a_j D_{a_j} u \right),$$
$$v = \delta v \cup \left(\bigcup a_j D_{a_j} v \right)$$

betrachten. Ist $\delta u \neq \delta v$, so ist u nicht äquivalent zu v und die Untersuchung zu Ende. Andernfalls werden alle Paare $(D_{a_j} u, D_{a_j} v)$ untersucht, wobei $D_{a_j} u$ bzw. $D_{a_j} v$ durch äquivalente, bereits untersuchte Ableitungen ersetzt werden können:

$$D_{a_j} u = \delta D_{a_j} u \cup \left(\bigcup a_i D_{a_i a_j} u \right),$$
$$D_{a_j} v = \delta D_{a_j} v \cup \left(\bigcup a_i D_{a_i a_j} v \right).$$

Auch hier folgt aus $\delta D_{a_j} u \neq \delta D_{a_j} v$, daß u und v nicht äquivalent sind. Für $\delta D_{a_j} u = \delta D_{a_j} v$ kann der Prozeß fortgesetzt werden. Da u bzw. v nur über $d(u)$ bzw. $d(v)$ verschiedene, nicht äquivalente Ableitungen verfügen, gibt es höchstens $d(u) * d(v)$ verschiedene Paare, so daß der Prozeß nach $d(u) * d(v)$ Schritten terminiert. Ist für alle untersuchte Paare $(D_w u, D_v u)$ dann $\delta D_w u = \delta D_w v$, so liegen äquivalente Gleichungssysteme vor, d.h. u und v sind äquivalent.

Es ist also entscheidbar, ob zwei reguläre Ausdrücke äquivalent sind und diese Äquivalenz kann ggfs. direkt nachgewiesen werden. Allerdings ist dieser Nachweis in der Regel mit viel Rechenarbeit verbunden.

Es soll nun noch auf das Problem, die Sprache eines Akzeptors $A = (Z, T, F, Z_A, Z_E)$ explizit zu ermitteln, eingegangen werden. Hierzu definiert man für zwei beliebige Zustände $z_i, z_j \in Z$ die Wortmenge

$$U_{ij} := \{w \mid \exists\, w = a_1 \dots a_r \in T^*, a_i \in T, \text{ Folge } (z_k, a_k, z_{k+1}) \in F, 1 \leq k \leq r$$

$$\text{mit } z_1 = z_i, z_{r+1} = z_j\}$$

d.h. U_{ij} besteht aus genau den Wörtern, die den Akzeptor vom Zustand z_i in den Zustand z_j überführen. Dann gilt

$$L(A) = \bigcup U_{ij}, \quad z_i \in Z_A, \ z_j \in Z_E.$$

Wegen $T = \{t_1, \dots, t_n\}$ gilt:

$$U_{ij} = \delta U_{ij} \cup \left(\bigcup_k t_k D_{t_k} U_{ij} \right)$$

$$= \delta U_{ij} \cup \left(\bigcup_k t_k \left(\bigcup_m U_{mj} \right) \right), \quad (z_i, t_k, z_m) \in F.$$

Es liegt also ein Gleichungssystem mit endlich vielen Variablen U_{ij} (nämlich $|Z \times Z|$) vor, das nach den zuvor angegebenen Methoden gelöst werden kann.

Beispiel:

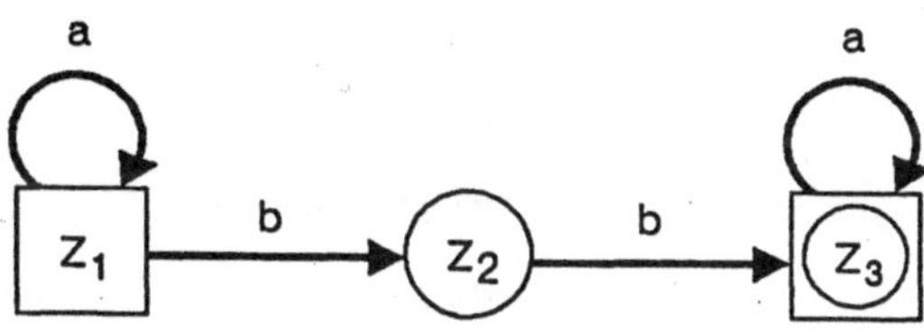

$L(A) = U_{13}, \ z_A = z_1, z_E = z_3.$

(1) $U_{13} = aU_{13} \cup bU_{23}$

(2) $U_{23} = bU_{33}$

(3) $U_{33} = aU_{33} \cup \phi^*$

Die Lösung von (3) liefert $U_{33} = a^*$, woraus nach (2) $U_{23} = ba^*$ folgt. Nach (1) ergibt sich $U_{13} = aU_{13} \cup b^2 a^*$, also

$$L(A) = a^* b^2 a^* \quad \diamond$$

Dies zuvor geschilderte Verfahren der Ermittlung der Sprache eines Akzeptors heißt *Analyse* des Akzeptors.

Während zuvor zu einem vorgegebenen Akzeptor A durch die Analyse ein regulärer Ausdruck ermittelt wurde, soll jetzt umgekehrt zu einem regulären Ausdruck u ein Akzeptor A mit $M(u) = L(A)$ konstruiert werden; ein solches Vorgehen heißt *Synthese* eines Akzeptors. Dabei soll die Synthese so gestaltet sein, daß der zu konstruierende Akzeptor deterministisch ist. Der bei der Analyse bereits erkannte enge Zusammenhang zwischen den Zuständen und den charakteristischen Ableitungen kann auch hier ausgenutzt werden.

Gilt für zwei Wörter w und w', daß $D_w u \cong D_{w'} u$ ist, so ist es wohl sinnvoll zu fordern, daß durch die Eingabe von w und w' derselbe Zustand erreicht wird. Somit entspricht jeder charakteristischen Ableitung von u genau ein Zustand $z \in Z$ von A. Dem Startzustand Z_A entspricht der reguläre Ausdruck u bzw. $D_w u$. Da $w \in M(u)$ genau dann gilt, wenn $\delta D_w u = \phi^*$ ist, sind genau die Zustände z_k, deren korrespondierende charakteristische Ableitungen das Leerwort enthalten, i. e. $\delta D_w u = \phi^*$, Endzustände. Es bleibt noch die Überführungsfunktion F (A soll deterministisch sein !) gemäß

$$F(D_w u, s) = D_{ws} u$$

festzulegen. Damit ist der Akzeptor fertig und es gilt $M(u) = L(A)$.

Beispiel: Sei $u = a^* \cup a^* bb (a \cup ab)^* \cup b(a \cup ab)^*$.
Das charakteristische Gleichungssystem für u lautet:

$$u = \phi^* \cup aD_a u \cup bD_b u,$$
$$D_a u = \phi^* \cup aD_a u \cup bD_{ab} u,$$
$$D_b u = \phi^* \cup aD_b u \cup bD_{bb} u,$$
$$D_{ab} u = \phi \cup aD_{aba} u \cup bD_{bb} u,$$
$$D_{bb} u = \phi^* \cup aD_b u \cup bD_{aba} u,$$
$$D_{aba} u = \phi \cup aD_{aba} u \cup bD_{aba} u.$$

Der deterministische Akzeptor A hat also die Zustände

$$Z = \{u, D_a u, D_b u, D_{ab} u, D_{bb} u, D_{aba} u\}$$

Für die Überführungsfunktion ergibt sich aus dem Gleichungssystem:

$$F(u, a) = D_a u, \qquad F(u, b) = D_b u,$$
$$F(D_a u, a) = D_a u, \qquad F(D_a u, b) = D_{ab} u,$$
$$F(D_b u, a) = D_b u, \qquad F(D_b u, b) = D_{bb} u,$$
$$F(D_{ab} u, a) = D_{aba} u, \qquad F(D_{ab} u, b) = D_{bb} u,$$
$$F(D_{bb} u, a) = D_b u, \qquad F(D_{bb} u, b) = D_{aba} u,$$
$$F(D_{aba} u, a) = D_{aba} u, \qquad F(D_{aba} u, b) = D_{aba} u.$$

Endzustände sind: $u, D_a u, D_b u, D_{bb} u$. Als graphische Darstellung ergibt sich also:

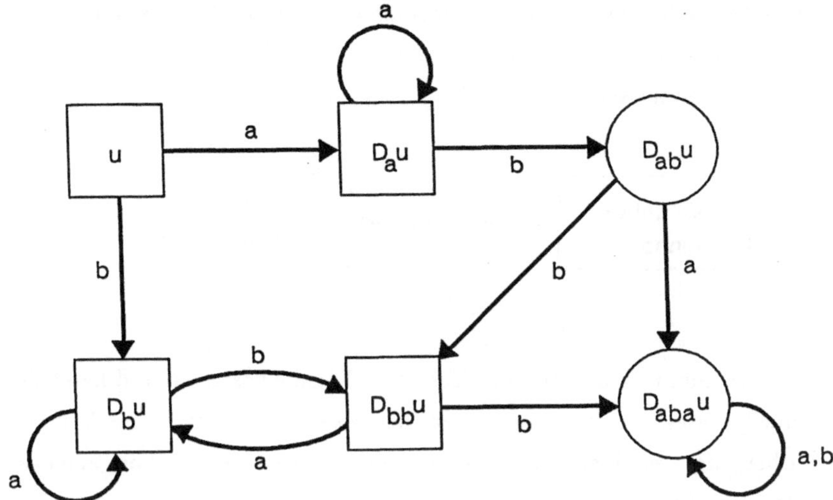

Zu jeder regulären Grammatik G kann ein äquivalenter Akzeptor A angegeben werden, also $L(A) = L(G)$. Da nun, wie zuvor gezeigt, die Sprache eines Akzeptors durch einen regulären Ausdruck beschrieben werden kann, kann auch eine reguläre Grammatik durch einen regulären Ausdruck beschrieben werden.

Korollar: Die Begriffe *reguläre Grammatik*, *Akzeptor*, *reguläre Menge* und *regulärer Ausdruck* sind äquivalent in dem Sinne, daß sie die gleiche Sprachklasse beschreiben.

5.4 Endliche Automaten

Die im vorigen Abschnitt eingeführten deterministischen Akzeptoren können, wenn sie als technische Geräte betrachtet werden, in zwei Teile aufgegliedert werden, in eine Eingabeeinheit und eine Steuereinheit:

Die Eingabeeinheit nimmt z.B. über eine Tastatur Eingabewörter an und leitet diese an die Steuereinheit weiter, die die Eingaben zeichenweise verarbeitet. Diese Verarbeitung besteht im Übergang von einem Zustand zu einem anderen, jeweils vom eingegebenen Zeichen abhängigen Zustand.

Man kann nun einen solchen Akzeptor beliebig 'ausbauen'. So ist zunächst eine Ausgabeeinheit, die im konkreten Fall z.B. aus einem Bildschirm bestehen kann, eine sinnvolle Ergänzung:

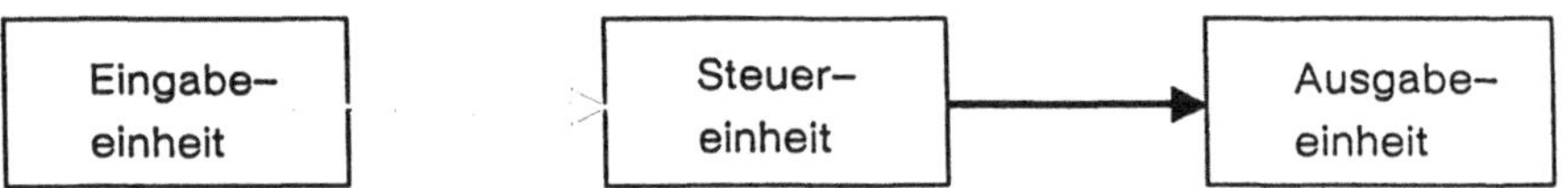

Die Funktion der Ausgabeeinheit muß von der Steuereinheit gesteuert werden, außerdem kann die Ausgabe noch von der jeweiligen Eingabe abhängen; die jeweilige Ausgabe wird also durch die Eingabe und den aktuellen Zustand des Gerätes bestimmt. Ein auf diese Weise erweiterter Akzeptor wird als (endlicher) Automat bezeichnet.

Andere Erweiterungen, z.B. durch Speichereinheiten, werden später behandelt. Da die Akzeptoren spezielle endliche Automaten sind, werden viele Eigenschaften der Automaten mit Hilfe der Akzeptoren untersucht.

Die Eingabeeinheit besteht aus einem Eingabeband, das mit Zeichen des Eingabealphabets beschriftet ist, und einem Lesekopf. Die Ausgabeeinheit besteht aus einem Ausgabeband und einem Schreibkopf. Ist der Automat in einem Zustand z_i und befindet sich unter dem Lesekopf das Zeichen a, so finden folgende Operationen statt:

– der Schreibkopf schreibt ein Zeichen b, das von dem Eingabezeichen a und dem aktuellen Zustand z_i abhängt, auf das Ausgabeband,

– das Ausgabeband wird um einen Platz (zur Aufnahme des nächsten Zeichens) nach links verschoben,

– die Steuereinheit bewirkt den Übergang von z_i in einen vom Eingabezeichen a und von z_i abhängigen Zustand z_j,

– das Eingabeband wird um ein Zeichen nach links verschoben.

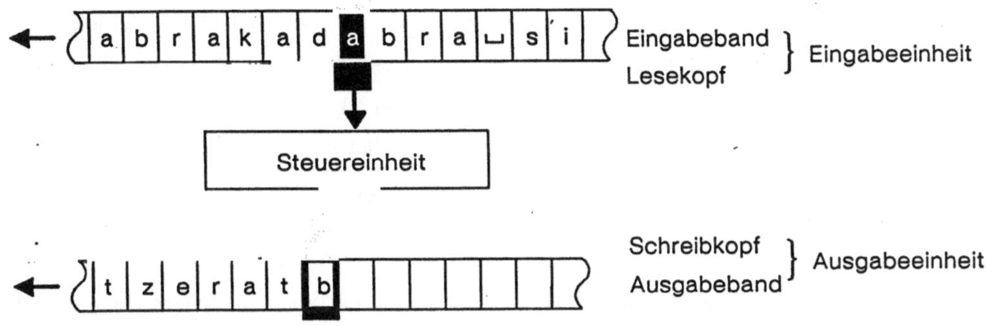

Hier wird also die Einschränkung gemacht, daß zu jedem eingegebenen Zeichen genau ein Zeichen ausgegeben wird. Auf die Angabe von Endzuständen kann verzichtet werden, da eine solche Information auch durch die Ausgabe angegeben werden kann.

Ein (endlicher) *Automat* A ist somit ein Sextupel

$$A = (Z, T_E, T_A, F, F_A, z_A),$$

bestehend aus

– der endlichen nichtleeren Menge Z der Zustände,

– dem Eingabealphabet T_E,

– dem Ausgabealphabet T_A,

– der Überführungsfunktion $F : Z \times T_E \longrightarrow Z$,

– der Ausgabefunktion $F_a : Z \times T_E \longrightarrow T_A$,

– dem Startzustand $z_A \in Z$.

Der endliche Automat verhält sich deterministisch.

Dem deterministischen Akzeptor

$$A' = (Z, T, F, Z_A, Z_E)$$

entspricht der Automat

$$A = (Z, T, T_A, F, F_A, Z_A),$$

wenn die Festlegungen

$$T_A = \{0, 1\},$$
$$F_A(z, t) = 0 \text{ falls } F(z, t) \notin Z_E \text{ für } z \in Z, t \in T,$$
$$\text{und } F_A(z, t) = 1, \text{ falls } F(z, t) \in Z_E,$$

getroffen werden. Hiermit ist aus der jeweils letzten Ausgabe ersichtlich, ob der aktuelle
Zustand Endzustand ist oder nicht. Ein Wort (ausgenommen das leere Wort) ist genau
dann aus $L(A')$, wenn durch Eingabe dieses Wortes in A eine Ausgabe, die mit 1
endet, erzeugt wird. Ob das leere Wort, für das von A keine Ausgabe erzeugt wird,
zu $L(A')$ gehört, läßt sich mit dem Automaten A allerdings nicht entscheiden. Es ist
aber durchaus die Konstruktion eines Automaten möglich, der z.B. durch Erweiterung
des Eingabealphabetes diese Unzulänglichkeit nicht aufweist.

Da für Automaten keine Endzustände definiert sind, entfallen auch Begriffe wie "akzeptieren", "Sprache eines Automaten" usw. Dennoch kann man natürlich für einzelne
Automaten solche Begriffe einführen, indem man anhand der Ausgabe definiert, wann
ein Wort über T_E akzeptiert wird oder nicht.

Die graphische Darstellung eines Automaten erfolgt entsprechend der graphischen Darstellung eines Akzeptors (wobei Endzustände natürlich nicht auszuzeichnen sind). Um
aus der Darstellung direkt die Ausgabe abzulesen, wird die Markierung der Kanten um
das jeweilige Ausgabezeichen erweitert.

Beispiel: A sei durch folgende Darstellung definiert:

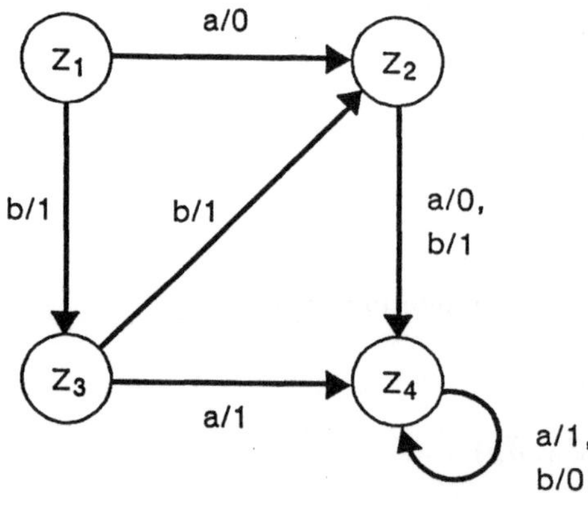

Aus dieser Darstellung läßt sich sofort $Z = \{z_1, z_2, z_3, z_4\}$, $T_E = \{a, b\}$, $T_A = \{0, 1\}$ ablesen. Ferner ergibt sich $F(z_1, a) = z_2$, $F(z_1, b) = z_3$ usw. Für F_a erhält man entsprechend $F_a(z_1, a) = 0$, $F_a(z_1, b) = 1$, $F_a(z_3, a) = 1$ usw.

Man schreibt auch $z_2 \xrightarrow{a/o} z_4$ bzw. $(z_2, a/o, z_4)$, um auszudrücken, daß der Automat A im Zustand z_2 bei Eingabe von a das Zeichen 0 ausgibt und in den Zustand z_4 übergeht. ◇

Neben dieser graphischen Darstellung gibt es sogenannte *Automatentafeln*, die in Form einer Verknüpfungstabelle die Funktionen F und F_a beschreiben (entsprechend können auch deterministische Akzeptoren beschrieben werden):

	t_1	t_2	$\ldots$	t_m
z_1	$F(z_1, t_1)/F_a(z_1, t_1)$	$F(z_1, t_2)/F_a(z_1, t_2)$	$\ldots$	$F(z_1, t_m)/F_a(z_1, t_m)$
z_2	$F(z_2, t_1)/F_a(z_2, t_1)$	$F(z_2, t_2)/F_a(z_2, t_2)$	$\ldots$	$F(z_2, t_m)/F_a(z_2, t_m)$
$\vdots$	$\vdots$	$\vdots$		$\vdots$
z_n	$F(z_1, t_1)/F_a(z_n, t_1)$	$F(z_n, t_2)/F_a(z_n, t_2)$	$\ldots$	$F(z_n, t_m)/F_a(z_n, t_m)$

Das obige Beispiel hat demnach die Automatentafel:

	a	b
z_1	$z_2/0$	$z_3/1$
z_2	$z_4/0$	$z_4/1$
z_3	$z_4/1$	$z_2/1$
z_4	$z_4/1$	$z_4/0$

Den "Benutzer" eines Automaten interessiert in der Regel nur, welche Ausgabe ein Automat zu einer vorgegebenen Eingabe liefert. Die Steuereinheit kann dabei eine "black box" sein, deren Arbeitsweise nach außen in Form der Ausgabe in Erscheinung tritt. Die entscheidende Funktion eines Automaten ist also durch die Beziehung zwischen Eingabe und Ausgabe, die sogenannte *Wortfunktion*, gekennzeichnet.

Erweitert man für beliebige Wörter $w = tv, t \in T_E, v \in T_E^+$ die Ausgabefunktion F_a durch

$$F_a(z, tv) := F_a(z, t)F_a(F(z, t), v),$$

so ist $F_a : Z \times T_E^+ \longrightarrow T_A^+$. Der Wert von $F_a(z, tv)$ entsteht also durch Konkatenation von Ausgabezeichen. Ist nun A ein Automat mit dem Startzustand z_A, so heißt die Funktion

$$h : T_E^+ \longrightarrow T_A^+$$

mit $h(w) := F_a(z_A, w)$ die von A *erzeugte* Wortfunktion.

Zwei Automaten A_1 und A_2 heißen *äquivalent*, in Zeichen $A_1 \sim A_2$, wenn die von A_1 und A_2 erzeugten Wortfunktionen gleich sind. Da äquivalente Automaten bei gleicher Eingabe auch die gleiche Ausgabe erzeugen, kann man o.B.d.A. annehmen, daß sowohl die Eingabealphabete als auch die Ausgabealphabete gleich sind. Die Relation $\sim$ ist symmetrisch, reflexiv und transitiv und bildet somit eine Äquivalenzrelation.

Die Äquivalenzbeziehung zwischen Automaten führt nun zu der Überlegung, ob man einen vorgegebenen Automaten 'vereinfachen' kann, d.h. einen anderen äquivalenten Automaten angeben kann, der 'einfacher' ist. Dazu ist zunächst zu präzisieren, was unter der Aussage "Der Automat A ist einfacher als der Automat B" zu verstehen ist. Eine Möglichkeit besteht darin, einen Automaten als umso einfacher zu bezeichnen, je weniger Zustände er hat. Vom technischen Standpunkt aus bedeutet ein Automat mit weniger Zuständen im allgemeinen auch eine Einsparung von Kosten.

Um die Äquivalenz zweier Automaten zu überprüfen, ist es notwendig, für jede mögliche Eingabe ihre Ausgaben zu vergleichen. Dies ist im konkreten Fall natürlich i.a. nicht möglich, da es unendlich viele verschiedene Eingaben gibt. Man muß also untersuchen, ob durch den Nachweis der Äquivalenz bei endlich vielen Eingaben auf die Äquivalenz der Automaten geschlossen werden kann.

Kann ein Automat A bei keiner Eingabe in einen bestimmten Zustand übergehen, so trägt dieser Zustand nichts zu der von A erzeugten Wortfunktion bei. Man kann folglich diesen Zustand entfernen, ohne daß sich am Verhalten von A etwas ändert. Ein Zustand $z' \in Z$ heißt von $z \in Z$ *erreichbar*, wenn es ein Wort $w \in T_E^+$ mit $F(z, w) = z'$ gibt. Ist $F(z, w) \neq z'$ für alle $w \in T_E^+$, so heißt z' *unerreichbar* von z. Die vom Startzustand z_A aus unerreichbaren Zustände können also entfernt werden. Ist $A = (Z, T_E, T_A, F, F_a, z_A)$ ein Automat und Z' die Menge der vom Startzustand aus erreichbaren Zustände, so ist der Automat

$$A' = (Z', T_E, T_A, (Z' \times T_E \times Z') \cap F, (Z' \times T_E \times T_A) \cap F_a, z_A)$$

äquivalent zu A und ohne unerreichbare Zustände (vorausgesetzt, der Startzustand ist nicht isoliert). Ein Automat, dessen Zustände alle vom Startzustand aus erreichbar sind, heißt *vereinfacht*.

Aufgrund des pumping–Lemma ist ein Zustand z' von einem Startzustand z_A aus genau dann erreichbar, wenn es ein Wort w mit $|w| < |Z|$ gibt, so daß $F(z_A, w) = z'$ gilt. Gilt nämlich für ein Wort w' mit $|w'| \geq |Z|$ die Beziehung $F(z_a, w') = z'$, so läßt sich w' zerlegen in $tu^k v, k \geq 0$. Wählt man nun $w = tv$, so ist $|w| < |Z|$. Damit läßt sich in endlich vielen Schritten zu einem vorgegebenen Automaten ein äquivalenter vereinfachter Automat konstruieren.

Die Konstruktion eines zu einem vorgegebenen Automaten A äquivalenten Automaten B, der weniger Zustände hat, wird als *Reduktion* von A bezeichnet. Ist eine Reduktion von A nicht möglich, so heißt A *reduziert*. Ein reduzierter Automat ist also stets vereinfacht. Für die weiteren Untersuchungen wird o.B.d.A. angenommen, daß A vereinfacht ist.

Zwei Zustände z_1, z_2 eines Automaten $A = (Z, T_E, T_A, F, F_A, z_A)$ heißen *äquivalent*, in Zeichen $z_1 \sim z_2$, wenn die Automaten

$$A_1 = (Z, T_E, T_A, F, F_A, z_1) \quad \text{und}$$

$$A_2 = (Z, T_E, T_A, F, F_A, z_2)$$

äquivalent sind, also wenn die so definierten Automaten dieselbe Wortfunktion haben und aufgrund ihrer Ausgabe nicht unterscheidbar sind. Die Zustandsäquivalenz ist eine Äquivalenzrelation. Somit lassen sich die Zustände eines Automaten in Äquivalenzklassen unterteilen. Sind zwei Zustände z_1 und z_2 zueinander äquivalent, so ist einer von beiden redundant, da z_1 durch z_2 (bzw. z_2 durch z_1) ersetzbar ist, ohne daß das Ausgabeverhalten verändert wird. Es genügt, aus jeder Äquivalenzklasse einen Repräsentanten zu nehmen und die übrigen Zustände in der Äquivalenzklasse durch diesen Repräsentanten zu ersetzen.

Die Zustandsäquivalenz läßt sich auch direkt aus der Struktur eines Automaten erklären. Zwei Zustände z_1, z_2 sind genau dann äquivalent, wenn

a) $F_A(z_1, t_E) = F_A(z_2, t_E)$ für alle $t_E \in T_E$ ist und

b) die Folgezustände von z_1 und z_2 auch wieder äquivalent sind, also
$$(z_1, t_E, z_i) \in F, (z_2, t_E, z_j) \in F, t_E \in T \Rightarrow z_i \sim z_j.$$

Ist nämlich $z_1 \sim z_2$ und $t_E w \in T_E^+$ eine beliebige Eingabe, so ist die Ausgabe identisch, also

$$F_A(z_1, t_E w) = F_A(z_1, t_E) F_A(z_1', w)$$

$$F_A(z_2, t_E w) = F_A(z_2, t_E) F_A(z_2', w)$$

und daraus $F_A(z_1, t_E) = F_A(z_2, t_E)$ und wegen $F_A(z_1', w) = F_A(z_2', w)$ auch die Äquivalenz der Folgezustände. Umgekehrt folgt auch sofort aus der identischen Ausgabe die Äquivalenz von z_1 und z_2.

Beispiel:

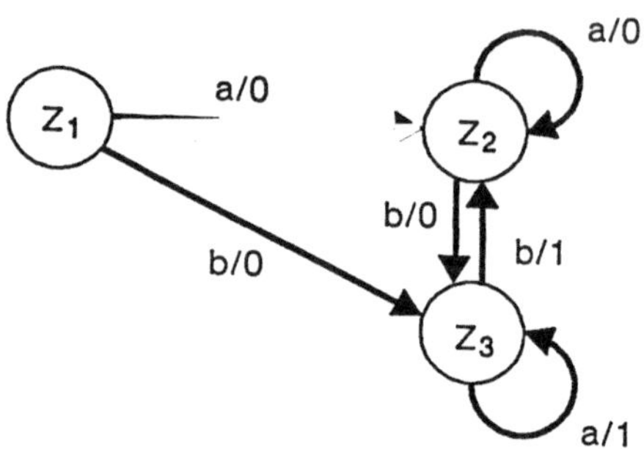

Es ist $\quad z_1 \sim z_2$, da

$$F_A(z_1, a) = F_A(z_2, a), \quad F_A(z_1, b) = F_A(z_2, b)$$
$$(z_1, a, z_2) \in F, \qquad (z_2, a, z_2) \in F,$$
$$(z_1, b, z_3) \in F, \qquad (z_2, b, z_3) \in F.$$

Zwei Zustände z_1, z_2 eines Automaten heißen n–äquivalent, in Zeichen $z_1 \overset{n}{\sim} z_2, n \geq 0$, wenn $F_a(z_1, w) = F_a(z_2, w)$ für alle $w \in T_E^*$ mit $|w| \leq n$ ist. Man kann leicht nachprüfen, daß $\overset{n}{\sim}$ eine Äquivalenzrelation ist. $\overset{n}{\sim}$ hat folgende Eigenschaften:

a) $\overset{0}{\sim}$ erzeugt wegen $F_A(z, \varepsilon) = \varepsilon$ für alle $z \in Z$ genau eine Äquivalenzklasse, die alle Zustände enthält.

b) Die Äquivalenzklassen werden mit wachsendem n immer feiner. Ist $[z]_n$ die von dem Zustand z repräsentierte Äquivalenzklasse der Relation $\overset{n}{\sim}$, also

$$[z]_n = \{z' | z' \in Z, z' \overset{n}{\sim} z\},$$

so ist $[z]_{n+1} \subset [z]_n$.

c) Gilt für irgendein n die Beziehung $[z]_n = [z]_{n+1}$, so ist auch $[z]_{n+k} = [z]_n$ für alle $k \geq 0$.

d) Für alle $n \geq m, m = |Z|$, ist $\overset{n}{\sim}$ identisch zu $\overset{m}{\sim}$, da es nicht mehr als m verschiedene Äquivalenzklassen geben kann.

Ist Z die Zustandsmenge eines Automaten A, so bildet man sukzessive Zerlegungen

$$P_1, P_2, P_3, \ldots$$

von Z derart, daß für jede Zerlegung

$$P_k = \{Q_1, \ldots, Q_{m_k}\}, \quad Q_j \subset Z, \quad \bigcup Q_j = Z,$$

jedes Q_j nur gegenseitig $k-$ äquivalente Zustände enthält. Da alle $(k+1)-$ äquivalenten Zustände auch $k-$ äquivalent sind, ist jeder Block von P_{k+1} Teilmenge eines Blocks aus P_k.

Somit führt folgender Algorithmus zu einem reduzierten Automaten:

a) Man entferne alle nicht erreichbaren Zustände. Damit ist der Automat vereinfacht.

b) Setze $k = 1$ und als Anfangszerlegung
$$P_1 = \{Z\},$$
wobei Z die Zustandsmenge des vereinfachten Automaten ist.

c) Man konstruiere P_{k+1} aus P_k derart, daß zwei Zustände z_1 und z_2 aus P_k auch in demselben Block von P_{k+1} sind, wenn sie dasselbe Ausgabeverhalten haben.

d) Falls $P_{k+1} \neq P_k$, erhöhe man k um 1 und fahre bei c) fort. Für $P_k = P_{k+1}$ ist der Algorithmus beendet.

Der so erhaltene reduzierte Automat hat als Zustände die Elemente der Menge P_k. In der Bezeichnung der so erhaltenen neuen Zustände des reduzierten Automaten ist man frei. Man erhält so durch den angegebenen Algorithmus einen bis auf die Bezeichnung der Zustände eindeutig bestimmten reduzierten Automaten A', der zu dem vorgegebenen Automaten A äquivalent ist. A' heißt der *Minimalautomat* von A.

Der angegebene Algorithmus läßt sich natürlich auch auf Akzeptoren anwenden, wenn man $F_A(z, t_E) := \varepsilon$ für alle $z \in Z, t_E \in T_E$ setzt.

Beispiel: Sei A mit $T_E = \{a, b, c\}, T_A = \{0, 1\}$ durch folgende Tafel gegeben (z_0 sei Startzustand):

	a	b	c
z_0	$z_9/0$	$z_0/1$	$z_9/1$
z_1	$z_2/1$	$z_2/0$	$z_6/0$
z_2	$z_1/0$	$z_5/1$	$z_5/1$
z_3	$z_4/1$	$z_0/1$	$z_7/0$
z_4	$z_2/1$	$z_2/0$	$z_6/0$
z_5	$z_4/0$	$z_2/1$	$z_2/1$
z_6	$z_8/1$	$z_5/0$	$z_4/0$
z_7	$z_3/1$	$z_1/0$	$z_3/1$
z_8	$z_{10}/0$	$z_0/1$	$z_8/1$
z_9	$z_8/1$	$z_2/0$	$z_{10}/0$
z_{10}	$z_5/1$	$z_5/0$	$z_9/0$

Die Zustände z_3 und z_7 sind von z_0 aus nicht erreichbar. Der vereinfachte Auotmat hat also die Zustandsmenge $Z \setminus \{z_3, z_7\}$. Die Zerlegungsfolge liefert:

a) $P_1 = \{Q_0\}$,

   $Q_0 = \{z_0, z_1, z_2, z_4, z_5, z_6, z_8, z_9, z_{10}\}$.

b) Bei Eingabe eines Zeichens liefern die Zustandsmengen

$$Q_1 = \{z_0, z_2, z_5, z_8\}$$

   und

$$Q_2 = \{z_1, z_4, z_6, z_9, z_{10}\}$$

   dasselbe Ausgabeverhalten. Also ist

$$P_2 = \{Q_1, Q_2\}.$$

c) Die Menge Q_1 zerfällt im nächsten Schritt in die Teilmengen

$$Q_3 = \{z_0\},$$
$$Q_4 = \{z_2, z_5, z_8\}.$$

   Q_2 bleibt erhalten. Also ist

$$P_3 = \{Q_3, Q_4, Q_2\}.$$

d) $P_4 = \{Q_3, Q_5, Q_6, Q_2\}$,

   $Q_5 = \{z_2, z_5, \}$,

   $Q_6 = \{z_8\}$.

e) $P_5 = \{Q_3, Q_5, Q_6, Q_7, Q_8\}$,

   $Q_7 = \{z_1, z_4, z_{10}\}$,

   $Q_8 = \{z_6, z_9\}$.

f) $P_6 = P_5$.

Die Zustandsmenge des so erhaltenen Minimalautomaten hat also die Zustände Q_3, Q_5, Q_6, Q_7, Q_8. Die Automatentafel lautet:

	a	b	c
Q_3	$Q_8/0$	$Q_3/1$	$Q_8/1$
Q_5	$Q_7/0$	$Q_5/1$	$Q_5/1$
Q_6	$Q_7/0$	$Q_3/1$	$Q_6/1$
Q_7	$Q_5/1$	$Q_5/0$	$Q_8/0$
Q_8	$Q_6/1$	$Q_5/0$	$Q_7/0$

Mithilfe der Konstruktion des Minimalautomaten läßt sich im allgemeinen auch am mühelosesten die Äquivalenz zweier Automaten A_1 und A_2 untersuchen. Man muß lediglich die beiden entsprechenden Minimalautomaten A_1' und A_2' miteinander vergleichen. Äquivalenz liegt genau dann vor, wenn die Zustände von A_1' und A_2' durch Umnumerierung auseinander hervorgehen.

5.5 Anwendungen

Ein Computer kann im Hauptspeicher Werte speichern. Die Anzahl der verschiedenen Speicherzustände läßt sich aus der Größe des Speichers wie folgt berechnen: Hat der Computer z.B. einen Speicher der Größe 4 MB $(= 2 \uparrow 22$ Byte), so kann jedes Byte 2^8 verschiedene Werte annehmen. Insgesamt ergeben sich somit $(2^8) \uparrow (2^{22}) = 256 \uparrow 67108864 \approx 10 \uparrow 161610000$ verschiedene Zustände des Hauptspeichers. Die große Zahl von Zuständen macht es praktisch unmöglich, den gesamten Hauptspeicher durch einen einzigen endlichen Automaten zu modellieren.

Technische Bausteine von Computern eignen sich bestens zur Beschreibung durch endliche Automaten. Die Addition zweier Binärzahlen

$$a = \sum_{i=0}^{n} a_i 2^i, \quad b = \sum_{i=0}^{n} b_i 2^i$$

mit $a_i, b_i \in \{0, 1\}$ kann mittels eines *Addierers*

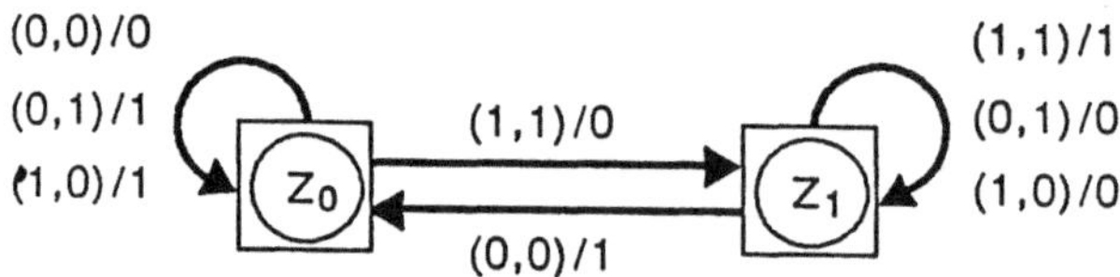

durchgeführt werden. z_0 ist der Startzustand und die Eingabepaare repräsentieren die Ziffern $(a_i, b_i), i = 0, 1, ..., n$. Der Automat berechnet bei einem Übergang

$$(a_i + b_i + c_{i-1}),$$

wenn c_{i-1} der Übertrag von dem vorhergehenden Übergang ist ($c_{-1} = 0$). Der Übertrag wird als "Gedächtnisinformation" in den Zuständen gespeichert, wobei z_0 Übertrag 0 und z_1 Übertrag 1 bedeutet.

Ein weiterer Baustein in Rechnern wird zur Verzögerung von Signalen benötigt. Ein Signal, durch eine Folge der Zeichen 0 und 1 dargestellt, soll um n Takte verzögert werden. Die Eingabe besteht aus einer 0–1–Folge $t_1 t_2 ... t_m$, die Ausgabe aus n Zeichen 0 (ihnen entspricht keine Eingabe im "direkten" Sinn), denen dann die Eingabe $t_1 t_2 ... t_{m-n}$ folgt.

Für $n = 1$ lautet der Automat (z_0 ist der Startzustand):

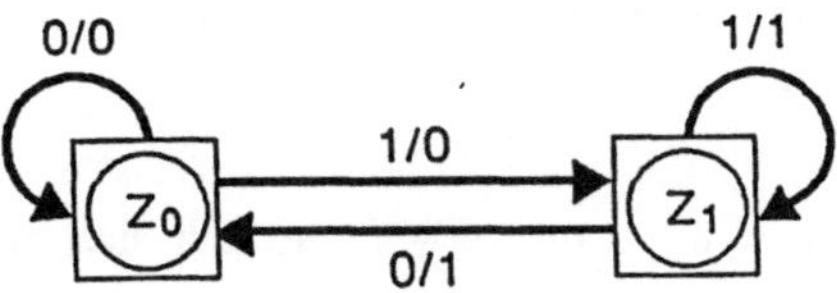

Eine Verzögerung um $n = 2$ Takte leistet der Automat (mit dem Startzustand z_0):

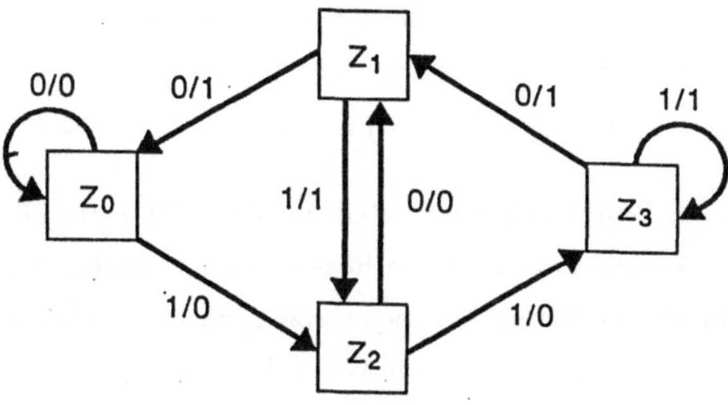

Für beliebiges n werden 2^n Zustände benötigt, da es 2^n verschiedene Signalfolgen der Länge n gibt.

6. Kontextfreie Sprachen

Ist $G = (N, T, R, N_1)$ eine kontextfreie Grammatik und

$$N_1 = w_0 \longrightarrow w_1 \longrightarrow \cdots \longrightarrow w_{n-1} \longrightarrow w_n = w$$

die Ableitung eines Wortes $w = a_1 \ldots a_r$, $a_i \in T$, so läßt sich die Ableitung von w mit Hilfe eines Struktur– oder Ableitungsbaumes übersichtlich darstellen. Der *Strukturbaum* einer Ableitung ist ein endlicher (gerichteter) Wurzelbaum, bei dem die Knoten und Kanten gemäß den folgenden Regeln gebildet werden:

a) Der Wurzelknoten wird mit N_1 bezeichnet.

b) Knoten, die keine Blätter sind, sind mit Nichtterminalen bezeichnet.

c) Blätter sind mit Nichtterminalen oder Terminalen bezeichnet.

d) Gehen von einem Knoten $A \in N$, der kein Blatt ist, Kanten zu den Knoten $A_1, \ldots, A_k$, so gibt es eine Regel $A \longrightarrow A_1 \ldots A_k$ mit $A_i \in N \cup T$.

Jede Regel kann selbst als Wurzelbaum dargestellt werden. Bei r Regeln einer Gramatik G gibt es demnach r Wurzelbäume für diese Regeln, die im Strukturbaum wiederzufinden sind. Beginnt man bei der Wurzel N_1, so ersetzt zunächst der Wurzelbaum, der der ersten anzuwendenden Regel entspricht, den Wurzelknoten N_1. Anschließend werden sukzessive die Blätter, die Nichtterminale darstellen, durch Teilgraphen entsprechend den gegebenen Ableitungsschritten ersetzt.

Beispiel: Sei $N_1 \longrightarrow N_1 N_1$, $N_1 \longrightarrow a$, $N_1 \longrightarrow b$. Dann ist

$$N_1 \longrightarrow N_1 N_1 \longrightarrow a N_1 \longrightarrow a N_1 N_1 \longrightarrow a N_1 b \longrightarrow abb$$

eine Ableitung des Wortes $w = abb \in L(G)$. Der Strukturbaum hat die Gestalt:

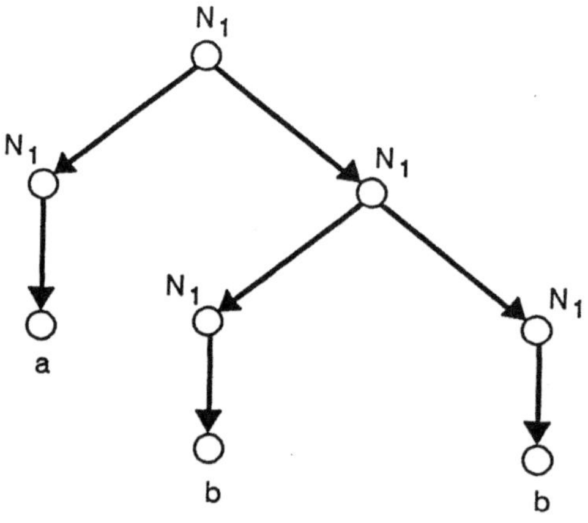

Das vorige Beispiel zeigt folgende Eigenschaften von Ableitungen:

a) Verschiedene Ableitungen desselben Wortes können denselben Strukturbaum haben.
   Beispiel für $w = ab$:

$$N_1 \longrightarrow N_1 N_1 \longrightarrow a N_1 \longrightarrow ab;$$
$$N_1 \longrightarrow N_1 N_1 \longrightarrow N_1 b \longrightarrow ab.$$

b) Verschiedene Ableitungen desselben Wortes können auch verschiedene Strukturbäume haben. Beispiel für $w = aba$:

$$N_1 \longrightarrow N_1 N_1 \longrightarrow a N_1 \longrightarrow a N_1 N_1 \longrightarrow ab N_1 \longrightarrow aba;$$
$$N_1 \longrightarrow N_1 N_1 \longrightarrow N_1 a \longrightarrow N_1 N_1 a \longrightarrow N_1 ba \longrightarrow aba \,.$$

c) Einer Ableitung eines Wortes können verschiedene Strukturbäume zugeordnet werden. Beispiel für $w = aba$:

$$N_1 \longrightarrow N_1 N_1 \longrightarrow N_1 N_1 N_1 \longrightarrow a N_1 N_1 \longrightarrow ab N_1 \longrightarrow aba$$

kann beim zweiten Ableitungsschritt $N_1 N_1 \longrightarrow N_1 N_1 N_1$ auf zwei Arten interpretiert werden, je nachdem ob man auf der linken Seite der Ableitung das erste N_1 oder das zweite N_1 durch $N_1 N_1$ ersetzt.

Die Analyse von Sprachen wird naturgemäß erschwert, wenn die Bedeutung einer Ableitung nicht eindeutig ist. Da der Ableitungsfolge nicht anzusehen ist, ob sie eindeutig ist, muß ein anderes Kriterium für die Eindeutigkeit herangezogen werden.

Eine kontextfreie Grammatik G heißt *eindeutig*, wenn jedem Wort $w \in L(G)$ nur ein Strukturbaum zugeordnet werden kann. Existiert ein Wort $w \in L(G)$, dem mehr als ein Strukturbaum zugeordnet werden kann, so heißt die Grammatik *mehrdeutig*. Eine Grammatik G heißt *mehrdeutig vom Grad n*, wenn für jedes $w \in L(G)$ höchstens n verschiedene Strukturbäume existieren und es wenigstens ein $w \in L(G)$ mit genau n Strukturbäumen gibt.

Wenn eine Sprache L von einer Grammatik G erzeugt wird, die mehrdeutig ist, kann es dennoch eine andere Grammatik G' geben, die eindeutig ist und ebenfalls die Sprache L erzeugt.

Die zuvor als Beispiel benutzte Grammatik mit den Regeln

$$N_1 \longrightarrow N_1 N_1, \quad N_1 \longrightarrow a, \quad N_1 \longrightarrow b$$

läßt sich mittels der Regeln

$$N_1 \longrightarrow aN_1, \quad N_1 \longrightarrow bN_1, \quad N_1 \longrightarrow a, \quad N_1 \longrightarrow b$$

eindeutig machen.

Das zeigt, daß in der Definiton der Mehr- bzw. Eindeutigkeit das Wort "Grammatik" nicht einfach durch das Wort "Sprache" ersetzt werden darf. Vielmehr heißt eine Sprache L *eindeutig*, wenn es eine eindeutige Grammatik G mit $L = L(G)$ gibt. Eine Sprache L heißt *mehrdeutig*, wenn für jede Grammatik G, die L erzeugt, wenigstens ein Wort w mit mehreren Strukturbäumen existiert.

6.1 Darstellungen und Transformationen

Zur Darstellung einer Grammatik wurde bisher die Form $G = (N, T, R, N_1)$ verwendet, wobei die Nichtterminale, die Terminale und die Regeln im einzelnen aufgezählt werden. Ziel dieses Abschnittes ist es, Darstellungen zu gewinnen, die die Strukturen der erzeugten Sprache besser wiedergeben und die aus ihrer Darstellungsform unmittelbar auf gewisse Struktureigenschaften schließen lassen.

Ein allgemein gebräuchliches Verfahren ist es, Darstellungsformen zur besseren Klassifizierung oder zur leichteren Verarbeitung auf eine Normalform zu bringen. Dies wird in diesem Abschnitt auch für die kontextfreien Grammatiken getan. Eine wesentliche Forderung bei der Überführung in eine Normalform ist, daß die für die weitere Bearbeitung wesentlichen Eigenschaften der Darstellungsform unverändert bleiben. Da jede kontextfreie Grammatik eine kontextfreie Sprache – also eine bestimmte Wortmenge – erzeugt, fordert man bei allen Normalformen, daß die beschriebenen Wortmengen unverändert bleiben. Die Sprache L einer Grammatik G ist also eine Invariante, gesucht sind andere Grammatiken G' mit $L = L(G) = L(G')$.

Eine erste Möglichkeit zur Vereinfachung der Grammatik $G = (N, T, R, N_1)$ besteht darin, solche Nichtterminale zu entfernen, die zur Erzeugung von $L(G)$ nichts beitragen. Ein Nichtterminal $A \in N$, $A \neq N_1$, trägt genau dann zur Erzeugung von $L(G)$ bei, wenn

a) es mindestens ein Wort $w \in T^+$ mit $A \xrightarrow{*} w$ gibt und

b) $N_1 \xrightarrow{*} w_1 A w_2$ mit $w_1, w_2 \in (N \cup T)^*$ gilt.

Eine Grammatik mit diesen Eigenschaften heißt *reduziert*. b) besagt, daß bei irgendeiner Ableitung jedes Nichtterminal mindestens einmal auf der rechten Seite vorkommen muß und a) fordert, daß jedes Nichtterminal zu einem Wort über T führt.

Zu jeder Grammatik G mit $L(G) \neq \emptyset$ läßt sich eine äquivalente reduzierte Grammatik G' konstruieren. Bildet man die Folge

$$M_1 := \{A | A \in N, \exists\, (A, w) \in R, w \in T^+\},$$

$$M_{i+1} := M_i \cup \{A | A \in N, \exists\, (A, w) \in R \text{ mit } w \in (M_i \cup T)^+\}, i \geq 1,$$

so ist natürlich $M_i \subset M_{i+1} \subset N$. Ferner folgt aus $M_i = M_{i+1}$, daß $M_i = M_{i+k}$ ist für alle $k \geq 1$. Da nun aber N nur endlich viele Nichtterminale enthält, gibt es ein minimales n mit $M_n = M_{n+k}, k \geq 1$. M_n enthält alle Nichtterminale, die zu einem Wort aus T^+ führen. Die Grammatik

$$G'' = \Big(M_n, T, \{(A, w)|(A, w) \in R \text{ und } A \in M_n\}, N_1 \Big)$$
$$= \Big(N'', T, R'', N_1 \Big)$$

erfüllt die Bedingung a) für eine reduzierte Grammatik. Durch die Folge

$$M_1'' := \{N_1\}$$
$$M_{i+1}'' := M_i'' \cup \{A | A \in N''; \ \exists\ w_1, w_2 \in (N'' \cup T)^*,$$
$$B \in M_i'' : (B, w_1 A w_2) \in R''\} \qquad , i \geq 1,$$

gelten wieder wie zuvor für die Folge der M_i dieselben Eigenschaften. Ist M_n'' die Menge mit minimalem n, so enthält M_n'' genau die Nichtterminale von N'', die in einem von N_1 erreichbaren Wort auftreten. Also ist die Grammatik

$$G' = \Big(M_n'', T, \{(A, w)|(A, w) \in R'' \text{ und } A \in M_n''\}, N_1 \Big)$$
$$= \Big(N', T, R', N_1 \Big)$$

reduziert und sie ist auch äquivalent zu G, da für jedes $w \in L(G)$ eine Ableitung $N_1 \longrightarrow w_1 \longrightarrow \ldots \longrightarrow w_n = w$ in G existiert. Ist nun A ein in w_i auftretendes Nichtterminal, d. h.

$$N_1 \xrightarrow{\ *\ } v_1 A v_2 \xrightarrow{\ *\ } w,$$

so ist A sowohl in N'' als auch N' enthalten. Folglich sind auch alle Regeln, die bei diesen Ableitungen angewandt werden, auch in R'. Damit ist $N_1 \xrightarrow{\ *\ } w$ auch eine Ableitung in G', also $w \in L(G')$. Die umgekehrte Richtung " $L(G') \subset L(G)$ " ist trivial.

Eine Grammatik hat *Standardform*, auch *Greibach–Normalform* genannt nach S.A. Greibach, wenn alle Regeln die Form

$$A \longrightarrow tw$$

mit A Nichtterminal, t Terminal und $w \in (N \cup T)^*$ haben. Grammatiken dieser Form generieren bei jedem Ableitungsschritt mindestens ein Terminal, so daß ein Wort der Länge n höchstens n Ableitungsschritte benötigt. Es läßt sich zeigen, daß jede kontextfreie Grammatik in eine solche Standardform gebracht werden kann. Dazu geht man wie folgt vor:

a) O.B.d.A. sei die Grammatik $G = (N, T, R, N_1)$ bereits in Chomsky–Normalform und es sei $N = \{N_1, \ldots, N_n\}$ die Menge der Nichtterminale. Regeln des Typs Termination haben bereits die geforderte Gestalt, so daß lediglich die Expansionsregeln beachtet werden müssen.

b) Für ein beliebiges Nichtterminal $A \in N$ einer beliebigen kontextfreien Grammatik $G' = (N, T, R', N_1)$ sei

$$R_{A,L} = \{(A, Aw_i)|w_i \in (N \cup T)^+, 1 \le i \le r\}$$

die Menge aller linksrekursiven Regeln für A und

$$R_{A,R} = \{(A, v_i)|v_i \in (N \cup T)^+, 1 \le i \le s\}$$

die Menge aller übrigen Regeln, wo A auf der linken Seite der Regel steht. Dann ist die Grammatik $G'' = (N \cup \{B\}, T, R'', N_1)$ mit dem neuen Nichtterminal B und den Regeln $R'' = R' \setminus (R_{A,L} \cup R_{A,R}) \cup R_B$,

$$R_B := \{(A, v_i)|1 \le i \le s\} \cup \{(A, v_i B)|1 \le i \le s\}$$
$$\cup \{(B, w_i)|1 \le i \le r\} \cup \{(B, w_i B)|1 \le i \le r\}$$

äquivalent zu der Grammatik G', da jeder Ableitung in G',

$$A \longrightarrow Au_1 \longrightarrow Au_2u_1 \longrightarrow \ldots \longrightarrow v_j u_p u_{p-1} \ldots u_1$$

genau eine Ableitung in G'',

$$A \longrightarrow v_j B \longrightarrow v_j u_p B \longrightarrow \ldots \longrightarrow v_j u_p \ldots u_1$$

entspricht und umgekehrt gilt der Schluß genau so.

c) Aufgrund der in b) angestellten Überlegungen werden nun alle Regeln $N_i \longrightarrow N_j w$ von G so umgeformt, daß $i < j$ gilt. Startet man bei $i = 1$ und mit G in Chomsky–Normalform, so sind alle Regeln

$$N_1 \longrightarrow N_1 N_k$$

gemäß b) so umformbar, daß die neue Regelmenge nur Regeln der Form $N_1 \longrightarrow tw$, t Terminal und $w \in (N \cup T \cup \{B\})^*$, oder Regeln der Form $N_1 \longrightarrow N_i w, i \ge 2$ und $w \in (N \cup T \cup \{B\})^+$, enthält.

d) Im nächsten Schritt ersetzt man zunächst in allen Regeln der Form

$$N_2 \longrightarrow N_1 w$$

das Nichtterminal N_1 durch die nach c) gewonnenen Regeln. Ist $R_1 = \{ (N_1, w_i) | 1 \le i \le q\}$ die Menge der Regeln, bei der N_1 auf der linken Seite steht, so bildet man die Regelmenge

$$N_2 \longrightarrow w_i w, \qquad 1 \le i \le q,$$

und entfernt die Regel $N_2 \longrightarrow N_1 w$. Sodann ersetzt man alle

$$N_2 \longrightarrow N_2 w$$

nach dem in c) geschilderten Verfahren.

e) Für N_3 geht man entsprechend vor: Ersetzung der Regeln $N_3 \longrightarrow N_1 w$ und $N_3 \longrightarrow N_2 w$ nach d) und Ersetzung der Regeln $N_3 \longrightarrow N_3 w$ nach c).

f) Man erhält so sukzessiv Regeln, bei denen nur noch die Formen:

$$N_i \longrightarrow N_j w, \qquad i < j,$$

$$N_i \longrightarrow tw, \qquad t \in T, w \in (N \cup T \cup \bigcup_{j=1}^{i} \{B_j\})^*$$

$$B_i \longrightarrow \gamma, \qquad \gamma \in (N \cup T \cup \bigcup_{j=1}^{i-1} \{B_j\})^*$$

auftreten.

g) N_r hat nur Regeln der Form $N_r \longrightarrow tw, t \in T$, die bereits die gewünschte Form haben. Man ersetze nun jede Regel

$$N_{r-1} \longrightarrow N_r w$$

durch die Menge der Regeln, die man durch Ersetzung von N_r entsprechend allen Regeln $N_r \longrightarrow tw$ erhält. Dann hat auch N_{r-1} nur noch Regeln der Form $N_{r-1} \longrightarrow tw, t \in T$. Dieses Verfahren kann man rückwärts bis N_1 fortsetzen.

h) Es bleiben die Regeln für die neuen Nichtterminale B_i. Da ursprünglich nur Expansionsregeln zur Behandlung herangezogen werden müssen, kann keine Regel für B_i mit einem B_j auf der rechten Seite beginnen. Alle Regeln beginnen also mit einem Terminal t, d. i. die gewünschte Form, oder mit einem Nichtterminal N_k. Die Regel $B_j \longrightarrow N_k w$ kann aufgrund der in g) ermittelten Regel $N_k \longrightarrow tv, t \in T$, durch die Menge von Regeln $B_j \longrightarrow tvw$ ersetzt werden.

i) Nach Ausführung von h) haben alle Regeln die Gestalt $A \longrightarrow tw, w \in (N \cup T)^*$.

Beispiel: G habe die Regeln

$$N_1 \longrightarrow N_2, \quad N_2 \longrightarrow N_2 b N_2, \quad N_2 \longrightarrow a.$$

a) Umformung in eine separierte Grammatik.

$$N_1 \longrightarrow N_2, \quad N_2 \longrightarrow N_2 N_3, \quad N_3 \longrightarrow N_4 N_2,$$
$$N_2 \longrightarrow a, \quad N_4 \longrightarrow b.$$

b) Umformung in Normalform. Entfällt.

c) Umformung in Chomsky–Normalform.

$$N_1 \longrightarrow N_2 N_3, \quad N_1 \longrightarrow a, \quad N_2 \longrightarrow N_2 N_3, \quad N_3 \longrightarrow N_4 N_2.$$
$$N_2 \longrightarrow a, \quad N_4 \longrightarrow b.$$

d) Umformung, so daß nur noch Regeln $N_i \longrightarrow N_j w, \; i < j$, auftreten.

$$N_1 \longrightarrow N_2 N_3, \quad N_1 \longrightarrow a, \quad N_2 \longrightarrow a,$$
$$N_2 \longrightarrow a B_2, \quad B_2 \longrightarrow N_3, \quad B_2 \longrightarrow N_3 B_2,$$
$$N_3 \longrightarrow N_4 N_2, \quad N_4 \longrightarrow b.$$

e) Ersetzung der N_j in $N_i \longrightarrow N_j w$.

$$N_4 \longrightarrow b, \quad N_3 \longrightarrow b N_2, \quad B_2 \longrightarrow N_3, \quad B_2 \longrightarrow N_3 B_2,$$
$$N_2 \longrightarrow a B_2, \quad N_2 \longrightarrow a, \quad N_1 \longrightarrow a,$$
$$N_1 \longrightarrow a B_2 N_3, \quad N_1 \longrightarrow a N_3.$$

f) Umformung der $B_i \longrightarrow A w$, A Nichtterminal:

$$N_4 \longrightarrow b, \quad N_3 \longrightarrow b N_2, \quad B_2 \longrightarrow b N_2, \quad B_2 \longrightarrow b N_2 b,$$
$$N_2 \longrightarrow a B_2, \quad N_2 \longrightarrow a, \quad N_1 \longrightarrow a,$$
$$N_1 \longrightarrow a B_2 N_3, \quad N_1 \longrightarrow a N_3.$$

Damit ist die gewünschte Standardform erreicht $\diamond$

Bei der Einführung von ALGOL wurde erstmals eine Programmiersprache weitgehend formal in einer standardisierten Form definiert. Die dazu benutzte Backus–Naur–Form ist eine Variante der Regeln der kontextfreien Grammatiken, da es zu jeder kontextfreien Grammatik eine äquivalente Darstellung in Backus–Naur–Form gibt. Ein Unterschied besteht in der Art, wie Regeln aufgeschrieben werden. Statt $x \longrightarrow y$ schreibt man $x ::= y$ und für $x \longrightarrow y_1, x \longrightarrow y_2, \ldots, x \longrightarrow y_n$ schreibt man abgekürzt $x ::= y_1 | y_2 | \ldots | y_n$. Ferner benutzt man mit $< >$ geklammerte Begriffe als Nichtterminale.

6.2 Struktureigenschaften

Für jede kontextfreie Sprache $L = L(G)$ existieren zwei natürliche Zahlen p, q derart, daß sich alle Wörter $z \in L$ mit $|z| > p$ in der Form

$$z = uvwxy$$

schreiben lassen, wobei $|vwz| \leq q$ und $|vx| \geq 1$ gilt und dann auch alle Wörter

$$z_i = uv^i wx^i y, \qquad i \geq 0,$$

zu L gehören. Bildlich:

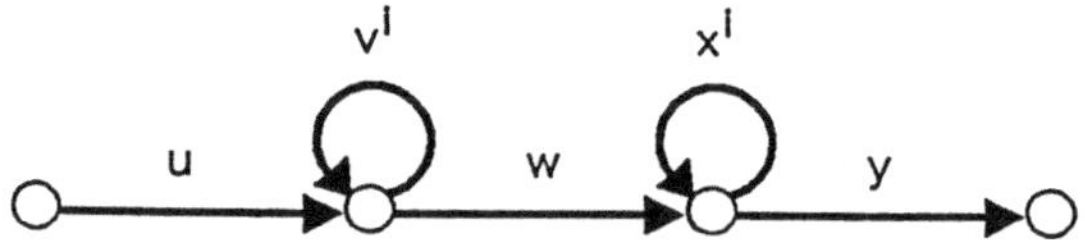

Liegt nämlich eine kontextfreie Grammatik $G = (N, T, R, N_1)$ vor, so sei diese o.B.d.A. in Chomsky–Normalform. Jedes Wort $z \in L(G)$ hat dann einen Binärbaum als Strukturbaum. Ist $n := |N|$, $p := 2^{n-1}$ und $q := 2^n$, dann hat jedes z mit $|z| > p$ einen Strukturbaum mit einem Weg der Länge $l \geq n + 1$ (ein Strukturbaum, der keinen Weg hat, der länger ist als i, hat nur Wörter der Länge $\leq 2^{i-1}$). Ein Weg der Länge $(n+1)$ hat nun $(n + 2)$ Knoten, wobei 1 Knoten ein Terminal repräsentiert und $(n + 1)$ Knoten Nichtterminale bezeichnen. Da es nur n Nichtterminale gibt, muß mindestens ein Nichtterminal zweimal vorkommen.

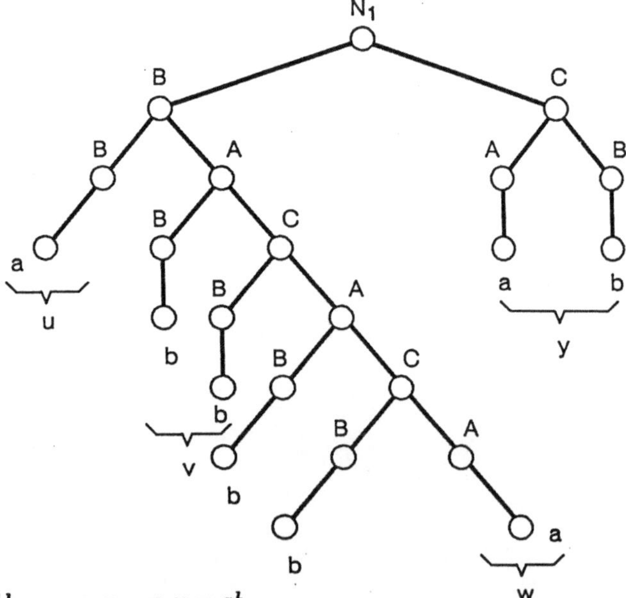

$u = a, v = bb, w = a, x = \varepsilon, y = ab.$

Sei A ein Nichtterminal, das zweimal vorkommt, und bezeichnet n_1 den Knoten mit A, der näher an der Wurzel liegt, und n_2 den Knoten, der näher am Blatt liegt:

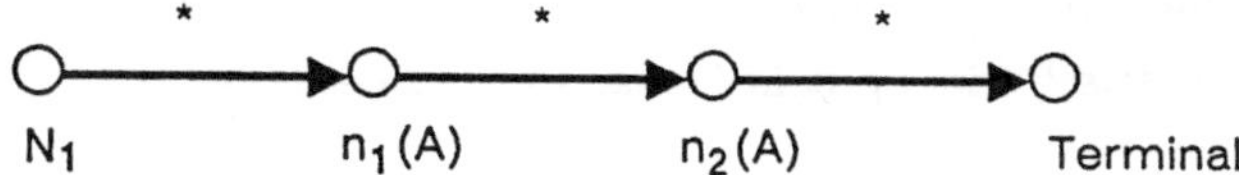

Der Knoten n_1 ist Wurzel eines Teilbaumes T_1. Der Teilbaum T_1 stellt ein Teilwort z_1 von z dar, für das $|z_1| \leq 2^n$ gilt, da T_1 höchstens $(n+1)$ Knoten hat. Entsprechend stellt n_2 einen Teilbaum T_2 mit einem Teilwort z_2 dar. Es gilt nun

$$z_1 = z_3 z_2 z_4,$$

wobei z_3 und z_4 nicht zugleich das leere Wort darstellen können, da sonst die Knoten n_1 und n_2 identisch wären. Es gilt also $|z_3 z_4| \geq 1$.

Der Teilbaum T_2 besagt, daß $A \overset{*}{\longrightarrow} z_2$ ist. Teilbaum T_1 liefert $A \overset{*}{\longrightarrow} z_3 A z_4$, woraus durch mehrmalige Anwendung derselben Ableitungen

$$A \overset{*}{\longrightarrow} z_3^i A z_4^i$$

folgt. Die Ersetzung von A durch $A \overset{*}{\longrightarrow} z_2$ liefert

$$A \overset{*}{\longrightarrow} z_3^i z_2 z_4^i.$$

Der "Vorspann" und der "Nachspann" liefert schließlich

$$N_1 \overset{*}{\longrightarrow} uAy \overset{*}{\longrightarrow} u z_3 z_2 z_4 y = uvwxy$$

bzw.

$$N_1 \overset{*}{\longrightarrow} uAy \overset{*}{\longrightarrow} u z_3 A z_4 y \overset{*}{\longrightarrow} u z_3^i z_2 z_4^i y = u v^i w x^i y.$$

Man nennt diese Darstellung auch das *uvwxy–Lemma*. Dieses kann wieder dazu benutzt werden, in gewissen Fällen nachzuweisen, daß eine Sprache L nicht kontextfrei ist. Sei

$$L = \{a^i b^i c^i | i \geq 1\}$$

und es werde angenommen, daß L kontextfrei ist. Ist n die Konstante p des uvwxy-Lemmas, so muß das Wort $z = a^n b^n c^n$ die Bedingungen des Lemmas erfüllen. Setzt man $uvwxy = a^n b^n c^n$, so kann man die Fälle unterscheiden:

a) v enthält nur $a's$. Dann müßte $b^n c^n$ durch x "aufgepumpt" werden, was jedoch – wie bei den regulären Sprachen bereits gezeigt – nicht möglich ist.

b) v enthält $a's$ und $b's$, also $v = a^s b^t$, $s \geq 1, t \geq 1$. Wegen $v^n = (a^s b^t)^n = a^s b^t a^s b^t \ldots$ führt auch dieser Ansatz zum Widerspruch.

c) Entsprechend lassen sich auch alle übrigen Fälle zum Widerspruch führen.

Da das uvwxy–Lemma bei dieser Sprache nicht zum Ziel führt, ist also die Annahme, daß L kontextfrei ist, falsch (die Sprache L ist kontextsensitiv).

Das uvwxy–Lemma kann dazu benutzt werden, um das Finitheitsproblem für kontextfreie Sprachen $L(G)$ zu entscheiden. Zunächst kann man nämlich, wie schon gezeigt, entscheiden, ob die Sprache leer ist oder nicht. Ist sie nicht leer, so ist $L(G)$ genau dann nicht endlich, wenn es ein Wort $z \in L(G)$ mit $|z| > p$ und $|z| \leq p + q$ (p und q sind so festgelegt, wie dies im Lemma geschieht) gibt. Ein solches Wort z läßt sich gegebenenfalls sukzessive bestimmen durch die Mengen

$$M_i := \{ z \mid |z| = i\}$$

für $i = 1, 2, \ldots, p + q$.

Ist G eine eindeutige Grammatik, dann ist auch die zu G

- äquivalente separierte Grammatik und
- äquivalente normale Grammatik

eindeutig. Dies sieht man unmittelbar aus dem Konstruktionsverfahren für die separierten und normalen Grammatiken, da beim Übergang zu den neuen Regeln die Eindeutigkeit nicht verloren geht.

Entsprechend ist die Vereinigung zweier kontextfreier Sprachen L_1 und L_2 mit eindeutigen Grammatiken G_1 und G_2 wieder durch eine eindeutige Grammatik darstellbar, wenn man $L_1 \cap L_2 = \emptyset$ voraussetzt. Dadurch ist in dem früher angegebenen konstruktiven Verfahren die Eindeutigkeit gewährleistet. Läßt man die Voraussetzung $L_1 \cap L_2 = \emptyset$ fallen, so ist $L_1 \cup L_2$ im allgemeinen nicht mehr eindeutig. Es läßt sich auch zeigen, daß es mehrdeutige kontextfreie Sprachen gibt.

In Kapitel 4 wurde gezeigt, daß die kontextfreien Sprachen gegenüber Vereinigung, Stern (genauer L^+), Produkt und Spiegelung abgeschlossen sind. Sie sind, wie das folgende Beispiel zeigt, jedoch — im Gegensatz zu den regulären Sprachen — nicht gegenüber Durchschnitt, Komplement und Mengendifferenz abgeschlossen. Die Sprachen

$$L_1 = \{a^n b^n c^m | n \geq 1, m \geq 1\},$$
$$L_2 = \{a^n b^m c^m | n \geq 1, m \geq 1\},$$

sind wegen

$$G_1 = (\{N_1, A, B\}, \{a, b, c\}, \{(N_1, AB), (A, aAb), (A, ab), (B, BB), (B, c)\}, N_1),$$
$$L(G_1) = L_1,$$

$$G_2 = (\{N_1, A, B\}, \{a, b, c\}, \{(N_1, AB), (B, bBc), (B, bc), (A, AA), (A, a)\}, N_1),$$
$$L(G_2) = L_2,$$

kontextfrei. Die Sprache

$$L_3 = L_1 \cap L_2 = \{a^n b^n c^n \,|\, n \geq 1\}$$

ist jedoch nicht kontextfrei sondern kontextsensitiv. Wegen

$$L_1 \cap L_2 = T^* \setminus \left((T^* \setminus L_1) \cup (T^* \setminus L_2) \right)$$

ist, da die Vereinigung die Eigenschaft kontextfrei nicht verändert, das Komplement einer kontextfreien Sprache i.a. nicht wieder kontextfrei. Entsprechendes gilt aufgrund der Mengengesetze für die Differenz.

6.3 Kellerautomaten

Die kontextfreie Sprache $L = \{a^n b^n | n \geq 1\}$ läßt sich nicht durch einen Akzeptor reali-
sieren. Denn um zu entscheiden, ob ein Wort w in L enthalten ist, muß man die Anzahl
der $a's$ mit der Anzahl der $b's$ vergleichen. Somit muß die Anzahl n für $w = a^n b^n$ auf
geeignete Weise gespeichert werden. Da Akzeptoren aber über keinen Speicher verfügen,
müßte die Anzahl der Zustände unendlich groß werden, was nach Definition nicht möglich
ist. Graphisch wäre folgender "Akzeptor" denkbar:

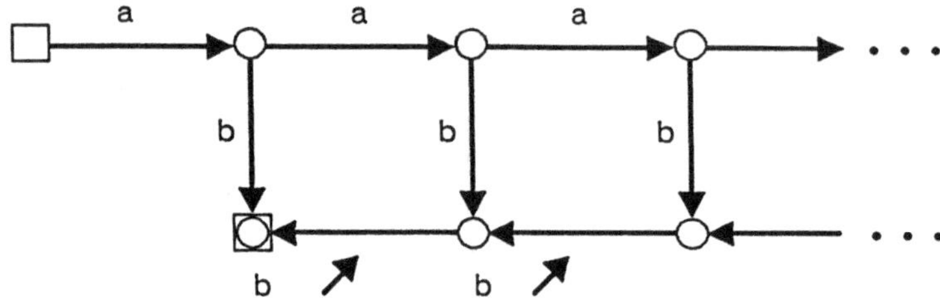

Technisch ist es aber einfacher, einen Automaten mit Speicher zu konstruieren (als einen
mit "unendlich" vielen Zuständen.)

Man erweitert deshalb die Steuereinheit des endlichen Automaten, indem man einen
Kellerspeicher mit einem Schreib–/Lesekopf "anbaut", in den geschrieben und von dem
gelesen werden kann. Der Zugriff auf den Kellerspeicher erfolgt nach dem LIFO–Prinzip
(last in, first out), d. h. es kann immer nur das zuletzt geschriebene Zeichen gelesen
werden. Zu Beginn ist der gesamte Kellerspeicher leer, er enthält das Leerwort.

Die Zugriffsoperationen auf den Kellerspeicher sind:
- $PUSH(t)$: Das Zeichen t wird in den Kellerspeicher geschrieben.
- POP : Das zuletzt geschriebene Zeichen wird aus dem Kellerspeicher entfernt.

Der so erweiterte Automat operiert in Abhängigkeit von seinem Zustand, der Eingabe
und dem Zeichen, das zuletzt in den Kellerspeicher geschrieben wurde (bei Beginn das
Leerwort). Der Übergang von einem Zustand in den anderen hängt demnach von drei
Parametern ab: dem aktuellen Zustand, dem Zeichen unter dem Lesekopf auf dem Eingabeband und dem Zeichen unter dem Schreib–/Lesekopf des Kellerspeichers. Als Ergebnis eines solchen Übergangs ist neben dem Wechsel in einen neuen Zustand auch eine
Änderung des Inhalts des Kellerspeichers möglich. Beim Lesen des Eingabebandes wird
bei diesem um ein Zeichen weitergerückt.

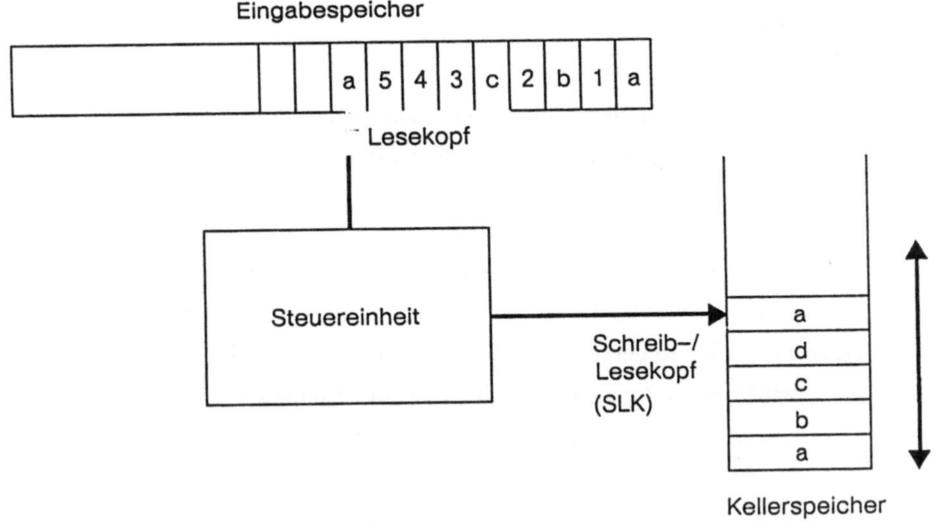

Ein *Kellerautomat* $M = (Z, E, K, F)$ besteht aus

Z : endliche, nichtleere Menge von Zuständen. Ein ausgezeichneter Zustand, o.B.d.A. z_1 genannt, heißt Anfangszustand.

E : Eingabealphabet.

K : Kelleralphabet.

F : Relation auf $(Z \times E_\varepsilon \times K_\varepsilon) \times (Z \times D)$, wobei $D := \{PUSH(k), POP\}$, $k \in K$, die Operationen auf dem Kellerspeicher beschreibt. $PUSH$ und POP haben die zuvor angegebene Wirkung.

M heißt *deterministisch*, wenn

– F eine Funktion ist, d.h. $F : Z \times E_\varepsilon \times K_\varepsilon \longrightarrow Z \times D$ und

– F für (z, ε, k) höchstens dann definiert ist, wenn es für alle Tripel $(z, e, k), e \in E$, nicht definiert ist.

Sonst heißt M *nichtdeterministisch*.

Einige Erläuterungen zur Arbeitsweise eines Kellerautomaten:

a) Vor Beginn ist der Lesekopf über dem ersten Zeichen auf dem linken Ende des Eingabespeichers positioniert. Der Schreib–/Lesekopf des Kellerspeichers befindet sich am "unteren" Ende des Kellerspeichers über dem Leerwort. Der Kellerspeicher ist nach "oben" nicht begrenzt.

b) Ist z der aktuelle Zustand, befindet sich im Kellerspeicher unter dem Schreib-/Lesekopf das Zeichen $k \in K_\varepsilon$ und ist der Lesekopf auf dem Eingabespeicher über dem Zeichen $e \in E$, so geht der Kellerautomat für ein Element

$$(z, e, k, z', d) \in F$$

in den Zustand z' über, bewegt den Lesekopf um ein Zeichen nach rechts und führt die Operation $d \in D$ aus. Ist der Kellerspeicher leer und wird eine POP – Operation verlangt, so bleibt der Kellerautomat stehen. Ist ein Quintupel $(z, \varepsilon, k, z', d), k \in K$, gegeben, so wird bis auf die Bewegung des Lesekopfes analog verfahren. Somit ist es möglich, den Kellerspeicher unabhängig vom Eingabespeicher zu verändern. Gibt es kein (z, e, k, z', d) für $z \in Z, e \in E_\varepsilon, k \in K_\varepsilon$, so bleibt der Kellerautomat stehen.

c) Ist der Eingabespeicher und der Kellerspeicher abgearbeitet, so bleibt der Kellerautomat stehen. Es ist also $(z, \varepsilon, \varepsilon, z', d) \notin F$ für alle $z, z' \in Z$.

Der Zustand des Kellerautomaten ist vollständig beschrieben durch Angabe der Situationen

$$E = (z, w_1, w_2, k),$$

$z \in Z$: aktueller Zustand,

$w_1 \in E^*$: Bereits gelesenes Teilwort der Eingabe; bei Beginn ist $w_1 = \varepsilon$.

$w_2 \in E^*$: Noch nicht gelesene Eingabe. Der Lesekopf steht auf dem ersten Zeichen von w_2 bzw. auf ε falls $w_2 = \varepsilon$ ist.

$k \in K^*$: $k = k_1 k_2 \ldots k_m$, $k_i \in K$, Wort im Kellerspeicher. k_m ist das zuletzt geschriebene Zeichen. Der Schreib-/Lesekopf steht über k_m.

Die *Anfangssituation* E_a ist durch $E_a = (z_1, \varepsilon, w, \varepsilon)$, $w \in E^*$, gegeben. Eine *Endsituation* liegt vor, wenn für $E_e = (z, w_1, w_2, k), w_1 w_2 = w, k \in K^*$, einer der drei Fälle vorliegt:

a) $k = \varepsilon$, $w_1 = w$, $w_2 = \varepsilon$. In diesem Fall heißt w *akzeptiert* von M.

b) $k = \varepsilon$, $w_2 \neq \varepsilon$, nächste Operation ist POP.

c) Folgesituation ist nicht definiert.

Durch diese Festlegung kann auf die explizite Nennung von Endzuständen verzichtet werden.

Die Menge der akzeptierten Wörter heißt *die Sprache* $L(M)$ des Kellerautomaten.

Beispiel: Sei M ein Kellerautomat mit $E = \{a, b\}$, $K = \{1\}$, $z = \{z_1, z_2\}$ und der Relation

$$\{(z_1, a, \varepsilon, z_1, PUSH(1)), (z_1, b, 1, z_2, POP),$$
$$(z_2, b, 1, z_2, POP), (z_1, a, 1, z_1, PUSH(1))\}.$$

Ist $w = a^n b^n, n \geq 1$, auf dem Eingabeband, so ergibt sich die Situationsfolge

$$E_a = (z_1, \varepsilon, a^n b^n, \varepsilon) \longrightarrow (z_1, a, a^{n-1} b^n, 1)$$
$$\overset{*}{\longrightarrow} (z_1, a^n, b^n, 1^n) \longrightarrow (z_2, a^n b, b^{n-1}, 1^{n-1})$$
$$\overset{*}{\longrightarrow} (z_2, a^n b^n, \varepsilon, \varepsilon) = E_e.$$

Also werden alle Wörter $a^n b^n, n \geq 1$ akzeptiert. Alle übrigen Wörter $w \in E^*$, d.h. $w \in \{a, b\}^* / \{a^n b^n | n \geq 1\}$, werden dagegen nicht akzeptiert. Somit ist $L(M) = \{a^n b^n | n \geq 1\}$

$$\diamond$$

Bei den Akzeptoren konnte gezeigt werden, daß es ausreicht, deterministische Akzeptoren zu betrachten, um damit reguläre Sprachen zu beschreiben. Wie das folgende Beispiel lehrt, gibt es kontextfreie Sprachen, die nicht zu einem deterministischen Kellerautomaten passen. Sei

$$G = (\{N_1\}, \{a, b\}, \{(N_1, aa), (N_1, bb), (N_1, aN_1a)(N_1, bN_1b)\}, N_1)$$

mit $\qquad L(G) = \left\{ w\tilde{w} \mid w \in \{a, b\}^+ \right\}$

eine kontextfreie Grammatik. Um nun für ein Wort w festzustellen, ob $w \in L(G)$ ist, ist es notwendig, die "Mitte" von w zu ermitteln, d.h w in zwei (gleichlange) Teilwörter w_1 und w_2 mit $w = w_1 w_2$ aufzuteilen. Denn nur mit der Kenntnis dieser "Mitte" ist es möglich zu überprüfen, ob der zweite Teil w_2 das Spiegelbild des ersten ist. Da aber beim Abarbeiten des Eingabewortes nicht dessen Länge bekannt ist, jedes Zeichen unter dem Lesekopf also noch zu w_1 oder schon zu w_2 gehören kann, gibt es keinen deterministischen Kellerautomaten M mit $L(M) = L(G)$.

Eine Lösung läßt sich durch einen nichtdeterministischen Kellerautomaten angeben. Für jedes Zeichen $e \in E = \{a, b\}$, das identisch mit dem unmittelbar vorhergehenden Zeichen ist, werden zwei Möglichkeiten angenommen. Zum einen kann das Zeichen noch aus w_1 sein und zum anderen kann das Zeichen e das erste Zeichen von w_2 sein (notwendigerweise ist e wegen $w_1 = \tilde{w}_2$ dann identisch mit dem vorhergehenden Zeichen). Formal lautet der nichtdeterministische Kellerautomat:

$$K = \{a, b\}, \quad E = \{a, b\}, \quad z = \{z_1, z_2, z_3\},$$
$$F = \Big\{ (z_1, a, \varepsilon, z_2, PUSH(a)), (z_1, b, \varepsilon, z_2, PUSH(b)),$$

$$(z_2, a, k, z_2, PUSH(a)), (z_2, b, k, z_2, PUSH(b)),$$

$$(z_2, a, a, z_3, POP), (z_2, b, b, z_3, POP),$$

$$(z_3, a, a, z_3, POP), (z_3, b, b, z_3, POP)\} \text{ für } k \in K.$$

Ist ein Wort w auf dem Eingabeband gegeben, so wird dieses Wort zunächst auf den Kellerspeicher übertragen. In der Mitte des Wortes (nichtdeterministisch) wird dann durch Umschalten auf den Zustand z_3 bewirkt, daß das Wort im Kellerspeicher analog zum Spiegelbild abgebaut wird. Es werden genau Wörter der Art $w\tilde{w}$ akzeptiert.

Einem Eingabewort w entsprechen bei nichtdeterministischen Kellerautomaten M oft mehrere Situationsfolgen. Ist unter diesen Situationsfolgen mindestens eine, die zu einer Endsituation führt, so ist $w \in L(M)$, auch wenn andere Folgen nicht zu einer Endsituation führen. Ein Kellerautomat M heißt *eindeutig*, wenn es für alle $w \in L(M)$ genau eine Situationsfolge von einer Anfangssituation zu einer Endsituation gibt.

Wie das Beispiel $L = \{w\tilde{w} \mid w \in \{a, b\}^+\}$ zeigt, ist die Menge der von deterministischen Kellerautomaten akzeptierten Sprachen eine echte Teilmenge der von nichtdeterministischen Kellerautomaten akzeptierten Sprachen. Eine kontextfreie Sprache L heißt *deterministisch*, wenn es einen deterministischen Kellerautomaten M mit $L = L(M)$ gibt.

Ist $A = (Z, T, F, Z_a, Z_E)$ ein deterministischer Akzeptor und o.B.d.A. $Z_A = \{z_a\} = z_1 \in Z$, so ist $M = (Z \cup \{z_M\}, T, \{1\}, F_M), z_M \notin Z$, mit

$$F_M = \left\{(z, t, \varepsilon, z', PUSH(1)) | F(z, t) = z'\right\}$$
$$\cup \left\{(z_e, \varepsilon, 1, z_M, POP) | z_e \in Z_E\right\}$$
$$\cup \left\{(z_M, \varepsilon, 1, z_M, POP)\right\}$$

ein deterministischer Kellerautomat und es gilt

$$E_a = (z_1, \varepsilon, w, \varepsilon) \overset{*}{\longrightarrow} (z, w, \varepsilon, \varepsilon)$$

genau dann, wenn $w \in L(A)$ ist. Also gilt $L(A) = L(M)$. Da es deterministische kontextfreie Sprachen gibt, die nicht regulär sind, sind folglich die regulären Sprachen eine echte Teilmenge der deterministischen Sprachen.

Die deterministischen Kellerautomaten sind nicht in der Lage, jede kontextfreie Sprache zu beschreiben. Dies gelingt jedoch mit den nichtdeterministischen Kellerautomaten, die als äquivalent zu den kontextfreien Sprachen angesehen werden können. Ist eine kontextfreie Sprache $L = L(G)$ mit der Grammatik $G = (N, T, R, N_1)$ gegeben, so läßt sich ein nichtdeterministischer Kellerautomat M mit $L(M) = L(G)$ angeben. Man setze

$$M = (Z, T, T \cup N, F)$$

und lasse M wie folgt arbeiten:

a) Bei Beginn steht das zu analysierende Wort $w \in T^+$ im Eingabespeicher, es gilt also

$$E_a = (z_1, \varepsilon, w, \varepsilon).$$

Als erstes schreibt M das Startzeichen N_1 in den Kellerspeicher:

$$E_a \longrightarrow (z', \varepsilon, w, N_1).$$

Also ist $(z_1, \varepsilon, \varepsilon, z', PUSH(N_1)) \in F$.

b) Ist unter dem Schreib–/Lesekopf des Kellerspeichers ein Nichtterminal $A \in N$, so wird dieses Nichtterminal nichtdeterministisch durch das Spiegelbild eines Wortes $v = w_1 \ldots w_r, w_i \in N \cup T, r \geq 1$ ersetzt, zu dem A unmittelbar führt. Es gibt also eine Regel $A \longrightarrow v$ in G. Für jede Regel $r = (A, v) \in R$ wird eine Situationsfolge

$$(z, w_1, w_2, kA) \overset{*}{\longrightarrow} (z', w_1, w_2, k w_r w_{r-1} \ldots w_1), k \in K^*,$$

durchlaufen. Hierzu benötigt man die Relationselemente

$$(z_{r0}, \varepsilon, A, z_{r1}, POP),$$
$$(z_{r1}, \varepsilon, k, z_{r2}, PUSH(w_r)) \qquad \text{für alle } k \in K,$$
$$(z_{r2}, \varepsilon, w_r, z_{r3}, PUSH(w_{r-1}))$$
$$\vdots$$
$$(z_{rr}, \varepsilon, w_2, z_{r+1}, PUSH(w_1)),$$

wobei z_{r0} bis $z_{r,r+1} = z'$ Zustände bezeichnen, die für die spezifische Regel $A \to v$ eingeführt werden.

c) Ist unter dem Schreib–/Lesekopf des Kellerspeichers ein Terminal $t \in T$, so wird dieses Terminal gelöscht, falls es mit dem Terminal unter dem Lesekopf des Eingabespeichers übereinstimmt, andernfalls bleibt der Kellerautomat stehen. Also

$$(z, t, t, z', POP) \in F \quad \text{für alle } t \in T$$

bzw. $\quad (z, w_1, tw_2, kt) \longrightarrow (z', w_1 t, w_2, k).$

d) Ist der Kellerspeicher abgearbeitet, dann ist das im Eingabespeicher stehende Wort w genau dann aus $L(M)$, wenn die Situationsfolge

$$(z_1, \varepsilon, w, \varepsilon) \xrightarrow{\ *\ } (z, w, \varepsilon, \varepsilon)$$

durchlaufen wird. Also ist $L(G) \subset L(M)$.

e) Es gilt auch $L(M) \subset L(G)$, da zu jeder Situationsfolge von M eine Ableitungsfolge in G angegeben werden kann.

f) Aus d) und e) folgt $L(M) = L(G)$.

Diese Arbeitsweise spiegelt den linkskanonischen Ableitungsprozeß eines Wortes w wider. Wegen der nichtdeterministischen Arbeitsweise von M ist dieser Ableitungsprozeß natürlich nicht in die Praxis übertragbar, da die Anzahl der verschiedenen Situationsfolgen exponentiell wachsen kann.

Somit ist gezeigt, wie zu jeder kontextfreien Sprache $L(G)$ ein Kellerautomat M zur Erkennung von $L(G)$, d.h. $L(M) = L(G)$, konstruiert werden kann. Die Arbeitsweise von M kann auch umgekehrt zur Konstruktion einer kontextfreien Grammatik G für einen vorgegebenen Kellerautomaten M benutzt werden. Ist nämlich A ein Nichtterminal, so führt M eine Reihe von Übergängen aus, natürlich soviele wie zur Ableitung

$$A \xrightarrow{\ *\ } w, \quad w \in T^*$$

nötig sind. Für diese Übergänge wandert der Schreib–/Lesekopf nie in den Bereich von v, wenn ursprünglich $vA, v \in K^*$, im Kellerspeicher steht. Der Zusammenhang zwischen M und G wird nun wie folgt hergestellt: Ist $k \in K$ ein Zeichen des Kelleralphabets, so soll

$$(z, \varepsilon, w, k) \xrightarrow{\ *\ } (z', w, \varepsilon, \varepsilon)$$

genau dann in M gelten, wenn für ein geeignetes Nichtterminal A in G die Ableitung

$$A \xrightarrow{\ *\ } w$$

existiert. Das Nichtterminal A ist von z, z' und k abhängig, es wird deshalb mit

$$A(z, k, z')$$

bezeichnet. Ein Wort $w \in L(M)$ mit

$$(z_1, \varepsilon, w, \varepsilon) \xrightarrow{\ *\ } (z', w, \varepsilon, \varepsilon)$$

ist genau dann in $L(G)$, wenn

$$A(z_1, \varepsilon, z') \xrightarrow{\ *\ } w$$

in G ist. Man setzt folglich für die Grammatik $G = (N, T, R, N_1)$:

a) Nichtterminalmenge N:

$$N := \big\{ A(z,k,z') \mid z,\ z' \in Z,\ k \in K_\varepsilon,\ z' \text{ erreichbar von } z \big\},$$
$$N_1 := A(z_1, \varepsilon, z_1).$$

b) Terminalmenge $T := E$.

c) Regelmenge:

– Startregeln
$$A(z_1, \varepsilon, z_1) \longrightarrow A(z_1, \varepsilon, z)$$
für alle $z \in Z \setminus \{z_1\}$ und $A(z_1, \varepsilon, z) \in N$.

– Gilt $(z, e, \varepsilon, z', PUSH(k)) \in F, e \in E_\varepsilon, k \in K$, so hat G die Regeln
$$A(z, \varepsilon, z_p) \longrightarrow e A(z', k, z_p)$$
für alle $z_p \in Z$ und $A(\ldots) \in N$.

– Gilt $(z, e, k, z', PUSH(k')) \in F, k \in K, e \in E_\varepsilon$, so hat G die Regeln

$$A(z, k, z_p) \longrightarrow e A(z', k,', z_q) A(z_q, k', z_p)$$

für alle $(z_p, z_q) \in Z$ und $A(\ldots) \in N$.

– Gilt $(z, e, k, z', POP) \in F, e \in E, k \in K$, so hat G die Regeln

$$A(z, k, z') \longrightarrow e.$$

– Gilt $(z, \varepsilon, k, z', POP) \in F, k \in K$, so füge man für jede zuvor gefundene Regel eine neue Regel r' hinzu, die aus r hervorgeht, wenn man auf der rechten Seite von r in allen Regeln, die das Nichtterminal $A(z, k, t')$ enthalten, dieses herausstreicht.

Mit diesem Regelwerk ist der Ableitungsprozeß von M in G nachvollzogen. Einen detaillierten Beweis kann man durch Induktion über die Länge der von M und G akzeptierten Wörter führen.

Beispiel:

a) Konstruktion eines Kellerautomaten für die Sprache $L = \{a^n b c^n | n \geq 0\}$ mit der Grammatik $G = (\{N_1\}, \{a, b, c\}, \{(N_1, aN_1c), (N_1, b)\}, N_1)$. Es gelten die Operationen F für $M = (Z, \{a, b, c,\} \{a, b, c, N_1\}, F)$:

$$(z_1, \varepsilon, \varepsilon, z_2, PUSH(N_1)),$$
$$(z_2, \varepsilon, N_1, z_{21}, POP),$$
$$(z_{21}, \varepsilon, N_1, z_{22}, PUSH(c)),$$
$$(z_{21}, \varepsilon, a, z_{22}, PUSH(c)),$$
$$(z_{21}, \varepsilon, b, z_{22}, PUSH(c)),$$
$$(z_{21}, \varepsilon, c, z_{22}, PUSH(c),$$

$$(z_{22}, \varepsilon, c, z_{23}, PUSH(N_1)),$$
$$(z_{23}, \varepsilon, N_1, z_2, PUSH(a)),$$
$$(z_2, \varepsilon, N_1, z_{31}, POP),$$
$$(z_{31}, \varepsilon, N_1, z_2, PUSH(b)),$$
$$(z_{31}, \varepsilon, a, z_2, PUSH(b)),$$
$$(z_{31}, \varepsilon, b, z_2, PUSH(b)),$$
$$(z_{31}, \varepsilon, c, z_2, PUSH(b)),$$
$$(z_2, a, a, z_2, POP),$$
$$(z_2, b, b, z_2, POP),$$
$$(z_2, c, c, z_2, POP).$$

Die Situationsfolge für diesen Kellerautomaten ist für $w = a^2bc^2$:

$$E_a = \quad (z_1, \varepsilon, a^2bc^2, \varepsilon) \longrightarrow (z_2, \varepsilon, a^2bc^2, N_1) \overset{*}{\longrightarrow} (z_2, \varepsilon, a^2bc^2, cN_1a) \longrightarrow$$
$$(z_2, a, abc^2, cN_1) \overset{*}{\longrightarrow} (z_2, a, abc^2, c^2N_1a) \longrightarrow (z_2, a^2, bc^2, c^2N_1) \overset{*}{\longrightarrow}$$
$$(z_2, a^2, bc^2, c^2b) \longrightarrow (z_2, a^2b, c^2, c^2) \longrightarrow (z_2, a^2bc, c, c) \longrightarrow$$
$$(z_2, a^2bc^2, \varepsilon, \varepsilon).$$

b) Sei $L(M) = \{a^n b^n | n \geq 1\}$ und

$$M = \Big(\{z_1, z_2\}, \{a, b\}, \{1\}, \big\{ (z_1, a, \varepsilon, z_1, PUSH(1)), (z_1, a, 1, z_1, PUSH(1)),$$
$$(z_1, b, 1, z_2, POP), \quad (z_2, b, 1, z_2, POP) \big\} \Big).$$

Es ergibt sich die Grammatik $G = (N, T, R, N_1)$ mit Nichtterminalen (z_1 ist von z_2 nicht erreichbar):

$$\begin{aligned}
N_1 &= A(z_1, \varepsilon, z_1), & N_4 &= A(z_1, 1, z_1), \\
N_2 &= A(z_1, \varepsilon, z_2), & N_5 &= A(z_1, 1, z_2), \\
N_3 &= A(z_2, \varepsilon, z_2), & N_6 &= A(z_2, 1, z_2).
\end{aligned}$$

Die Regelmenge lautet:

$$\begin{aligned}
N_1 &\longrightarrow N_2, & N_5 &\longrightarrow aN_4N_5, \\
N_1 &\longrightarrow aN_4, & N_5 &\longrightarrow aN_5N_6, \\
N_2 &\longrightarrow aN_5, & N_5 &\longrightarrow b, \\
N_4 &\longrightarrow aN_4N_4, & N_6 &\longrightarrow b.
\end{aligned}$$

Die Ableitungsfolge für das Wort $w = a^2b^2$ lautet

$$N_1 \longrightarrow N_2 \longrightarrow aN_5 \longrightarrow a^2N_5N_6 \longrightarrow a^2bN_6 \longrightarrow a^2b^2.$$

Man erkennt leicht, daß einige der obigen Regeln bei der Anwendung dazu führen, daß Nichtterminale nicht mehr zum Verschwinden gebracht werden können. Startet man mit $N_1 \longrightarrow aN_4$, so führt dies zu

$$N_1 \longrightarrow aN_4 \longrightarrow a^2 N_4^2 \longrightarrow \dots,$$

d.i. ein Wort, bei dem N_4 nicht mehr reduziert werden kann. Man kann demnach die Regeln $N_1 \longrightarrow aN_4$, $N_4 \longrightarrow aN_4N_4$ und $N_5 \longrightarrow aN_4N_5$ entfernen. Es bleiben die Regeln

$$N_1 \longrightarrow N_2, \quad N_2 \longrightarrow aN_5, \quad N_5 \longrightarrow aN_5N_6, \quad N_5 \longrightarrow b, \quad N_6 \longrightarrow b,$$

die noch weiter vereinfacht werden können:

$$N_1 \longrightarrow aN_5, \quad N_5 \longrightarrow aN_5b, \quad N_5 \longrightarrow b \quad \diamond$$

6.4 Syntaxanalyse

Ist eine Regelgrammatik G und ein Wort w gegeben, so interessiert es, die Erzeugung von w durch G darzustellen, falls $w \in L(G)$, oder nachzuweisen, daß $w \notin L(G)$ ist. Die konstruktive Lösung dieser Fragestellung nennt man *Syntaxanalyse*. Es wurde bereits gezeigt, daß die Frage, ob $w \in L(G)$ gilt, für kontextfreie Grammatiken entscheidbar ist.

Übertragen auf Programmiersprachen liefert dies die Fragestellung: Es sei w ein Programm, das in einer Sprache mit Grammatik G geschrieben ist. $w \in L(G)$ heißt dann, daß w syntaktisch korrekt ist. Falls w syntaktisch korrekt ist, benötigt man den Strukturbaum von w, um w in Maschinencode zu übersetzen. Da die gängigen Programmiersprachen im wesentlichen kontextfrei sind, ist die Syntaxanalyse von großer praktischer Bedeutung, da mittels ihr – realisiert innerhalb eines Compilers – die syntaktische Korrektheit eines Programms festgestellt werden kann. Es sei ausdrücklich bemerkt, daß die Syntaxanalyse nicht prüfen kann, ob ein Programm sinnvoll ist; der semantische Inhalt ist nicht Teil der Syntaxanalyse.

Bei der Ableitung $N_1 \overset{*}{\longrightarrow} w$, das heißt bei

$$N_1 = w_0 \underset{r_1}{\longrightarrow} w_1 \underset{r_2}{\longrightarrow} \ldots \underset{r_n}{\longrightarrow} w_n,$$

können die Regeln r_i links- oder rechtskanonisch auf $w_{i-1}(i \geq 1)$ angewandt werden. Bei der bereits betrachteten mehrdeutigen Grammatik $G = (\{N_1\},\ \{a,b\},\ R,\ N_1)$ mit $R = \{(N_1,\ N_1 N_1),\ (N_1,a),\ (N_1,b)\}$ ergeben sich für das Wort $w = aba$ die zehn Ableitungen

$$\begin{aligned}
&\text{a)}\ N_1 \longrightarrow N_1 N_1 \longrightarrow a N_1 \longrightarrow a N_1 N_1 \longrightarrow ab N_1 \longrightarrow aba,\\
&\text{b)}\ N_1 \longrightarrow N_1 N_1 \longrightarrow N_1 a \longrightarrow N_1 N_1 a \longrightarrow N_1 ba \longrightarrow aba,\\
&\text{c)}\ N_1 \longrightarrow N_1 N_1 \longrightarrow a N_1 \longrightarrow a N_1 N_1 \longrightarrow a N_1 a \longrightarrow aba,\\
&\text{d)}\ N_1 \longrightarrow N_1 N_1 \longrightarrow N_1 a \longrightarrow N_1 N_1 a \longrightarrow a N_1 a \longrightarrow aba,\\
&\text{e)}\ N_1 \longrightarrow N_1 N_1 \longrightarrow N_1 N_1 N_1 \longrightarrow a N_1 N_1 \longrightarrow ab N_1 \longrightarrow aba,\\
&\text{f)}\ N_1 \longrightarrow N_1 N_1 \longrightarrow N_1 N_1 N_1 \longrightarrow a N_1 N_1 \longrightarrow a N_1 a \longrightarrow aba,\\
&\text{g)}\ N_1 \longrightarrow N_1 N_1 \longrightarrow N_1 N_1 N_1 \longrightarrow N_1 b N_1 \longrightarrow ab N_1 \longrightarrow aba,\\
&\text{h)}\ N_1 \longrightarrow N_1 N_1 \longrightarrow N_1 N_1 N_1 \longrightarrow N_1 b N_1 \longrightarrow N_1 ba \longrightarrow aba,\\
&\text{i)}\ N_1 \longrightarrow N_1 N_1 \longrightarrow N_1 N_1 N_1 \longrightarrow N_1 N_1 c \longrightarrow N_1 ba \longrightarrow aba,\\
&\text{j)}\ N_1 \longrightarrow N_1 N_1 \longrightarrow N_1 N_1 N_1 \longrightarrow N_1 N_1 c \longrightarrow ab N_1 \longrightarrow aba,
\end{aligned}$$

von denen a) linkskanonisch und b) rechtkanonisch ist; c) bis j) sind weder links- noch rechtskanonisch. Bei mehrdeutigen kontextfreien Sprachen muß die Syntaxanalyse also kein eindeutiges Ergebnis liefern. Je nach Verfahrensweise können als Ergebnis demnach unterschiedliche Ableitungsfolgen entstehen.

Bei der Analyse der Ableitung $N_1 \xrightarrow{*} w$ kann man zwei Vorgehensweisen einschlagen:
- Ausgehend von N_1 wird versucht, durch eine geeignete Kombination von Regeln auf das Wort w zu kommen (*top–down–Verfahren*).
- Ausgehend von w wird versucht, durch eine geeignete Kombination von Regeln reduzierend auf N_1 zu kommen (*bottom–up–Verfahren*).

Daneben gibt es noch Mischverfahren, die sowohl top–down–Verfahren als auch bottom–up–Verfahren benutzen.

Um einen Überblick über die möglichen Analyse–Strategien zu gewinnen, sei nochmal die Ableitung eines Wortes $w \in L(G)$ aus dem Startsymbol N_1 betrachtet. Aus

$$N_1 \xrightarrow{*} w_i \xrightarrow{*} w$$

folgt, daß w_i ein Zwischenschritt bei der Ableitung von w aus N_1 ist. Ist nun $w_i = t_i u_i v_i$ eine Zerlegung von w_i in Teilworte t_i, u_i und v_i, so gibt es eine Zerlegung von $w = tuv$, so daß gilt:

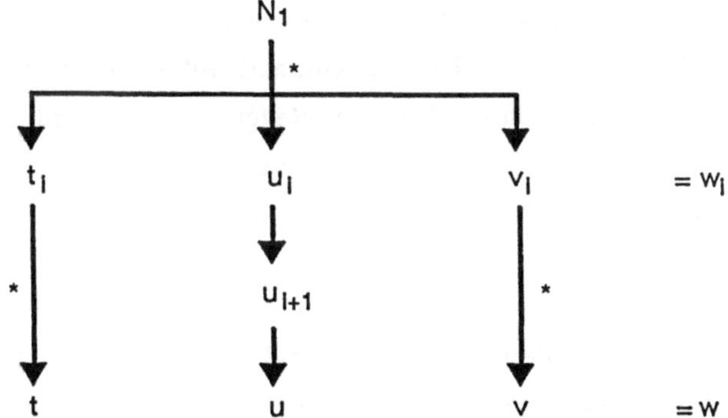

Schematisch:

T bezeichnet z.B. die Ableitungsfolge, die t_i nach t überführt. Bei bottom–up–Verfahren geht man von den Terminalen, die das Wort w bilden, aus und sucht daraus das Startzeichen N_1. Bei der Bearbeitung von U_1 muß T und U_2 aufgelöst sein. Dieses Verfahren ist antikanonisch, da das Terminal am Endstück von w zuletzt reduziert wird.

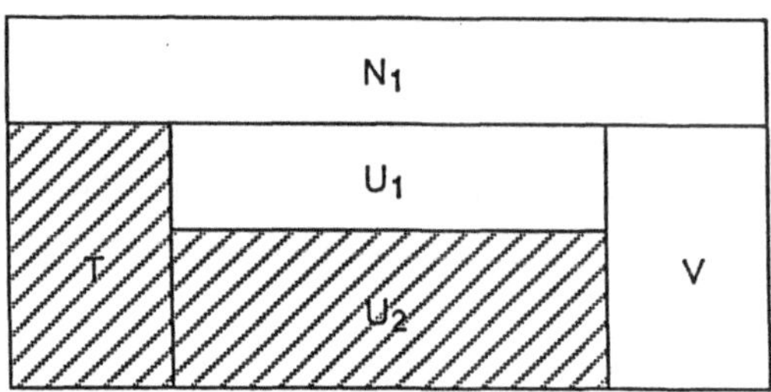

(Man kann natürlich die bottom–up–Verfahren auch kanonisch gestalten, jedoch ist diese Vorgehensweise in der Praxis irrelevant, da Programme "vorwärts" eingelesen werden).

Beim antikanonischen bottom–up–Verfahren wird zunächst versucht, in den Zeichen am linken Ende des erreichten Wortes die rechte Seite einer Regel zu erkennen. Diese wird dann ersetzt durch die linke Seite. Falls, beginnend mit dem ersten Zeichen des zu untersuchenden Wortes, keine rechte Seite einer Regel gefunden wird, versucht man es ab dem zweiten Zeichen und so fort. Das Teilwort, das dabei jeweils als rechte Seite einer Regel erkannt und reduziert wird, wird *Primterm* genannt.

Beim top–down–Verfahren versucht man, vom Startsymbol N_1 ausgehend, so lange Ableitungen zu erzeugen, bis das zu untersuchende Wort w als Ergebnis einer Ableitungsfolge erzeugt ist. Analog zum bottom–up–Verfahren kann man zwischen kanonischen und antikanonischen top–down–Verfahren unterscheiden, wobei jedoch nur die kanonischen Verfahren in der Praxis relevant sind. Beim kanonischen top–down–Verfahren wird das zu untersuchende Wort w von links her aufgebaut:

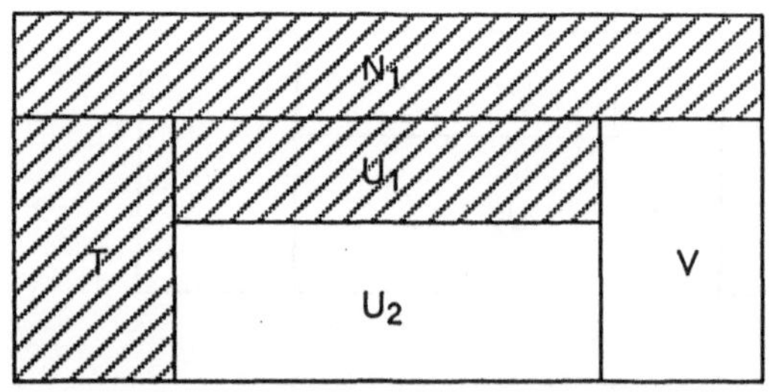

Bei diesem Verfahren ist die Auswahl der Produktionen zunächst willkürlich, wobei jedoch nur die richtige Auswahl zum Ziel führt. Um einen determinierten Algorithmus zu erhalten, muß man sich jede vorgenommene Ableitung merken. Falls man im Algorithmus nicht mehr weiterkommt, muß man, beginnend beim letzten Schritt, sich nach noch vorhandenen Alternativen umsehen. Findet man eine Alternative, müssen alle danach durchgeführten Ableitungen rückgängig gemacht und dann die Alternativableitung durchgeführt werden.

Im ungünstigsten Fall wäre es also möglich, daß bereits alle (falschen) Ableitungsmöglichkeiten probiert sind, bevor die richtige als letzte gefunden wird. Nimmt man an, daß man jeweils immer zwei Möglichkeiten hat, und daß die Anzahl der benötigten Ableitungen linear mit der Länge l des Wortes steigt, so steigt der maximale Analyseaufwand mit dem Faktor 2^l. Ein solcher exponentieller Anstieg ist jedoch für ein praktisches Verfahren unbrauchbar. Für die Syntaxanalyse sind nun Verfahren interessant, die es erlauben, solche Sackgassen von vornherein zu erkennen und zu vermeiden.

Ein Analyseverfahren bezüglich einer Grammatik G heißt *sackgassenfrei*, wenn zu jedem Wort $w \in L(G)$ eine gefundene Teilableitung w_i

$$N_1 \xrightarrow{*} w_i$$

zu

$$N_1 \xrightarrow{*} w_i \xrightarrow{*} w \quad \text{(top–down)}$$

beziehungsweise

$$w \xleftarrow{*} w_i$$

zu

$$w \xleftarrow{*} w_i \xleftarrow{*} N_1 \quad \text{(bottom–up)}$$

ergänzt werden kann. Eine Sprache $L(G)$ heißt bezüglich eines Analyseverfahrens *sackgassenfrei*, wenn das Analyseverfahren bezüglich einer der Sprache $L(G)$ entsprechenden Grammatik G sackgassenfrei ist.

Reguläre Sprachen sind bezüglich des top–down–Verfahrens und des bottom–up–Verfahrens sackgassenfrei. Eine reguläre Sprache läßt sich nämlich sowohl durch eine linkslineare, als auch durch eine rechtslineare Grammatik erzeugen. Jeder einseitig linearen Grammatik entspricht ein endlicher Akzeptor. Zu jedem endlichen nichtdeterministischen Akzeptor gibt es einen endlichen deterministischen. Diesem entspricht jedoch eine Grammatik, bei der, falls $A \to aB$ und $A \to cD$ vorkommt, in jedem Fall $a \neq c$ ist. Dann ist jedoch die top–down–Analyse sackgassenfrei. Für die bottom–down–Analyse muß, falls

$B \rightarrow Aa$ und $D \rightarrow Ac$ existiert, in jedem Fall $a \neq c$ sein. Dies heißt jedoch, daß der inverse Akzeptor, der durch Umdrehen aller Kantenrichtungen des Graphen entsteht, deterministisch sein muß. Der inverse Akzeptor erzeugt aber gerade alle Spiegelworte der Sprache. Diese Sprache ist jedoch auch regulär, da sie durch Umwandeln aller Produktionen $A \rightarrow Bc$ in $A \rightarrow cB$ entsteht. Damit existiert der inverse deterministische Akzeptor und so eine sackgassenfreie bottom–up–Analyse.

Im allgemeinen Fall der kontextfreien Grammatik müssen zur Vermeidung von Sackgassen zusätzliche Informationen herangezogen werden. Dazu gibt es im wesentlichen die beiden folgenden Methoden:

– Es werden bestimmte Relationen zwischen den Zeichen der Grammatik (Terminale und Nichtterminale) herangezogen. Dies führt zu den *Vorrangverfahren*, auf die hier nicht weiter eingegangen wird, da sie in der Praxis keine große Bedeutung haben.

– Es werden jeweils die zuletzt reduzierten und die folgenden Zeichen des zu untersuchenden Wortes herangezogen. Dies führt zu den Verfahren mit *beschränktem Kontext*.

Im wesentlichen kann der Kontext, d.i. die Nachbarschaft des zu untersuchenden Teilwortes, auf zwei Arten für die Entscheidung herangezogen werden. Bei der ersten Art werden links von dem zu untersuchenden Teilwort m Zeichen und rechts dann k Zeichen zur Erkennung benutzt. Man nennt die so analysierten Grammatiken $(m, n)-$ *kontextbeschränkte Grammatiken*.

Bei der zweiten Art wird der gesamte linke Kontext, unabhängig von seiner Länge, und die nächsten k Zeichen auf der rechten Seite zur Erkennung herangezogen. Eine so analysierbare Grammatik ist eine $LR(k)-$ *Grammatik* (L steht für links, R für rechts). Bildlich:

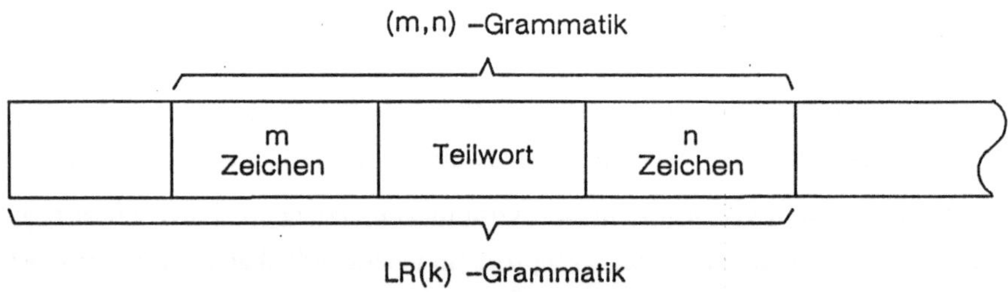

Das $LR(k)-$ Verfahren kann zunächst als unsinnig erscheinen, da man zur Entscheidung eine beliebig große Information (die linke Seite) heranziehen muß. Es läßt sich jedoch zeigen, daß die Information, die man aus dem bereits Gelesenen für die weiteren Schritte benötigt, endlich ist. Zu jedem vorgegebenen k ist für eine gegebene Grammatik entscheidbar, ob sie eine $LR(k)-$ Grammatik ist. Es ist jedoch nicht entscheidbar, ob zu einer Grammatik G ein k existiert. Für die meisten üblichen Programmiersprachen existieren $LR(1)-$ Grammatiken.

Die $LR(k)-$ Gammatiken sind einer bottom–up–Strategie zugeordnet. Läßt sich die Sprache einer Grammatik dagegen nach dem top–down–Verfahren mit einem Vorgriff auf höchstens k Zeichen sackgassenfrei analysieren, so spricht man von einer $LL(k)-$ Grammatik.

$(m,n)-$ kontextbeschränkte und $LR(k)-$ Grammatiken sind, wie das folgende Beispiel zeigt, nicht unmittelbar miteinander vergleichbar. Die Grammatik G mit den Regeln

$$N_1 \longrightarrow aN_2c, \quad N_1 \longrightarrow b, \quad N_2 \longrightarrow b, \quad N_2 \longrightarrow aN_1c$$

erzeugt die Sprache $L(G) = \{a^n bc^n \mid n \geq 0\}$. Die Grammatik ist vom Typ $LR(0)$. Man liest bis zum b. Falls die Anzahl der a' s gerade war, muß $N_1 \longrightarrow b$ angewandt werden, sonst $N_2 \longrightarrow b$. Danach sind die Schritte wieder eindeutig bestimmt. Man sieht hier auch, wie von der linken Umgebung nur endlich viel Information (gerade oder ungerade) benötigt wird. Die benötigte linke oder rechte Umgebung kann jedoch nicht auf ein festes m oder n beschränkt werden.

7. Berechenbarkeit

Im Kapitel 2 wurde gezeigt, daß die Funktionen, die durch Programme berechenbar sind, also die Menge F_{PAS}, mit der partiell–rekursiven Funktionenklasse F_R zusammenfallen. In diesem Kapitel werden nun weitere äquivalente Darstellungen für die Klasse F_{PAS} bzw. F_R hergeleitet. Daß verschiedene Ansätze zur Beschreibung derselben Funktionenklasse führen, zeigt, daß der Algorithmusbegriff, wie er bisher benutzt wurde, eine intuitive Vorstellung dessen liefert, was man sich unter Berechenbarkeit vorstellt oder vorstellen kann.

7.1 Turingmaschinen

Die Kellerautomaten, die den kontextfreien Sprachen äquivalent sind, haben bei ihrer Arbeitsweise die Einschränkung, daß im Kellerspeicher nur immer das "oberste" Element zugänglich ist. Läßt man diese Einschränkung bezüglich des Zugriffs auf den Speicher fallen, erhält man eine allgemeine Maschine, die sogenannte Turingmaschine, die sich den allgemeinen Regelsprachen und Minipascal äquivalent erweist.

Ein Kellerautomat kann die kontextsensitive Sprache $L = \{a^n b^n c^n \mid n \geq 1\}$ nicht akzeptieren, da er sich zwar die Anzahl n der eingelesenen a's am Anfang des Eingabebandes "merken" und anschließend mit der Anzahl der b's vergleichen kann. Bei diesem Vergleich geht jedoch die gespeicherte Information über die Anzahl n verloren, so daß der Kellerautomat im weiteren Arbeitsverlauf nicht mehr feststellen kann, ob die "richtige" Anzahl von c's vorhanden ist. Eine Lösungsmöglichkeit bietet sich dadurch, daß die im Speicher stehende Information beim ersten lesenden Zugriff nicht unbedingt gelöscht wird, sondern auch noch für die spätere Bearbeitung zur Verfügung steht. Es erweist sich ferner als zweckmäßig, nicht zwischen Eingabespeicher und Speichereinheit zu unterscheiden, sondern hierfür einen gemeinsamen Speicher vorzusehen. Darüberhinaus genügt es, ein gemeinsames Alphabet für "Eingabe" und "Speicher" zugrundezulegen.

Eine Turingmaschine wird durch eine Steuereinheit gesteuert, die eine Menge Z von Zuständen hat und von einem Zustand z zu einem Zustand z' in Abhängigkeit von dem aktuellen Zeichen unter dem Schreib–/Lesekopf über dem Speicher übergehen kann. Im Unterschied zum Kellerautomaten kann sich der Schreib–/Lesekopf über dem Speicher in beiden Richtungen bewegen und es kann jeweils sowohl gelesen als auch geschrieben werden; der Speicher ist nach beiden Seiten unbegrenzt. Um zu unterscheiden, welche Information im Speicher relevant und welche irrelevant ist, gibt es ein spezielles Zeichen ♮, das Leerzeichen oder Blank. Alle Felder des nach links und rechts unbegrenzten Speichers, die keine relevante Information haben, sind mit ♯ beschrieben.

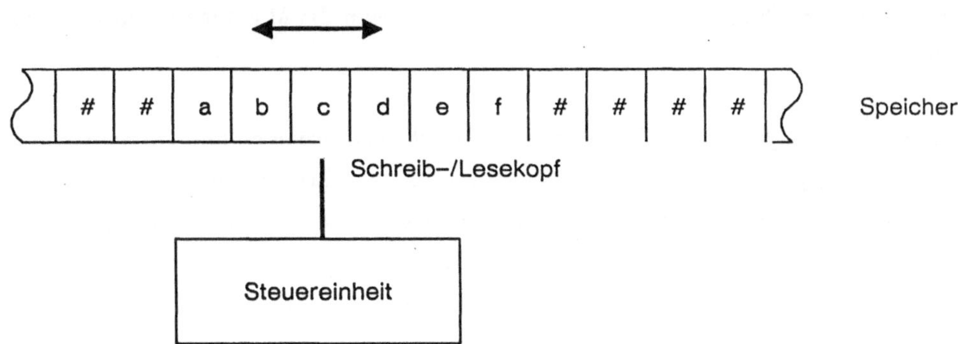

Bei Beginn ist die Turingmaschine in einem besonderen Anfangszustand z_a und der Schreib–/Lesekopf steht über einem beliebigen Zeichen der Eingabe. Abhängig vom Zustand und dem Zeichen unter dem Schreib–/Lesekopf kann die Steuereinheit in einen neuen Zustand übergehen und eine der drei folgenden Aktionen ausführen:

— RIGHT   : Bewegung des Schreib–/Lesekopfs um ein Feld nach rechts.

— LEFT   : Bewegung des Schreib–/Lesekopfs um ein Feld nach links.

— WRITE(t) : Schreiben des Zeichens t (das alte Zeichen wird überschrieben) auf das Speicherband.

Kommt die Turingmaschine in einen besonderen Endzustand z_e, so bleibt sie stehen. Formal:

Eine (*deterministische*) Turingmaschine T ist ein Quintupel $T = (Z, E, F, z_a, z_e)$, wobei

Z : nichtleere endliche Menge von Zuständen,

$z_a \in Z$: Anfangszustand,

$z_e \in Z,\ z_e \neq z_a$: Endzustand,

E : Alphabet, das als spezielles Symbol das Leerzeichen $\sharp$ enthält,

F : Überführungsfunktion $F : ((Z \setminus \{z_e\}) \times E) \longrightarrow Z \times D$ mit
$$D := \{\, \text{RIGHT, LEFT, WRITE}(e)\,\},\ e \in E.$$

Die Überführungsfunktion F muß nicht total sein. Eine Turingmaschine stoppt, wenn der Endzustand erreicht wird oder bei partiellem F, wenn F für ein Paar (z, e) nicht definiert ist. Steht bei Beginn der Arbeit der Turingmaschine das Wort $w \in E^*$ auf dem Speicherband und stoppt die Maschine nach endlich vielen Schritten im Endzustand z_e mit dem Wort $v \in E^*$ auf dem Speicherband, so sagt man, daß v berechnet wurde. Die partielle Funktion

$$f : E^* \longrightarrow E^*$$

heißt die *berechnete Funktion*. Stoppt die Maschine für ein $w \in E^*$ nicht, so ist $f(w)$ nicht definiert. Ebenso ist $f(w)$ nicht definiert, wenn die Maschine in einem Zustand, der nicht der Endzustand ist, stoppt.

Eine Funktion $f : E^* \longrightarrow E^*$ heißt *turingberechenbar*, wenn es eine Turingmaschine T gibt, für die gilt: Schreibt man ein Wort $w \in E^*$ auf das sonst leere Band (d.h. sonst stehen Leerzeichen auf dem Band) und setzt man T auf ein beliebiges Zeichen von w an, so erzeugt T nach endlich vielen Schritten das Wort $f(w) \in E^*$ und bleibt auf einem beliebigen Zeichen von $f(w)$ im Endzustand z_e stehen.

Es ist einsichtig, daß man bei Arbeitsbeginn die Turingmaschine auf ein Zeichen von w ansetzt. Daß dies aber nicht notwendig ist, zeigt folgende Überlegung. Gegeben sei ein Speicher, der mindestens auf einem Feld beschriftet ist. Man konstruiert nun eine sogenannte *Suchmaschine* S, die dieses Feld finden soll. Setzt man S auf einem beliebigen Feld an, so ist klar, daß die Suche unter Umständen erfolglos ist, wenn man S nach rechts bzw. nach links wandern läßt, da ja nicht bekannt ist, auf welcher Seite der Ausgangskonfiguration sich das beschriftete Feld befindet. Zum Ziel führt dagegen die folgende Methode. Man sucht vom Anfangsfeld ausgehend abwechselnd nach rechts und links, druckt jedesmal ein Sonderzeichen, um zu wissen, wie weit man nach rechts bzw. links schon gesucht hat, bis man das beschriftete Feld gefunden hat. Dies führt natürlich nach endlich vielen Schritten zum Ziel. Anschließend löscht S alle mit dem Sonderzeichen beschrifteten Felder, um so die ursprüngliche Bandinschrift wiederzugewinnen.

Nach der Berechnung von $f(w)$ erscheint es sinnvoll, daß T auf das Ergebnis $f(w)$ zeigt; dies geschieht nun durch die Position des Schreib-/Lesekopfes, der über einem Zeichen von $f(w)$ stehenbleibt. Man kann demnach o.B.d.A. annehmen, daß der Schreib-/Lesekopf bei Beginn über dem ersten Zeichen des Eingabewertes w steht. Entsprechend kann man fordern, daß am Ende der Schreib-/Lesekopf unmittelbar nach dem letzten Zeichen von $f(w)$ steht.

Die Turingberechenbarkeit von $k-$stelligen Funktionen, $k \geq 1$, läßt sich wie folgt festlegen: Ist $v = f(w_1, w_2, \ldots, w_k)$, so schreibt man auf das sonst leere Speicherband die Argumente $w_1, \ldots, w_k$ mit jeweils einem Leerzeichen als Zwischenraum, also

$$\ldots \| w_1 \| w_2 \| \ldots \| w_k \| \ldots$$

und setzt die Turingmaschine auf das erste Zeichen von w_1. Stoppt die Turingmaschine nach endlich vielen Schritten im Endzustand z_e, so steht auf dem Speicherband der Funktionswert $v = f(w_1, w_2, \ldots, w_k)$.

Oft ist es nützlich, bei der Berechnung des Funktionswertes $f(w_1, \ldots, w_k)$ die Argumente w_1 bis w_k zu erhalten. Durch diese Vorgehensweise können mehrere Berechnungen nacheinander ausgeführt werden. Eine $k-$stellige Funktion $f : I\!N_0^k \longrightarrow I\!N_0, k \geq 1$, mit $f(w_1, \ldots, w_k) = m$ heißt *normiert turingberechenbar*, wenn es eine Turingmaschine T über dem unären Alphabet gibt, für die gilt:

a) Bei Beginn steht auf dem Speicherband

$$\ldots \| w_1 \| w_2 \| \ldots \| w_k \| \ldots$$

in unärer Darstellung. Der Schreib-/Lesekopf steht auf dem ersten Zeichen von w_1.

b) Am Ende steht auf dem Band

$$\ldots \sharp w_1 \sharp w_2 \sharp \ldots \sharp w_k \sharp m \sharp \ldots$$

in unärer Darstellung. Der Schreib–/Lesekopf steht auf dem ersten Leerzeichen unmittelbar nach m.

c) Während der Berechnung von m geht T links nicht über w_1 hinaus.

Es ist einsichtig, daß jede turingberechenbare Funktion auch normiert turingberechenbar ist, da man auf den Speicher links von w_1 nicht angewiesen ist und rechts von w_k einen unendlich großen Speicher zur Verfügung hat.

Eine Situation S von T wird vollständig von dem aktuellen Zustand z und dem Inhalt des Speichers beschrieben. Steht der Schreib–/Lesekopf auf einem Zeichen $e \in E$,

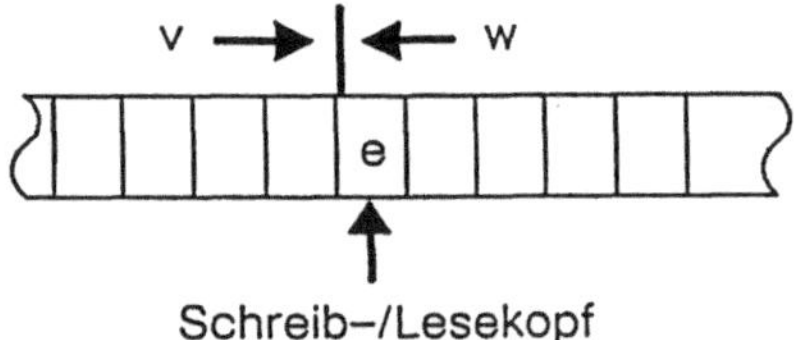

und bezeichnet v das Wort, das links vom Schreib–/Lesekopf steht, sowie w das Wort rechts vom Schreib–/Lesekopf einschließlich des Zeichens unter ihm — vw ist also der Inhalt des Speichers — so ist die *Situation* S durch

$$S = (z, v, w)$$

gegeben. Da das Speicherband nach links und rechts unbegrenzt ist, aber sowohl nach links als auch nach rechts nur endlich viele Zeichen ungleich dem Leerzeichen enthält, läßt man bei v die führenden Leerzeichen und bei w die Leerzeichen am Ende weg. Eine *Anfangssituation* S_a ist durch $S_a = (z_a, \varepsilon, w)$ gegeben. Der Übergang von einer Situation $S = (z, v, w)$ zu einer Situation $S' = (z', v', w')$ ist durch $(z, e, z', d) \in F$, $w = ew_1$, eindeutig bestimmt. Eine *Endsituation* S_e ist durch $S_e = (z_e, v'', w'')$ gegeben. Das Ergebnis der Rechnung ist $v''w''$. Die Folge der Situationen, beginnend bei einer Anfangssituation und endend bei einer Endsituation, heißt eine *Berechnung*.

Elementare Turingmaschinen erhält man, wenn man diese gerade eine Aktion ausführen läßt:

- Die *Rechtsmaschine* r bewegt den Schreib–/Lesekopf um ein Zeichen nach rechts.
  $r = (\{z_a, z_e\}, E, \{(z_a, t, z_e, \text{RIGHT}) \mid \forall\, t \in E\}, z_a, z_e)$.

– Die *Linksmaschine* l bewegt den Schreib–/Lesekopf um ein Zeichen nach links.

$$l = (\{z_a, z_e\}, E, \{(z_a, t, z_e, \text{LEFT})| \ \forall \ t \in E\}, z_a, z_e).$$

– Die *Schreibmaschine* s_e ersetzt das Zeichen unter dem Schreib–/Lesekopf durch $e \in E$.

$$s_e = (\{z_a, z_e\}, E, \{(z_a, t, z_e, \text{WRITE}(e)| \ e \in E \ \text{fest}, \ \forall \ t \in E\}, z_a, z_e).$$

Eine Turingmaschine kann demnach auch so interpretiert werden, daß sie aus elementaren Turingmaschinen zusammengesetzt ist, da jedem $(z, e, z', d) \in F$ genau eine elementare Turingmaschine entspricht und umgekehrt. Einer Folge von Aktionen der Turingmaschine T entspricht eine Folge von elementaren Turingmaschinen T_i, wobei T_i mit der Arbeit beginnt, wenn T_{i-1} die Arbeit beendet hat. Man kann die T_i dann so koppeln, daß der Endzustand von T_{i-1} gleich dem Anfangszustand von T_i gesetzt wird.

Beispiele:

a) Nachfolgefunktion $S(n) = S(n+1)$. Sei $E = \{\sharp, |\}$ mit der Bedeutung, daß die Anzahl n unär, also durch $(n+1)$ Zeichen | dargestellt ist. Bei Beginn

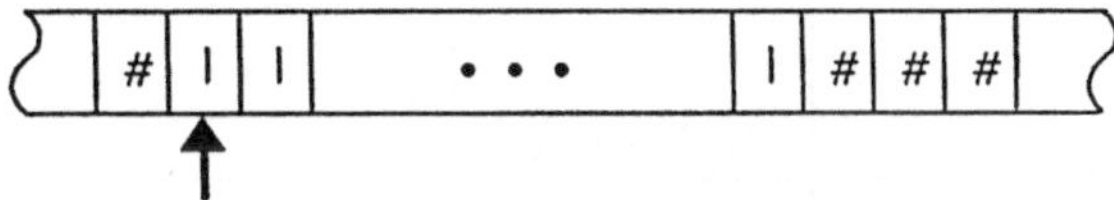

steht der Schreib–/Lesekopf über dem ersten | . Setze:

(1) $\quad F(z_a, |) = (z_a, \text{RIGHT}),$

(2) $\quad F(z_a, \sharp) = (z_2, \text{WRITE}(|)),$

(3) $\quad F(z_2, |) = (z_e, \text{RIGHT}).$

Durch (1) wird der Schreib–/Lesekopf solange nach rechts bewegt, bis er auf dem ersten $\sharp$ nach dem letzten | steht. (2) bewirkt, daß $\sharp$ durch | ersetzt wird und durch (3) schließlich bleibt der Schreib–/Lesekopf im Endzustand z_e auf dem ersten $\sharp$ nach $n+1$ stehen. Es gilt also:

$$(z_a, \varepsilon, n) \xrightarrow{\ *\ } (z_e, n+1, \varepsilon).$$

b) Nullfunktion $C_1(n) = 0$. Mit

(1) $\quad F(z_a, |) = (z_2, \text{WRITE}(\sharp)),$

$(2) \quad F(z_2, \natural) = (z_a, \text{RIGHT}),$

$(3) \quad F(z_a, \natural) = (z_3, \text{WRITE}(|)),$

$(4) \quad F(z_3, |) = (z_e, \text{RIGHT})$

wird erreicht, daß zunächst mit Hilfe von (1) und (2) alle $|$ durch $\natural$ überschrieben werden. Zum Schluß wird dann auf das sonst leere Speicherband ein $|$, d.h. der Wert 0, geschrieben und mittels (4) um ein Feld nach rechts in den Endzustand z_e gegangen $\diamond$

c) Turingmaschine, die den regulären Ausdruck $a^*(b \cup c)$ akzeptiert. Es ist $E = \{\natural, a, b, c\}$ und bei Beginn steht ein Wort $w \in a^*(b \cup c)$ auf dem Band.

$$F(z_a, a) = (z_a, \text{RIGHT}),$$
$$F(z_a, b) = (z_2, \text{RIGHT}),$$
$$F(z_a, c) = (z_2, \text{RIGHT}),$$
$$F(z_2, \natural) = (z_e, \text{WRITE}(\natural)).$$

Ein Wort $w \notin a^*(b \cup c)$ führt nicht in den Endzustand z_e.

d) Turingmaschine, die die kontextsensitive Sprache $L = \{a^n b^n c^n | n \geq 1\}$ akzeptiert. $E = \{\natural, a, b, c\}$ und bei Beginn steht ein Wort w über E auf dem Band.

Elemente von F	Bedeutung
$F(z_a, a) = (z_2, \text{WRITE}(\natural))$	Lösche links das erste a
$F(z_2, a) = (z_2, \text{RIGHT})$	Gehe bis zum ersten b
$F(z_2, b) = (z_2, \text{RIGHT})$	Gehe bis zum ersten c
$F(z_2, c) = (z_3, \text{LEFT})$	Gehe auf letztes b zurück
$F(z_3, b) = (z_4, \text{WRITE}(c))$	Überschreibe b durch c
$F(z_4, c) = (z_4, \text{RIGHT})$	Gehe bis zum ersten Leerzeichen rechts
$F(z_4, \natural) = (z_5, \text{LEFT})$	Gehe bis zum letzten c
$F(z_5, c) = (z_5, \text{WRITE}(\natural))$	Überschreibe die letzten zwei c durch $\natural$
$F(z_5, \natural) = (z_6, \text{LEFT})$	
$F(z_6, c) = (z_6, \text{WRITE}(\natural))$	
$F(z_6, \natural) = (z_7, \text{LEFT})$	
$F(z_7, \natural) = (z_e, \text{WRITE}(\natural))$	Alle a, b, c gelöscht; Endzustand
$F(z_7, c) = (z_8, \text{LEFT})$	
$F(z_8, c) = (z_8, \text{LEFT})$	Gehe zum ersten Zeichen zurück
$F(z_8, b) = (z_8, \text{LEFT})$	
$F(z_8, a) = (z_8, \text{LEFT})$	
$F(z_8, \natural) = (z_e, \text{RIGHT})$	

Man kann das Speicherband als zwei zusammengesetzte Kellerspeicher ansehen:

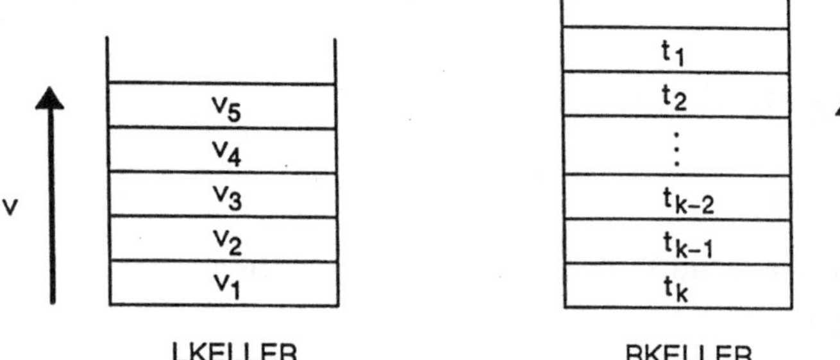

Bei Beginn steht das zu verarbeitende Wort $w = t_1 t_2 \ldots t_k, t_i \in E$, so in RKELLER, daß t_1 das oberste Element und t_k das unterste Element ist. LKELLER ist zu Beginn leer. Die drei elementaren Turingmaschinen bewirken:

a) Rechtsmaschine r :

- Sind RKELLER und LKELLER nicht leer, so wird das oberste Element in RKEL-LER weggenommen und nach LKELLER gebracht.

- Ist RKELLER nicht leer und LKELLER leer, so wird das oberste Zeichen von RKELLER, falls es nicht das Leerzeichen ist, nach LKELLER gebracht. Ist das oberste Element von RKELLER das Leerzeichen, so wird es durch POP entfernt.

- Ist RKELLER leer und LKELLER nicht leer, so wird LKELLER um ein Leerzeichen erweitert.

- Ist RKELLER leer und LKELLER leer, so wird an den Kellern nichts verändert.

b) Linksmaschine l : analog zu a).

c) Schreibmaschine s_e : Ist RKELLER nicht leer, so wird das oberste Element von RKELLER durch s_e ersetzt. Ist RKELLER leer, so wird s_e nach RKELLER gebracht.

Eine Turingmaschine T kann somit durch ein *Turingprogramm* P_T dargestellt werden, das aus folgenden Elementen aufgebaut ist:

- Als Datenstrukturen sind zwei Keller, RKELLER und LKELLER, vorhanden. Bei Beginn wird das zu verarbeitende Wort w nach RKELLER gebracht. Das erste Zeichen von w ist dabei an der Spitze des Kellers.

- Elementare Anweisungen sind r, l und $s_e(e \in E)$. Ihre Wirkung ist wie zuvor beschrieben.

– Ist TOP(RKELLER) eine Funktionsprozedur, die das oberste Element von RKEL-
LER bzw. beim leeren Keller ♯ ausliefert, ohne RKELLER zu verändern, so wird
das Turingprogramm durch TOP(RKELLER) und dem aktuellen Zustand gesteuert.
Schreibt man für

$$(z, e, z', d)$$

die bedingte Anweisung

> **if** Zustand $= z$ **and** TOP(RKELLER) $= e$ **then**
> > **begin**
> > > d;
> > > Zustand $:= z'$
> > **end** ;

wobei die Anweisung d die Operationen der entsprechenden elementaren Turingmaschine
(r oder l oder s_e) ausführt, so lautet das Turingprogramm einer Turingmaschine:

```
program  Turingmaschine (input, output);
    ⋮    { Deklarationen }
begin
    Zustand := z_a;          { Anfangszustand }
    while   Zustand ≠ Endzustand do
        begin
            ⋮
            if Zustand = z and  TOP(RKELLER) = e then
                begin
                    d ;
                    Zustand := z'
                end ; { für jedes Element von F }
            ⋮
        end ;
end .
```

Beispiele:

a) Die *große Rechtsmaschine* R sucht, angesetzt auf ein beliebiges Feld des Speicherbandes, nach rechts das erste Leerzeichen:

> **procedure** R ;

$$\textbf{begin repeat} \quad r \textbf{ until } \text{TOP(RKELLER)} = \natural \textbf{ end;}$$

b) Die *große Linksmaschine* L sucht, angesetzt auf ein beliebiges Feld des Speicherbandes, nach links das erste Leerzeichen:

$$\textbf{procedure } L;$$
$$\textbf{begin repeat} \quad l \textbf{ until } \text{TOP(RKELLER)} = \natural \textbf{ end;}$$

◇

Jede Turingmaschine kann also durch ein Programm simuliert werden und jede turingberechenbare Funktion ist auch durch ein Programm berechenbar. Bezeichnet man mit

$$F_T := \{f \,|\, f \text{ ist turingberechenbar }\}$$

die Klasse der turingberechenbaren Funktionen, so gilt

$$F_T \subset F_{PAS}$$

und damit, wegen $F_{PAS} = F_R$, auch $F_T \subset F_R$.

Umgekehrt läßt sich auch jedes Programm P auf einer Turingmaschine T simulieren. O.E. habe P nur zwei Variablen X und Y, deren Werte in unärer Darstellung in der Form

$$\dots \natural X \natural Y \natural \dots$$

auf dem Band stehen. Für den Start wird vereinbart, daß X die Eingabevariable ist und Y den Wert 0 hat. Das Band hat demnach den Inhalt

$$\dots \natural \text{ Wert von } X \natural | \natural \dots$$

Der Schreib–/Lesekopf stehe jeweils auf dem Leerzeichen zwischen X und Y. Die einzelnen Anweisungen in Minipascal können dann jeweils in eine Turingmaschine umgesetzt werden, die ihrerseits zu einem Turingprogramm T zusammengefaßt werden können.

a) Anweisung $X := 0$.

Die Funktion mit den Quadrupeln

$$(z_a, \natural, z_a, \text{LEFT}),$$
$$(z_a, |, z_1, \text{LEFT}),$$
$$(z_1, |, z_2, \text{WRITE}(\natural)),$$
$$(z_2, \natural, z_1, \text{LEFT}),$$
$$(z_1, \natural, z_3, \text{RIGHT}),$$
$$(z_3, \natural, z_3, \text{RIGHT}),$$

$$(z_3, \mid, z_e, \text{RIGHT}),$$

leistet das gewünschte Ergebnis. Die Anweisung $Y := 0$ kann analog abgebildet werden.

b) Anweisung $X := X + 1$ (bzw. $Y := Y + 1$).

Man überschreibe das erste Leerzeichen links von X mit $\mid$ (bzw. rechts von Y).

c) Anweisung $X := X \dot- 1$ (bzw. $Y := Y \dot- 1$).

Falls X mehr als ein $\mid$ hat, überschreibe man das erste $\mid$ von X durch $\sharp$ (bzw. analog für Y.)

d) Anweisung **while** $X \neq Y$ **do** A.

Der Vergleich von X und Y (die Fälle $X \neq X$ und $Y \neq Y$ brauchen nicht weiter behandelt werden) kann so ausgeführt werden, daß sukzessive jeweils ein $\mid$ von X und Y durch ein besonderes Zeichen $+$ überschrieben werden. Kann dieser Prozeß für X und Y gleichzeitig zu Ende gebracht werden, so ist $X = Y$. In diesem Fall ersetze man wieder alle $+$ durch $\mid$, die Schleife wird nicht ausgeführt. Im andern Fall ist $X \neq Y$ und somit, nach vorheriger Ersetzung aller $+$ durch $\mid$, die Schleife auszuführen.

Man kann also die Anweisungen eines Programms in Minipascal mittels eines Turingprogramms simulieren. Somit gilt $F_{PAS} \subset F_T$. Mit den vorherigen Ergebnissen gilt damit

$$F_{PAS} = F_R = F_T.$$

Im folgenden wird noch der direkte Weg gezeigt, wie sich partiell–rekursive Funktionen durch Turingmaschinen realisieren lassen. Jede partiell–rekursive Funktion läßt sich durch eine Turingmaschine berechnen, wie die folgenden Überlegungen zeigen:

a) Für die Nullfunktion und die Nachfolgefunktion wurden bereits explizit Turingmaschinen angegeben. Für die Projektionsfunktion $U_i^r(n_1, n_2, \ldots, n_r)$ muß man auf dem Band mit Inhalt (unäre Darstellung)

$$\ldots \sharp n_1 \sharp \ldots \sharp n_i \sharp \ldots \sharp n_r \sharp$$

einfach n_1 bis n_{i-1} sowie n_{i+1} bis n_r durch $\sharp$ überschreiben. Somit sind die elementaren Funktionen turingberechenbar.

b) Bei der Substitution

$$f(N) = g(h_1(N), \ldots, h_r(N))$$

geht man vom Bandinhalt

$$\ldots \# N \# \ldots$$

aus und berechnet normiert mit der Turingmaschine T_1 für h_1 zunächst den Wert $h_1(N)$ und beschreibt das Band in der Form

$$\# N \# h_1(N) \# \ldots$$

wobei $h_1(N)$ den Funktionswert darstellt. (Man überlege sich, daß es stets möglich ist, T_1 so vorzugeben, daß der Wert N auf dem Band erhalten bleibt!). Weitere analoge Schritte führen dann zum Bandinhalt

$$\# N \# h_1(N) \# \ldots \# h_r(N) \#.$$

Durch Löschen von N kann nun die Turingmaschine T_g von g direkt zur Berechnung von $f(N)$ angesetzt werden.

c) Für die Rekursion

$$f(n_1, n_2, \ldots, n_r, 0) = g(n_1, n_2, \ldots, n_r),$$
$$f(n_1, n_2, \ldots, n_r, n_{r+1} + 1) = h(n_1, n_2, \ldots, n_r, n_{r+1}, f(n_1, n_2, \ldots, n_r, n_{r+1}))$$

seien T_g und T_h Turingmaschinen zur Berechnung von g und h. Ist $n_{r+1} = 0$, so berechnet T_g durch Vorgabe von $n_1, \ldots, n_r$ den Funktionswert. Für $n_{r+1} > 0$ und dem vorgegebenen Bandinhalt

$$\ldots \# n_1 \# n_2 \# \ldots \# n_r \# n_{r+1} \# \ldots$$

kann man zunächst sukzessive mit Hilfe von T_g bzw. T_h den Bandinhalt ($i = 0, 1, 2, \ldots$)

$$\ldots \# n_1 \# n_2 \# \ldots \# n_r \# n_{r+1} \# i \# f(n_1, \ldots, n_r, i) \# \ldots$$

aufbauen. Hat i den Wert der Variablen n_{r+1} erreicht, so lösche man die Werte n_1 bis n_{r+1} sowie i und erhält so den Bandinhalt

$$\ldots \# f(n_1, n_2, \ldots, n_r, n_{r+1}) \# \ldots$$

Auf diese Art ist der Funktionswert berechnet.

d) Endliche Wiederholung der Konstruktionsprinzipien von a) bis c) läßt sich durch endliches "Aneinanderkoppeln" der entsprechenden Turingmaschinen erreichen.

7.2 Regelsprachen

Analog wie bei den Kellerautomaten kann man auch einer Turingmaschine T eine Sprache $L(T)$ zuordnen. Man geht von einer Anfangssituation

$$S_a = (z_a, \varepsilon, w), \qquad w \in E^*, \ z_a \text{ Anfangszustand,}$$

aus und schaut, ob sich diese Anfangssituation in eine Endsituation

$$S_e = (z_e, v', w') \qquad v', w' \in E^*$$

überführen läßt. Das Ergebnis der Berechnung $S_a \overset{*}{\longrightarrow} S_e$ ist dann das Wort $v'w'$ und w heißt von T akzeptiert. Die Menge $L(T)$ aller von T akzeptierten Wörter, d.h.

$$L(T) := \{w \mid w \in E^*, T \text{ Turingmaschine, } (z_a, \varepsilon, w) \overset{*}{\longrightarrow} (z_e, v', w')\},$$

heißt die *Sprache* der Turingmaschine.

Beispiel: Die im vorherigen Abschnitt eingeführte Turingmaschine T zur Berechnung der Nullfunktion

$$T = \big(\{z_a, z_2, z_e\}, \{|, \sharp\}, \{(z_a, |, z_2, \text{WRITE}(\sharp)), (z_2, \sharp, z_a, \text{RIGHT}),$$
$$(z_a, \sharp, z_e, \text{WRITE}(|))\}, z_a, z_e\big)$$

hat die Sprache $\{\ |^n \mid n \geq 1\}$, die $I\!N_0$ entspricht $\diamond$

Ist $T = (Z, E, F, z_a, z_e)$ eine Turingmaschine mit der Sprache $L(T)$, so läßt sich zu T eine Grammatik G derart angeben, daß $L(G) = L(T)$ ist. $L(T)$ ist also eine Regelsprache.

Beweis: Die Idee des Beweises ist es, die Situationsfolge der Turingmaschine durch Ableitungsschritte eines Produktionssystems nachzubilden. Läßt man dann mittels des inversen Produktionssystems die Ableitung rückwärts ablaufen, hat man den Zusammenhang hergestellt.

a) Man bildet zunächst ein Produktionssystem $P_1 = (Z \cup E, R_1)$ mit Regeln, die Aktionen der Turingmaschine nachgebildet sind:

Aktion	Regel
$(z_i, e_j, z_k, \text{WRITE}(e_m)) \in F$	$z_i e_j \rightarrow z_k e_m$
$(z_i, e_j, z_k, \text{RIGHT}) \in F$	$z_i e_j \rightarrow e_j z_k$
$(z_i, e_j, z_k, \text{LEFT}) \in F$	$e_j z_i \rightarrow z_k e_j$

Wird von T eine Situationsfolge

$$S_a = (z_a, \varepsilon, w) \xrightarrow{\ *\ } (z_i, u, v),$$

$u, v \in E^*$, durchlaufen, so gibt es in P_1 die entsprechende Ableitungsfolge

$$z_a w \xrightarrow{\ *\ } u z_i v.$$

b) Sei $P_2 = (Z \cup E, R_2)$ ein Produktionssystem mit der Regelmenge

$$z_e e_j \longrightarrow z_e$$
$$e_j z_e \longrightarrow z_e$$

für alle $e_j \in E$. Ist nun w ein Wort, das von T akzeptiert wird, dann gibt es in dem Produktionssystem $P = (Z \cup E, R_1 \cup R_2)$ eine Ableitungsfolge

$$z_a w \xrightarrow{\ *\ } u z_e v \xrightarrow{\ *\ } z_e.$$

(Man beachte, daß für $u = \varepsilon$ bzw. $v = \varepsilon$ keine weiteren Ableitungsschritte $\sharp z_e \to z_e$ bzw. $z_e \sharp \to z_e$ ausgeführt werden müssen. Wegen des beliebig großen Speichers ist es sinnvoll, an dieser Stelle zu stoppen. Um diesen Fall im Beweisgang zu berücksichtigen, kann man zusätzliche Markierungen für den Anfang und das Ende der relevanten Information benutzen).

Wird ein Wort w von T nicht akzeptiert, dann stoppt T in einem Zustand $z \neq z_e$ oder T läuft in einer Schleife. Im ersten Fall gibt es dann auch keinen Ableitungsschritt, der ausgeführt werden kann. Läuft T in einer Schleife, dann gibt es Ableitungsschritte, die sich laufend wiederholen. In beiden Fällen gibt es keine Ableitung von $z_a w$ nach z_e.

c) Die Grammatik mit den inversen Produktionen

$$G_1 = (Z, E, \hat{P}, z_e)$$

hat die Sprache

$$L(G_1) = \{ z_a w \mid w \in L(T) \},$$

die sich von der Sprache $L(T)$ dadurch unterscheidet, daß sie bei allen Wörtern das Präfix z_a hat. Ersetzt man in G_1 das Terminalalphabet E durch $\hat{E} = \{ \hat{e}_j \mid \hat{e}_j$ entspricht e_j für alle $j \}$, so gelangt man zu einer Grammatik G_2 mit

$$L(G_2) = \{ z_a W \mid W = \hat{e}_{i_1} \ldots \hat{e}_{i_k}, w = e_{i_1} \ldots e_{i_k} \in L(T) \}.$$

Erweitert man nun G_2 um das alte Terminalalphabet E sowie um die Regeln

$$\hat{e}_j \to e_j, \qquad z_a \to \varepsilon,$$

so erhält man die geforderte Grammatik G mit

$$L(G) = \{w \mid w \in L(T)\} \quad \diamond$$

Damit ist gezeigt, daß der Begriff der Grammatik den der Turingmaschine umfaßt. Es sei nun die umgekehrte Fragestellung gegeben: Gibt es zu jeder Grammatik G eine Turingmaschine T, die dieselben Wörter akzeptiert ?

Ist $R = \{r_i \mid 1 \leq i \leq n\}$ die Regelmenge der Grammatik G, so beschreibt R^+ alle möglichen Kombinationen von Ableitungsschritten. Jeder Ableitungsfolge entspricht genau ein Wort über R. Bildet man (siehe Abschnitt 1.2) nun die Wörter von R^+ auf $I\!N_0$ ab, so korrespondiert jede natürliche Zahl genau zu einer Ableitungsfolge. Ob nun ein Wort w zu $L(G)$ gehört, kann durch folgenden Algorithmus, der leicht in ein Turingprogramm oder ein PASCAL–Programm umsetzbar ist, festgestellt werden:

```
begin
    n := 1;
    repeat
        Bestimme Regelfolge gemäß n ;
        Bilde Ableitungsfolge N₁ ──*──→ v gemäß Regelfolge;
        n := n + 1
    until  w = v
end ;
```

Dieser Algorithmus terminiert für alle $w \in L(G)$ und er terminiert nicht für alle $w \notin L(G)$. Es gibt also für jede Grammatik G eine Turingmaschine mit $L(T) = L(G)$. Somit sind die Begriffe Turingmaschine und Grammatik äquivalent.

Es wurde bereits gezeigt, daß jede Regelsprache aufzählbar ist. Mit den zuvor gewonnenen Ergebnissen läßt sich nun zeigen, daß eine Wortmenge W genau dann eine Regelsprache ist, wenn W aufzählbar ist.

Zu zeigen bleibt noch, daß die Aufzählbarkeit eine Regelsprache impliziert. O.E. sei $W \neq \emptyset$. W kann interpretiert werden als der Wertebereich einer berechenbaren Funktion f. Die Regeln

$$A \to 0,$$
$$A \to A + 1$$

erzeugen alle natürlichen Zahlen. Da W aufzählbar ist, kann $f(n)$ in endlich vielen Schritten berechnet werden. Bezeichnet R die Regelmenge zur Berechnung von f, so gibt es die Ableitung

$$A \xrightarrow{\;*\;} n \xrightarrow{\;*\;} f(n)$$

für die Grammatik

$$G = (N, T, R \cup \{(A, 0), (A, A + 1)\}, A)$$

mit geeigneten N und T und es gilt $L(G) = W$.

Korollar: Die Begriffe Programm, rekursive Funktion, Grammatik, Turingmaschine und rekursive Aufzählbarkeit sind äquivalent.

Aus dieser Äquivalenz läßt sich eine Schlußfolgerung ziehen. Das noch nicht beantwortete Ableitbarkeitsproblem für Typ–0–Grammatiken erweist sich als unentscheidbar, da seine Entscheidbarkeit die Entscheidbarkeit des Halteproblems implizieren würde.

7.3 Postsches Korrespondenzproblem

Für beliebige Regelsprachen $L(G), G = (N, T, R, N_1)$, und beliebige Wörter w über T gibt es keinen Algorithmus, der entscheidet, ob $N_1 \xrightarrow{*} w$ gilt oder nicht. Ein ähnliches Problem ist das sogenannte *Wortproblem*, bei dem festgestellt werden soll, ob für zwei beliebige Wörter u, v in einem beliebigen Produktionssystem eine Ableitung $u \xrightarrow{*} v$ existiert. Formal: Ein Wortproblem (P, u, v), $P = (S, R)$ ist Produktionssystem, $u \in S^*, v \in S^*$, heißt *lösbar*, wenn $u \xrightarrow{*} v$ gilt.

Die Wortmenge S^* läßt sich durch einen Graphen darstellen. Jedem Wort $w \in S^*$ entspricht ein Knoten und jeder Kante (w, z) entspricht eine Regel $r \in R$, die z in einem Schritt aus w ableitet.

Beispiel: $S = \{a, b, c, d\}, R = \{(ab, ad), (dc, aa), (a, b), (ad, dc), (bb, cba), (cb, cba)\}$.

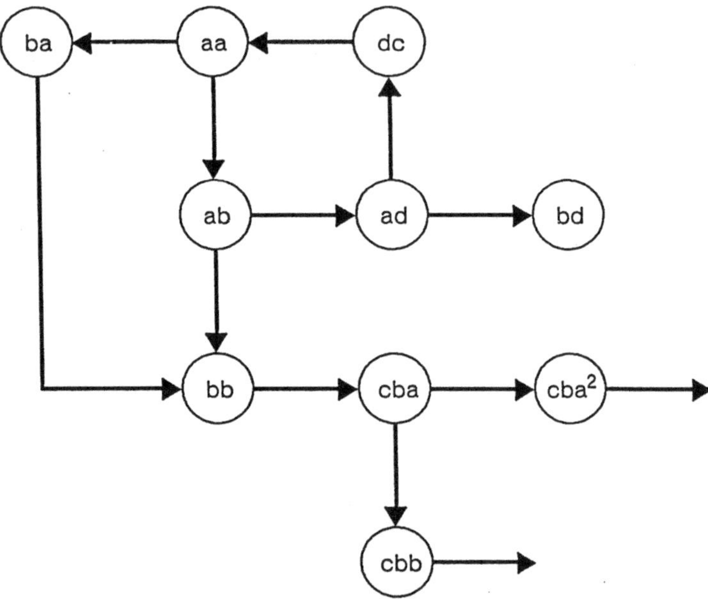

Die Frage nach der Lösbarkeit des Wortproblems ist somit äquivalent zu der Frage, ob es im Graphen einen Weg vom Knoten u zum Knoten v gibt.

Modifiziert man das allgemeine Wortproblem, indem man statt der Wortpaare (u, v) mit $u \xrightarrow{*} v$ $n-$Tupel $(u_1 u_2 \ldots u_n, v_1 v_2 \ldots v_n)$ betrachtet, so gelangt man zum *Postschen*

Korrespondenzproblem. Sei $R \subset S^+ \times S^+$ eine Relation. Die transitive Hülle R^+ von R ist dann

$$R^+ := \{(u_1 u_2 \ldots u_n, v_1 v_2 \ldots v_n) | (u_i, v_i) \in R \text{ für } i = 1, \ldots, n\}$$

und das Postsche Korrespondenzproblem, kurz PKP genannt, lautet dann, ob es zu einer gegebenen endlichen Relation R ein Paar $(u, v) \in R^+$ mit $u = v$ gibt. Ein PKP ist *lösbar*, wenn es ein $m-$ Tupel $I = (i_1, \ldots, i_m)$ mit $m \in I\!N, 1 \le i_j \le n, 1 \le j \le m$, gibt, so daß

$$u_{i_1} u_{i_2} \ldots u_{i_m} = v_{i_1} v_{i_2} \ldots v_{i_m}$$

gilt. I heißt die *Lösung* des PKP.

Beispiele:

a) $S = \{0, 1\}, \quad R = \{(0111, 1), (0, 001), (10, 1)\} = \{(u_i, v_i) \mid 1 \le i \le 3\}$.

   Eine Lösung ist $I = (2, 2, 3, 1)$, da

   $$0|0|10|0111| = 001|001|1|1$$

   ist.

b) $S = \{0, 1\}, R = \{(0, 00), (00, 010), (010, 100), (100, 0100)\} = \{(u_i, v_i) \mid 1 \le i \le 4\}$.

   Es gibt keine Lösung, da die Längen der Komponenten u_i, $1 \le i \le 4$, kleiner oder gleich der Länge von v_i, $1 \le i \le 4$, ist und weil es kein i, $1 \le i \le 4$, mit $u_i = v_i$ gibt $\diamond$

Gibt es eine Lösung für ein PKP, so gibt es natürlich unendlich viele Lösungen, da mit $u = v$ auch $uu = vv, uuu = vvv$ usw. eine Lösung ist. Die vorigen Beispiele zeigen, daß es PKP's mit einer Lösung und solche ohne Lösung gibt. Die Frage ist, ob die Lösbarkeit von PKP's entscheidbar ist.

Hat S nur ein Element, so ist das PKP stets entscheidbar. Ist nämlich

$$R = \{(u_i, v_i) | 1 \le i \le n\},$$

so kann man drei Fälle unterscheiden:

a) $|u_i| < |v_i|$ für alle i (diese Aussage ist entscheidbar): Es gibt keine Lösung, da die Länge von u und v nicht zur Übereinstimmung gebracht werden können. Entsprechendes gilt, falls $|u_i| > |v_i|$ für alle i ist.

b) Gibt es ein i mit $|u_i| = |v_i|$ (diese Aussage ist entscheidbar), so ist $I = \{i\}$ eine Lösung.

c) Gibt es ein i mit $|u_i| < |v_i|$ und ein j mit $|u_j| > |v_j|$ (diese Aussage ist entscheidbar), dann gibt es k_1, k_2 derart, daß $I = \{i, i, \ldots, i, j, j, \ldots, j\}$, i k_1-mal wiederholt, j k_2-mal wiederholt, eine Lösung ist. Man wähle k_1 und k_2 so, daß $k_1(|v_i| - |u_i|) = k_2(|u_j| - |v_j|)$ ist.

Hat S mindestens zwei Elemente, so ist das PKP über S nicht entscheidbar. Um dies zu beweisen, wird das Ableitbarkeitsproblem auf ein PKP zurückgeführt. Wäre nun das PKP lösbar, so hätte man auch eine Lösung des Ableitbarkeitsproblems. Da letzteres aber nicht entscheidbar ist, ist auch das PKP nicht entscheidbar.

Beweis:

Sei $G = (N, T, R, N_1)$ eine beliebige Grammatik, die o.B.d.A. die Regel (N_1, N_1) enthält. Für ein Wort $w \in T^*$ wird nun ein PKP mit der Relation R_w wie folgt konstruiert:

Setze $X := N \cup T \cup \{\sharp\}$, wobei $\sharp \notin N \cup T$. Zu jedem $x \in X$ sei ein $\tilde{x}$ als neues Element definiert, $\tilde{x} \notin X$, so daß $\tilde{X} := \{\tilde{x} \mid x \in X\}$ und $X \cap \tilde{X} = \emptyset$ gilt. Auf $Y := X \cup \tilde{X}$ sei eine Abbildung $h : Y \to Y$ mit $h(x) = \tilde{x}$ und $h(\tilde{x}) = x$ erklärt. Die Abbildung h läßt sich auf Y^+ durch $\widetilde{uv} = \tilde{u}\tilde{v}$ fortsetzen.

Die Relation R_w wird nun wie folgt festgesetzt:
$$R_w := \{(u, \tilde{v}) \mid (u, v) \in R\} \ \cup \ \{(\tilde{u}, v) \mid (u, v) \in R\}$$
$$\cup \ \{(y, \tilde{y}) \mid y \in Y\} \ \cup \ \{(\tilde{\sharp}, \tilde{\sharp}N_1\sharp), (\tilde{\sharp}w\sharp, \sharp)\}.$$

Faßt man die Elemente von R_w als Regeln eines Produktionssystems $P = (Y, R_w)$ auf, folgt aus $s \to t$ in G, daß $s \xrightarrow{*} \tilde{t}$ und $\tilde{s} \xrightarrow{*} t$ in P gilt. Denn $s \to t$ in G bedeutet, daß
$$s = z_1 u z_2, \quad (u, v) \in R, \quad t = z_1 v z_2$$

ist. Da $(\tilde{u}, v)$ und $(u, \tilde{v})$ in R_w ist und mit Hilfe der einzelnen Zeichenregeln $(y, \tilde{y})$ die Teilwörter z_i in $z_i \xrightarrow{*} \tilde{z}_i$ bzw. $\tilde{z}_i \xrightarrow{*} z_i$ abgeleitet werden können, folgt in P:
$$s = z_1 u z_2 \xrightarrow{*} \tilde{z}_1 u z_2 \to \tilde{z}_1 \tilde{v} z_2 \xrightarrow{*} \tilde{z}_1 \tilde{v} \tilde{z}_2 = \tilde{t},$$
$$\tilde{s} = \tilde{z}_1 \tilde{u} \tilde{z}_2 \xrightarrow{*} z_1 \tilde{u} \tilde{z}_2 \to z_1 v \tilde{z}_2 \xrightarrow{*} z_1 v z_2 = t.$$

Das PKP R_w hat nun genau dann eine Lösung, wenn $w \in L(G)$ ist.

a) $\Rightarrow$: $w \in L(G)$, also
$$N_1 \to w_1 \to w_2 \to \ldots \to w_k = w,$$

das in der Form

$$\sharp N_1 \sharp w_1 \sharp w_2 \sharp \ldots w_k \sharp$$

geschrieben wird. Da G die Regel $N_1 \to N_1$ enthält, kann die Länge der Ableitung beliebig verlängert werden. Damit läßt sich aus der Ableitung das PKP R_w lösen (es ist $(u_i, v_i) \in R_w$ für $1 \leq i \leq k+1$):

Erste	Komponente	Zweite	Komponente
u_1	$\tilde{\sharp}$	v_1	$\tilde{\sharp} N_1 \sharp$
u_2	$N_1 \sharp \tilde{w}_1$	v_2	$\tilde{w}_1 \tilde{\sharp} w_2$
u_3	$\tilde{\sharp} w_2 \sharp$	v_3	$\sharp \tilde{w}_3 \tilde{\sharp}$
u_4	$\tilde{w}_3 \tilde{\sharp} w_4$	v_4	$\vdots$
$\vdots$	$\vdots$		
u_k	$w_{k-2} \sharp \tilde{w}_{k-1}$	v_k	$\tilde{w}_{k-1} \tilde{\sharp} w_k$
u_{k+1}	$\tilde{\sharp} w_k \sharp$	v_{k+1}	$\sharp$

b) $\Leftarrow$: Ist eine Lösung des PKP R_w gegeben, so kann daraus eindeutig die Ableitung von w in $L(G)$ rekonstruiert werden. Das erste Paar des PKP muß nämlich $(\tilde{\sharp}, \tilde{\sharp} N_1 \sharp)$ und das letzte $(\tilde{\sharp} w \sharp, \sharp)$ sein, da diese Paare die einzigen sind, die mit demselben Zeichen beginnen ($\tilde{\sharp}$) bzw. enden ($\sharp$). Die Zwischenschritte sind entsprechend der obigen Tabelle als Ableitungsschritte deutbar. Das PKP R_w ist über Y nicht entscheidbar, da sonst das Ableitbarkeitsproblem entscheidbar wäre.

c) Um nun die Unentscheidbarkeit des PKP für alle Alphabete S mit mindestens zwei Zeichen zu zeigen (Y hat mindestens sechs Zeichen, da $N_1, \tilde{N}_1, \sharp, \tilde{\sharp}, t, \tilde{t}$ (für $t \in T$) Elemente von Y sind), kann man die Wörter über S binär verschlüsseln. Wäre nun das PKP für Alphabete mit zwei Zeichen lösbar, so könnte man über die Binärverschlüsselung jedes PKP lösen. Da dies jedoch nicht möglich ist, ist das PKP über S mit $|S| \geq 2$ nicht lösbar $\diamond$

7.4 Entscheidbarkeit bei Regelsprachen

Im Abschnitt 4.4 wurde eine Reihe von Entscheidungsproblemen vorgestellt, die nun für kontextfreie Grammatiken $G = (N, T, R, N_1)$ (und damit auch für reguläre) untersucht werden.

Das Leerheitsproblem ist entscheidbar. O.B.d.A. sei G reduziert. Bildet man nämlich nun die Folge

$$M_0 := T,$$
$$M_{i+1} := M_i \cup \{A \mid A \in N \text{ und } \exists\, w \in M_i^+ : A \to w\},$$

so enthält M_{i+1} die Menge M_i sowie alle Nichtterminale, die unmittelbar zu Wörtern über M_i führen. Ist $M_k = M_{k+1}$ für ein $k \geq 0$, so ist natürlich $M_k = M_{k+r}$ für alle $r \geq 1$. Da zudem $M_i \subset M_{i+1}$ ist, bleibt die Menge M_i wegen $M_i \subset (N \cup T)$ ab einem gewissen $k \geq 0$ fest. Dann ist $L(G) = \emptyset$ genau dann, wenn $N_1 \notin M_k$ ist. Es bleibt noch zu zeigen, daß die Bedingung "$\exists\, w \in M_i^+ : A \to w$" entscheidbar ist. Da alle Regeln die Form $A \to v$ mit $v \in (N \cup T)^+$ haben, gilt also immer $w \in (N \cup T)^+$ und $A \in N$.

Auch das Finitheitsproblem ist entscheidbar. Bildet man wieder wie zuvor die Folge der M_i, so kann zunächst $L(G) \neq \emptyset$ für $N_1 \in M_k$ geschlossen werden. Nimmt man o.B.d.A. an, daß G in Chomsky–Normalform vorliegt und zudem reduziert ist, so ist $L(G)$ genau dann infinit, wenn es gemäß der Beweisführung beim uvwxy–Lemma ein Nichtterminal gibt, das sich bei einer Ableitungsfolge "wiederholt", d.h. falls es eine Ableitungsfolge

$$N_1 \xrightarrow{\;*\;} w_1 A w_2 \xrightarrow{\;*\;} w_1 w_3 A w_2 w_4$$

gibt. Ob dieser Fall eintritt, kann durch systematische Anwendung aller endlich vielen Kombinationen der endlich vielen Regeln festgestellt werden.

Die nächsten Entscheidungsprobleme werden auf die Unentscheidbarkeit des Postschen Korrespondenzproblems zurückgeführt. Zunächst werden folgende kontextfreie Sprachen eingeführt :

$$T = \{a, b, c\},$$
$$A_1 = \{x_i \mid 1 \leq i \leq n, x_i \in T^+\},$$
$$A_2 = \{y_i \mid 1 \leq i \leq n, y_i \in T^+\}.$$

a) $G_1 = (\{N_1\}, T, R_1, N_1)$ mit
$$N_1 \to ba^i c x_i, \qquad N_1 \to ba^i N_1 x_i$$

für $i = 1, 2, \ldots, n$. Also

$$L(G_1) = \{ba^{i_1} \ldots ba^{i_k} cx_{i_k} \ldots x_{i_1} | k \geq 1, 1 \leq i_j \leq n, 1 \leq j \leq k\}.$$

b) $G_2 = (\{N_2\}, T, R_2, N_2)$ mit

$$N_2 \rightarrow ba^i cy_i, \qquad N_2 \rightarrow ba^i N_2 y_i$$

für $i = 1, 2, \ldots, n$. Also:

$$L(G_2) = \{ba^{i_1} \ldots ba^{i_k} cy_{i_k} \ldots y_{i_1} | k \geq 1, 1 \leq i_j \leq n, 1 \leq j \leq k\}.$$

c) $G_3 = (\{N_1, N_2, N_3\}, T, R_3, N_3)$ mit der Regelmenge

$$R_3 := R_1 \cup \tilde{R}_2 \cup \{(N_3, N_1 c N_2)\}$$

und

$$L(G_3) = L(G_1) c \widetilde{L(G_2)}.$$

d) $G_4 = (\{N_4, N_5\}, T, R_4, N_4)$ und der Regelmenge

$$N_4 \rightarrow aN_4 a, \quad N_4 \rightarrow bN_4 b, \quad N_4 \rightarrow cN_5 c,$$
$$N_5 \rightarrow aN_5 a, \quad N_5 \rightarrow bN_5 b, \quad N_5 \rightarrow c$$

sowie

$$L(G_4) = \{z_1 c z_2 c \tilde{z}_2 c \tilde{z}_1 | z_1, z_2 \in \{a, b\}^* \}.$$

Man betrachte nun den Durchschnitt L_5 von $L(G_3)$ und $L(G_4)$:

$$L_5 := L(G_3) \cap L(G_4)$$
$$= \{ba^{i_1} \ldots ba^{i_k} cx_{i_k} \ldots x_{i_1} cy_{i_1} \ldots y_{i_k} cba^{i_k} \ldots ba^{i_1} | x_{i_1} \ldots x_{i_k} = y_{i_1} \ldots y_{i_k}\}.$$

Wenn das PKP für $x_{i_1} \ldots x_{i_k} = y_{i_1} \ldots y_{i_k}$ keine Lösung hat, so ist $L_5 = \emptyset$. Da nun aber das PKP nicht entscheidbar ist, ist auch nicht entscheidbar, ob der Durchschnitt zweier kontextfreier Sprachen leer ist. Das Disjunktheitsproblem ist also nicht entscheidbar.

Hat das PKP jedoch eine Lösung, so gibt es auch unendlich viele Lösungen (durch Wiederholung) und L_5 ist in diesem Fall infinit. Da aber wieder das PKP nicht entscheidbar ist, ist auch nicht entscheidbar, ob der Durchschnitt zweier kontextfreier Sprachen infinit ist.

Ohne Beweis sei angeführt, daß die Sprachen

$$L_6 := T^* \setminus L(G_3)$$
$$L_7 := T^* \setminus L(G_4)$$

kontextfrei sind; der Beweis kann hierzu konstruktiv, d.h. durch Angabe einer Grammatik, geführt werden. Unter Zuhilfenahme dieser Aussagen läßt sich die Unentscheidbarkeit des Maximalitätsproblems zeigen.

Beweis: Die Sprache

$$L_8 := L_6 \cup L_7 = (T^* \setminus L(G_3)) \cup (T^* \setminus L(G_4))$$
$$= T^* \setminus (L(G_3) \cup L(G_4))$$

ist kontextfrei. Es ist $L_8 = T^*$ genau dann, wenn $L(G_3) \cap L(G_4) = \emptyset$ ist. Letzteres ist aber nicht entscheidbar, also ist auch $L_8 = T^*$ nicht entscheidbar $\diamond$

Das Äquivalenzproblem ist ebenfalls unentscheidbar. Denn wäre es entscheidbar, so wäre das Maximalitätsproblem entscheidbar, da man dann die Äquivalenz einer Sprache L mit der Sprache $L' = T^+$ entscheiden würde.

Es bleibt noch die Untersuchung der Inklusion. Nimmt man an, daß die Inklusion entscheidbar ist, so wäre

$$(L_1 \subset L_2) \wedge (L_2 \subset L_1)$$

entscheidbar und damit auch die Äquivalenz – im Widerspruch zur Unentscheidbarkeit der Äquivalenz.

Zum Abschluß der Ausführungen über Entscheidungsprobleme bei kontextfreien Sprachen soll eine tabellarische Übersicht über Entscheidungsprobleme bei Sprachen der Chomsky–Hierachie zeigen, daß — wie nicht anders zu erwarten ist — beim Übergang von den regulären Sprachen zu allgemeinen Sprachen immer mehr Probleme unentscheidbar werden.

Es bezeichnet: E = Entscheidbar, W = Wahr, U = Unentscheidbar, ? = unbekannt, – = nicht anwendbar

	$L^c(3)$	$L^c(2)$	$L^c(1)$	$L^c(0)$
Vereinigung	W	W	W	W
Produkt	W	W	W	W
Stern	W	W	W	W
Durchschnitt	W	U	W	W
Komplement	W	U	?	U
Eindeutigkeit	E	U	–	–
Ableitbarkeit	E	E	E	U
Äquivalenz	E	U	U	U
Maximalität	E	U	U	U
Leerheit	E	E	U	U
Finitheit	E	E	U	U
Inklusion	E	U	U	U
Disjunktheit	E	U	U	U

Die offene Frage, ob das Komplement einer kontextsensitiven Sprache wieder kontextsensitiv ist, ist das vielleicht bekannteste ungelöste Problem der Chomsky–Hierachie. Die Tabelle zeigt, daß für die regulären Sprachen alle aufgeführten Probleme entscheidbar sind, sofern sie nicht schon bereits eine wahre Aussage darstellen.

7.5 Churchsche These

Die Turingmaschine ist, wie in den vorigen Abschnitten gezeigt wurde, ein mächtiges
und wiederum auch einfaches Recheninstrument. Bei dem Kellerautomaten ergab sich,
daß der Übergang vom deterministischen zum nichtdeterministischen Verhalten die Fähigkeiten der Automaten erweitert hat. Es liegt deshalb nahe zu versuchen, die deterministische Turingmaschine ebenfalls in ihren Fähigkeiten zu erweitern.

Als erstes kann man den Speicher erweitern und statt eines Speicherbandes k Speicher-
bänder, $k \geq 1$, vorsehen und jedes Speicherband mit einem Schreib-/Lesekopf ausstatten.
Der Übergang von einem Zustand in den nächsten hängt dann vom aktuellen Zustand und
den k Zeichen unter den Schreib-/Leseköpfen ab; bei jedem Übergang kann auf jedem
Band eine der Operationen (RIGHT, LEFT, WRITE(t)) ausgeführt werden. Eine solche
Turingmaschine heißt *deterministische k–Band–* Turingmaschine.

Die k Bänder lassen sich als untereinander liegende Spuren eines einzigen Bandes auffassen, das dann statt des Alphabets E das Alphabet E^k hat. Die Zeichen e_i, $1 \leq i \leq k$,
die auf den k Bändern "untereinander" stehen, werden so zu einem neuen Zeichen
$(e_1, \ldots, e_k) \in E^k$ zusammengefaßt. Man kann die k –Band–Turingmaschine durch eine
gewöhnliche Turingmaschine simulieren, wenn man den Inhalt der k Bänder wie beschrieben codiert und sich zusätzlich auf dem Band (etwa am linken Ende des Bandes) die Position der k Schreib-/Leseköpfe merkt. Einer Operation der k –Band–
Turingmaschine entsprechen dann verschiedene Arbeitsgänge der Einband–Turingmaschine:

- Für jedes i, $1 \leq i \leq k$ wird anhand der Position des Schreib-/Lesekopfes das unter
  diesem Schreib-/Lesekopf befindliche Zeichen e_i bestimmt.

- Die so bestimmten $(e_1, e_2, \ldots, e_k)$ bestimmen mit dem aktuellen Zustand den nächsten
  Zustand sowie die Operationen $(d_1, \ldots, d_k)$.

- Für jedes d_i, $1 \leq i \leq k$, wird nun wie folgt verfahren:
  - d_i ist RIGHT oder LEFT: Die Positionszahl wird um ± 1 verändert.
  - d_i ist WRITE(t): Auf die d_i entsprechende Position wird das neue Zeichen t
    geschrieben.

Damit ist gezeigt, daß k –Band–Turingmaschinen der Einband–Turingmaschine äquivalent sind.

Wie bei den endlichen Automaten, so läßt sich auch für Turingmaschinen zeigen, daß nichtdeterministische Turingmaschinen äquivalent zu den deterministischen Turingmaschinen sind.

Bei einer *nichtdeterministischen* Turingmaschine ist anstelle der Überführungsfunktion $F = (Z \setminus \{z_e\}) \times E \to Z \times D$ eine beliebige Relation $R = ((Z \setminus \{z_e\}) \times E) \times (Z \times D)$ zugelassen, so daß die Übergänge i.a. nicht mehr determiniert sind. Eine solche Erweiterung bringt jedoch kein zusätzliches Berechnungspotential. Ist nämlich T_n eine nichtdeterministische Turingmaschine und sind r_i, $0 \leq i \leq m-1$, die Relationselemente, die die Übergänge beschreiben, so sind alle möglichen Situationsfolgen durch s–Tupel der Art $(n_0, n_1, \ldots, n_{s-1})$, $0 \leq n_j \leq m - 1$, $0 \leq j \leq s - 1$, beschreibbar, wenn die Zahl n_j das Relationselement r_{n_j} bedeutet. Faßt man die s–Tupel als Zahlen des m–adischen Zahlensystems auf, also

$$n_{s-1} * m^{s-1} + n_{s-2} * m^{s-2} + \ldots + n_1 * m + n_0,$$

so entspricht jeder nichtnegativen Zahl genau eine mögliche (eventuell nicht sinnvolle) Situationsfolge. Damit läßt sich T_n derart durch eine deterministische Turingmaschine T_d simulieren:

a) Bei Beginn steht bei T_d

$$\ldots \sharp z \sharp w \sharp \ldots$$

auf dem Speicherband, wenn w das Wort bezeichnet, das bei T_n ursprünglich auf dem Band steht. z hat den Wert 0.

b) T_d bestimmt aus z die Situationsfolge und schreibt diese auf das Speicherband

$$\ldots \sharp z \sharp w \sharp n_0 \sharp n_1 \sharp \ldots \sharp n_{s-1} \sharp \ldots$$

c) T_d verändert w entsprechend der Situationsfolge. Bandinhalt:

$$\ldots \sharp z \sharp w \sharp w_z \sharp \ldots$$

Falls T_n dabei in einen Endzustand gelangt, gelangt auch T_d in einen Endzustand.

d) Solange T_d nicht in einem Endzustand ist, wird w_z gelöscht, z um 1 erhöht und dann bei b) fortgefahren.

Durch diesen Algorithmus (dessen einzelne Schritte durch deterministische Turingmaschinen realisiert werden können) wird T_n durch T_d realisiert. Gibt es eine Situationsfolge derart, daß T_n w akzeptiert, so wird w durch das angegebene Verfahren auch durch T_d akzeptiert.

Man kann sich noch weitere Erweiterungen der Turingmaschine überlegen, die jedoch alle zu demselben Ergebnis führen. Jede solche Erweiterung ist durch eine deterministische Turingmaschine in der ursprünglichen Definition simulierbar.

Andererseits gibt es Probleme, die durch Turingmaschinen nicht lösbar sind, z.B. das Halteproblem.

Beim Halteproblem, und bei ähnlichen Problemen, stellt sich natürlich die Frage, wieweit der dort zugrundeliegende Algorithmusbegriff einem "allgemeinen" Algorithmusbegriff genügt. Es ist klar, daß jede Turingmaschine einen Algorithmus darstellt. Schwieriger ist die umgekehrte Frage: Ist jeder allgemeine Algorithmus durch eine geeignete Turingmaschine durchführbar?

Um diese Frage zu entscheiden, kann man prinzipiell wie folgt vorgehen. Ausgehend von der Annahme, daß jeder Algorithmus durch eine Turingmaschine realisierbar ist, versucht man einen Algorithmus zu finden, der nicht durch eine Turingmaschine beschreibbar ist. Hat man diesen gefunden, erweitere man die Leistungsfähigkeit der Turingmaschine in geeigneter Weise oder schränke den Algorithmusbegriff ein. Man kann dann, von dieser Sachlage ausgehend, wieder prüfen, ob nun alle Möglichkeiten abgedeckt sind. Es hat sich in den letzten Jahrzehnten gezeigt, daß man keinen leistungsfähigeren Automaten als die Turingmaschine angeben konnte, andererseits aber auch nicht zeigen konnte, daß alle Algorithmen durch Turingmaschinen realisierbar sind. Dies legt die Vermutung nahe, die Begriffe Turingmaschine und Algorithmus als gleichwertig zu betrachten. Damit gelangt man zur *Turingschen These*: Jede Turingmaschine stellt einen Algorithmus dar und für jeden Algorithmus gibt es eine Turingmaschine, die diesen Algorithmus realisiert.

Da Turingmaschinen äquivalent sind zu den partiell–rekursiven Funktionen, den allgemeinen Regelsprachen, der PASCAL–Berechenbarkeit (und noch einigen ähnlichen Berechnungsmechanismen), gelangte Church bereits 1936 sinngemäß zu der *Churchschen These*: Die Klasse der intuitiv berechenbaren Funktionen ist die Klasse der partiell–rekursiven Funktionen. Diese These, und auch die Turingsche These, ist kein mathematischer Satz und daher auch nicht als solcher beweisbar, da der Begriff der intuitiv berechenbaren Funktionen nicht exakt definiert ist und auch nicht exakt definierbar ist. Man kann zeigen, daß die Churchsche und die Turingsche These einander äquivalent sind.

Ebenso wie es universelle Programme oder Funktionen gibt, kann man auch universelle Turingmaschinen angeben, die eine beliebige Turingmaschine simulieren können. Die "Komplexität" einer solchen universellen Turingmaschine läßt sich in gewisser Weise durch die Anzahl der Zustände und die Anzahl der Elemente des Alphabets charakterisieren. Dabei läßt sich i.a. durch Vermehrung der Zustände die Anzahl der Elemente des Alphabets vermindern und vice versa; Shannon zeigte, daß man eine universelle Turingmaschine mit nur zwei Zuständen konstruieren kann (eine solche mit zwei Zeichen im Alphabet ist wegen der unären Verschlüsselung trivial). Es ist bekannt, daß es keine universelle Turingmaschine mit nur einem Zustand sowie keine mit zwei Zuständen und zwei Zeichen im Alphabet gibt.

Die Entwicklung von möglichst "einfachen" universellen Turingmaschinen zeigt:

	$|Z|$	$|E|$	$|Z| \times |E|$
Shannon (1932)	2	?	?
Ikenu (1958)	10	6	60
Minsky (1960)	7	6	42
Watanabe (1961)	6	5	30
Minsky (1962)	4	7	28

8. Komplexitätsklassen

Die bisherige Betrachtungsweise der Algorithmen, Programme und Maschinen war qualitativer Art. Es war jeweils gefragt, was ein Programm bzw. eine Maschine qualitativ leistet oder leisten kann. Betrachtet man die beiden Programmstücke

Variante 1	Variante 2

summe:= 0;
for I:= 1 **to** N **do**
summe := summe + I:
	summe:= N $*$ (N + 1) div 2 ;

so berechnen beide für N $\geq$ 0 die Summe der Zahlen 1 bis N. Offensichtlich ist Variante 2 vom rechnerischen Standpunkt aus wesentlich effizienter, insbesondere für große N. Bei der praktischen Umsetzung sind also auch quantitative Aspekte wichtig, z.B. wie aufwendig ein Programm ist; oder darüberhinausgehend die Frage, ob ein Programm in einem gewissen Sinn optimal ist, d.h. nicht weiter verbessert werden kann.

Um solche quantitativen Aussagen machen zu können, muß man den Begriff der "Berechnung" präzisieren. Dies wird in den folgenden Abschnitten auf mehrere, verschiedenartige Weisen geschehen.

Für Aussagen zum quantitativen Verhalten bedient man sich der sogenannten O–Notation oder Landau–Symbole. Es seien $f : I\!N_0 \rightarrow I\!N_0$, $g : I\!N_0 \rightarrow I\!N_0$. Dann nennt man

$$f(n) = O\big(g(n)\big), \text{ (in Worten: } f \text{ ist in der Ordnung von } g \text{)}$$

falls es ganze Zahlen c und n_0 derart gibt, daß $f(n) \leq cg(n)$ für alle $n \geq n_0$ gilt. Ist $f(n) = O\big(g(n)\big)$ und $g(n) = O\big(f(n)\big)$, dann haben f und g *dasselbe Wachstum*. Gilt nicht $f(n) = O\big(g(n)\big)$, so schreibt man $f(n) \neq O\big(g(n)\big)$. Ist $f(n) = O\big(g(n)\big)$ und $g(n) \neq O\big(f(n)\big)$, dann *wächst $g(n)$ schneller als $f(n)$*.

Aus diesen Festlegungen lassen sich leicht die folgenden Aussagen ableiten:
- Ein Polynom

$$p(n) = a_r n^r + \ldots + a_1 n + a_0$$

des Grades r hat das Wachstum $O(n^r)$. Für $m < r$ wächst $p(n)$ schneller als n^m und für $m > r$ wächst n^m schneller als $p(n)$.
- Die Exponentialfunktion

$$e(n) = k^n, \quad k > 1,$$

wächst schneller als jedes Polynom. Ist $h > k$, so wächst h^n schneller als k^n.
– Aus $f(n) = O(g(n))$ und $g(n) = O(h(n))$ folgt $f(n) = O(h(n))$.

Für O gelten die Rechenregeln bzw. Gleichungen:
$$f(n) = O(f(n)),$$
$$c * f(n) = O(f(n)).$$

Die $O-$ Notation gibt eine obere Schranke für eine Funktion an. Die $\Omega-$ *Notation* dient zur Angabe von unteren Schranken. Man schreibt

$$f(n) = \Omega(g(n)),$$

falls es ganze Zahlen c und n_0 derart gibt, daß $f(n) \geq cg(n)$ für alle $n \geq n_0$ ist. Aus $f(n) = \Omega(g(n))$ folgt $g(n) = O(f(n))$ und vice versa.

In den vorigen Kapiteln wurde der Begriff der Berechenbarkeit auf verschiedene, aber äquivalente Art und Weisen definiert. Während bei diesen Überlegungen ausschließlich der qualitative Gesichtspunkt der Berechenbarkeit bzw. Nichtberechenbarkeit von Bedeutung war, sollen nun quantitative Aspekte bezüglich des Rechenaufwandes betrachtet werden. Den erforderlichen Rechenaufwand bezeichnet man als *Komplexität*.

Die Berechnung von Funktionen unterscheidet sich in ihrem Aufwand je nach dem zugrundeliegenden Berechnungsmodell. Minipascal, RAM, Turingmaschine oder nichtdeterministische Turingmaschine erfordern unterschiedlich viel Aufwand für eine bestimmte Funktion. Es wird sich zeigen, daß die verschiedenen Komplexitäten sich von einem Modell in ein anderes umrechnen lassen. Deshalb soll hier zunächst nur Minipascal betrachtet werden.

Für Minipascal ist die *uniforme Zeitkomplexität* $t_P(n)$ eines Programmes P mit der Funktion $f_P : I\!N_0 \rightarrow I\!N_0$ gleich der Häufigkeit, mit der die drei Anweisungen (V ist ein beliebiger Variablenname)

$$V := 0, \quad V := V + 1, \quad V := V \dot{-} 1,$$

bei Eingabe von n ausgeführt werden. Die **while** –Anweisung, **loop** –Anweisung, *read* und *write* werden also nicht weiter beachtet.

Beispiel: Das Programm

```
program  SUMME (input, output);
var  n, sum : cardinal;
begin
    read( n );
    sum:= 0;
    loop  n do
        loop  n do  sum:= sum + 1;
    write(sum)
end ;
```

berechnet $f(n) = n^2$ und es gilt $t_P(n) = n^2 + 1$ ◇

Ein Programm P heißt $t(n)-$ *zeitbeschränkt*, wenn

$$t_P(n) = O(t(n))$$

ist. Das vorige Beispiel ist demnach n^2- zeitbeschränkt.

Für Programme mit $f_P : \mathbb{N}_0^r \to \mathbb{N}_0^q$ ist die Komplexität eine Funktion $t_P : \mathbb{N}_0^r \to \mathbb{N}_0$.

8.1 Loop–Programme

Loop–Programme berechnen primitiv–rekursive Funktionen. Hat ein Loop–Programm $P \in L_n$ mit den Eingabevariablen $n_1, \ldots, n_r$ die Komplexität $t_P(n_1, \ldots, n_r)$, so läßt sich t_P durch ein Loop–Programm derselben Schachtelungstiefe berechnen. Man braucht hierzu in dem Programm P nur einen Zähler Z, der bei Programmbeginn auf 0 initialisiert und unmittelbar hinter jeder Wertzuweisung ($V := 0$, $V := V + 1$, $V := V \doteq 1$) um 1 erhöht wird. Z zählt so die Anzahl der Wertzuweisungen mit und bei Programmende hat Z den Wert $t_P(n_1, \ldots, n_r)$. Wie sich für Z eine obere Schranke angeben läßt, soll nun untersucht werden.

Es seien folgende Programmstücke $P_i \in L_i$ gegeben.

a) $P_1 :$ **loop** X_1 **do** $X_1 := X_1 + 1$;

Die Schleife bewirkt, daß der Wert von X_1 verdoppelt wird (man beachte, daß die Anzahl der Schleifendurchgänge durch den Wert, den X_1 vor Betreten der Schleife hat, bestimmt wird). P_1 berechnet die Funktion $f_1(X_1) = 2 * X_1$.

b) $P_2 :$ **begin**

   $X_1 := 0$;

   $X_1 := X_1 + 1$;

   loop X_2 **do** P_1;

   $X_2 := 0$;

   loop X_1 **do** $X_2 := X_2 + 1$

  end ;

Das Programmstück P_2 berechnet die Funktion $f_2(X_2) = 2 \uparrow X_2$.

c) Für $n > 1$ gelte (der Fall $n = 1$ ist bereits bei b) abgehandelt):

$P_{n+1} :$ **begin**

   $X_n := 0$;

   $X_n := X_n + 1$;

   loop X_{n+1} **do** P_n;

   $X_{n+1} := 0$;

   loop X_n **do** $X_{n+1} := X_{n+1} + 1$

  end ;

Die berechnete Funktion von P_{n+1} werde mit $h_{n+1}(x)$ bezeichnet. Bezeichnet man mit $g^{(m)}(x)$ die $m-$ fache Komposition von g , also

$$g^{(0)}(x) = x,$$
$$g^{(1)}(x) = g(x),$$
$$g^{(m+1)}(x) = g(g^{(m)}(x)),$$

so folgt aus den obigen Programmstücken unmittelbar

$$h_1(x) = 2 * x,$$
$$h_2(x) = 2 \uparrow x,$$
$$h_{n+1}(x) = h_n^{(x)}(1).$$

Wegen ($n \geq 1$)

$$h_{n+1}(x + 1) = h_n^{(x+1)}(1)$$
$$= h_n(h_n^{(x)}(1))$$
$$= h_n(h_{n+1}(x))$$

kommt man, wenn man

$$a(n, x) := h_n(x)$$

setzt, zu der Rekursion

$$a(1, x) = 2 * x, \quad x \geq 0,$$
$$a(n, 0) = 1, \qquad n \geq 1,$$
$$a(n + 1, x + 1) = a(n, a(n + 1, x)), \quad x \geq 0, n \geq 1.$$

Diese Rekursion beschreibt aber gerade die Ackermannfunktion $a(n, x)$ für $n \geq 1$. Definiert man noch

$$h_0(x) := \begin{cases} x + 1, & \text{falls } x \leq 1 \\ x + 2, & \text{falls } x > 1 \end{cases}$$

so liegt die vollständige Ackermannfunktion vor.

Für die Funktionen $h_n^{(k)}(x)$, $n \geq 0$, $k \geq 0$, $x \geq 0$, lassen sich folgende Eigenschaften feststellen:

a) $h_n(x) \leq h_{n+1}(x)$, d.h. monoton wachsend in n (Beweis ist bereits früher geführt).

b) $h_n(x) < h_n(x + 1)$, d.h. streng monoton wachsend in x (Beweis wurde ebenfalls bereits früher geführt).

c) $h_n^{(k)}(x) < h_n^{(k+1)}(x)$, d.h. streng monoton wachsend in k.

Beweis: Wegen $h_n(x) > x$ folgt $h_n^{(k)}(x) < h_n(h_n^{(k)}(x)) = h_n^{(k+1)}(x)$.

d) $h_0^{(k)}(x) \geq (x+1)^{(k)} = x + k \geq k$,

$h_1^{(k)}(x) = (2 * x)^{(k)} = 2^k * x$.

e) Für $n \geq 1$ gilt:
$$h_n^{(k+1)}(x) \geq 2 * h_n^{(k)}(x).$$

Beweis durch Induktion nach k. Für $k = 0$ ist
$$h_n^{(1)}(x) \geq h_1^{(1)}(x) = 2 * x = 2 * h_n^{(0)}(x).$$

Mit der Induktionsannahme für k ergibt sich:
$$h_n^{(k+2)}(x) = h_n^{(k+1)}(h_n(x)) \geq 2 * h_n^{(k)}(h_n(x))$$
$$= 2 * h_n^{(k+1)}(x).$$

f) Für $n \geq 1$ ist:
$$h_n^{(k)}(x) + x \leq h_n^{(k+1)}(x).$$

Beweis: Für $k = 0$ ergibt sich mittels e):
$$h_n^{(0)}(x) + x = 2 * x = 2 * h_n^{(0)}(x) \leq h_n^{(1)}(x).$$

Für $k > 0$ ergibt sich :
$$h_n^{(k+1)}(x) \geq 2 * h_n^{(k)}(x) \geq h_n^{(k)}(x) + h_n^{(1)}(x)$$
$$> h_n^{(k)}(x) + x.$$

Mithilfe dieser Eigenschaften der Funktionen $h_n^{(k)}(x)$ läßt sich nun eine Schranke für $t_P(n_1, \ldots, n_r)$ angeben.

Satz: Es sei $P \in L_n$ und $u = max(n_1, n_2, \ldots, n_r)$. Dann gibt es eine ganze Zahl k derart, daß
$$t_P(n_1, n_2, \ldots, n_r) \leq h_n^{(k)}(u)$$
ist.

Beweis: durch Induktion nach n.

a) $n = 0$. In diesem Fall enthält P keine Schleifen. Ist k die Anzahl der Wertzuweisungen, so gilt
$$t_P(n_1, n_2, \ldots, n_r) = k \leq h_0^{(k)}(u).$$

b) Induktionsannahme für ein $n \geq 0$:
$$t_P(n_1, n_2, \ldots, n_r) \leq h_n^{(k)}(u).$$

c) Es sei $n \geq 1$ und P sowohl in L_n als auch in L_{n-1}. Dann gilt nach der Induktionsannahme
$$t_P(n_1, n_2, \ldots, n_r) \leq h_{n-1}^{(k)}(u) \leq h_n^{(k)}(u).$$

d) Es sei $n = 1$ und P habe die Form

    loop X **do** Q

mit $Q \in L_0$, d.h. $t_Q(n_1, \ldots, n_r) = q$ für eine Konstante $q \in I\!N_0$. Wählt man k so, daß $q \leq 2^k$ ist, und ist w der Wert von X, so gilt (X ist eine Eingabevariable !):

$$
\begin{aligned}
t_Q(n_1, \ldots, n_r) &= w * q \\
&\leq u * q \\
&\leq 2^k * u \\
&\leq h_1^{(k)}(u).
\end{aligned}
$$

e) Ist $h_n^{(k)}(u)$ eine obere Schranke für die Komplexität, so kann für eine bestimmte Variable V höchstens $h_n^{(k)}(u)-$ mal eine Wertzuweisung $V := V + 1$ durchgeführt werden. Also sind alle Variablen, die über die Eingabe höchstens den Anfangswert u bekommen, nach oben durch

$$
u + h_n^{(k)}(u) \leq h_n^{(k+1)}(u)
$$

beschränkt.

f) Es sei nun $n > 1$ und P habe wieder die Form

    loop X **do** Q

mit $Q \in L_{n-1}$, und für ein $j \in I\!N_0$ gelte

$$
t_Q(n_1, \ldots, n_r) \leq h_{n-1}^{(j)}(u).
$$

Bei jedem Schleifendurchgang werden die "Eingabevariablen" von Q eventuell erhöht. Um t_P abschätzen zu können, muß man demnach die Werte der Variablen nach oben abschätzen. Nach dem ersten Durchlauf sind nach e) die Werte aller Variablen

$$
\begin{aligned}
&\leq u + h_{n-1}^{(j)}(u) \\
&\leq h_{n-1}^{(j+1)}(u)
\end{aligned}
$$

und die Laufzeit hat dieselbe Schranke. Nach dem zweiten Durchgang gilt für die Variablen und die Laufzeit

$$
\begin{aligned}
&\leq h_{n-1}^{(j+1)}(u) + h_n^{(j)}(h_{n-1}^{(j+1)}(u)) \\
&= h_{n-1}^{(j+1)}(u) + h_{n-1}^{(2j+1)}(u) \\
&\leq 2 * h_{n-1}^{(2j+1)}(u) \\
&\leq h_{n-1}^{(2j+2)}(u).
\end{aligned}
$$

Nach r Durchläufen erhält man die Schranke

$$
h_{n-1}^{(r*(j+1))}(u).
$$

Somit gilt für t_P :

$$
\begin{aligned}
t_P(n_1, \ldots, n_r) &\leq h_{n-1}^{(u*(j+1))}(u) \\
&\leq h_{n-1}^{(u*(j+1))}(h_n(u))
\end{aligned}
$$

$$\begin{aligned}
&= h_{n-1}^{(u*(j+1))}(h_{n-1}^{(u)}(1)) \\
&= h_{n-1}^{(u*(j+2))}(1) \\
&\leq h_{n-1}^{(u*(2^{j+1}))}(1) \\
&\leq h_{n-1}^{(h_1^{(j+2)}(u))}(1) \\
&\leq h_{n-1}^{(h_n^{(j+2)}(u))}(1) \\
&= h_n(h_n^{(j+2)}(u)) \\
&= h_n^{(j+3)}(u).
\end{aligned}$$

Setzt man nun $k = j + 3$, so folgt die Behauptung.

g) Im allgemeinen Fall $n \geq 1$ kann P in die Form

$$P_0;\ \textbf{loop}\ i_1\ \textbf{do}\ Q_1;$$
$$P_1;\ \textbf{loop}\ i_2\ \textbf{do}\ Q_2;$$
$$\vdots$$
$$P_{m-1};\ \textbf{loop}\ i_m\ \textbf{do}\ Q_m;$$
$$P_m$$

gebracht werden, wobei die P_i und Q_i alle in der Klasse L_{n-1} liegen. Somit liegt jedes P_i und jedes Q_i in einer Klasse, die schon zuvor behandelt wurde. Jede "Ausgabe" von P_i, $0 \leq i \leq m-1$, ist eine "Eingabe" für die anschließende Schleife; jede Schleife liefert wiederum die "Eingabe" für das nachfolgende P_i. Beachtet man nun wiederum, daß die Variablen im Wachstum nach oben begrenzt sind, so folgt für geeignete Konstanten:

$$\begin{aligned}
t_P(n_1, \ldots, n_r) &= h_n^{(k_0)}(u) \\
&+ h_n^{(k_1)}(h_n^{(k_0)}(u)) \\
&+ h_n^{(k_2)}(h_n^{(k_1)}(h_n^{(k_0)}(u))) \\
&+ \ldots \\
&+ h_n^{(k_s)}(h_n^{(k_{s-1})}\ldots(h_n^{(k_0)}(u))\ldots) \\
&\leq h_n^{(k_0+k_1+\ldots+k_s+s-1)}(u) \\
&= h_n^{(k)}(u),
\end{aligned}$$

wenn $k = k_0 + k_1 + \ldots + k_s + s - 1$ gesetzt wird $\diamond$

Die eingangs aufgeführten Progamme P_n mit den Funktionen $h_n(x) = a(n, x)$ liegen in der Programmklasse L_n. Es bleibt noch zu klären, ob L_n jeweils eine echte Obermenge von L_{n-1} ist. Dazu zunächst ein

Lemma: Für alle n, k gilt

$$h_n^{(k)}(x) < h_{n+1}(x)$$

für alle $x \in I\!N_0 \setminus S$, wobei S eine endliche Teilmenge von $I\!N_0$ ist (die Beziehung gilt also für alle x mit endlich vielen Ausnahmen, oder $h_n^{(k)}(x) < h_{n+1}(x)$ für alle $x \geq n_0 \in I\!N_0$).

Beweis: Für $n = 0$ ist $h_n^{(k)}(x) = x + 2 * k$ für $x \geq 2$ und $h_1(x) = 2 * x$. Für feste k gibt es nur endlich viele x mit $2 * x < x + 2 * k$.

Für $n \geq 1$ erfolgt der Beweis durch Induktion nach k. $k = 0$ ergibt

$$h_n^{(0)}(x) = x < h_{n+1}(x) \text{ für alle } x.$$

Unter der Induktionsannahme

$$h_n^{(k)}(x) < h_{n+1}(x) \text{ für genügend großes } x$$

gilt

$$
\begin{aligned}
h_n^{(k+1)}(x) &< h_{n+1}^{(k+1)}(2 * x - 4) \\
&= h_n^{(k+1)}(h_1(x - 2)) \\
&\leq h_n^{(k+1)}(h_n(x - 2)) \\
&= h_n^{(2)}(h_n^{(k)}(x - 2)) \\
&< h_n^{(2)}(h_{n+1}(x - 2)) \\
&= h_n^{(2)}(h_n^{(x-2)}(1)) \\
&= h_n^{(x)}(1) \\
&= h_{n+1}(x) \quad \diamond
\end{aligned}
$$

Satz: Es ist $h_{n+1}(x) \in L_{n+1} \setminus L_n$ für alle $n \geq 0$.

Beweis (indirekt):

Es sei $h_{n+1}(x) \in L_n$. Dann ist die Komplexität von $h_{n+1}(x)$ durch $h_n^{(k)}(x)$ begrenzt, wenn k eine geeignete Konstante ist. D.h. es müßte gelten

$$h_{n+1}(x) < h_n^{(k)}(x) \text{ für alle } x.$$

Dies ist aber ein Widerspruch zu dem vorigen Lemma $\quad \diamond$

Somit gibt es primitiv–rekursive Funktionen, die durch Programme in P_{n+1} berechnet werden können, aber nicht durch Programme in P_n.

8.2 Turingmaschinen

Neben Minipascal genügen auch bei Turingmaschinen wenige Operationen, mit Hilfe derer alle berechenbaren Funktionen berechnet werden können. Während bei Minipascal die Wortzuweisung als elementare Einheit zur Bestimmung der Komplexität festgelegt wurde, nimmt man bei den Turingmaschinen die Anzahl der ausgeführten Aktionen als Maß. Je nachdem, ob deterministische oder nichtdeterministische Turingmaschinen betrachtet werden, ergeben sich für eine bestimmte Funktion f bzw. Sprache L unterschiedliche Ergebnisse.

Eine Turingmaschine ist taktgesteuert. Die Übergangsfunktion legt fest, wieviel Takte bzw. Schritte auszuführen sind, bis ein gegebenes Wort w auf dem Speicherband abgearbeitet ist (bei der $k-$ Band–Turingmaschine werden in einem Arbeitsschritt gleichzeitig k Schreib–/Leseköpfe bewegt).

Anstatt der Anzahl der auszuführenden Takte kann man auch die Anzahl der Plätze auf dem Speicherband der Turingmaschine, die für die Verarbeitung des Wortes w benötigt werden, als Maß der Komplexität heranziehen.

Jeder Turingmaschine T entspricht eine Sprache L, die alle Wörter, die T akzeptiert, enthält. Bezeichnet T_d eine deterministische und T_n eine nichtdeterministische Turingmaschine, so kann man folgende Klassen gleicher Komplexität bilden:

— $DTIME(t(n))$:= $\{\, L \mid \exists\, O(t(n))-$ zeitbeschränktes T_d, das L akzeptiert; n Länge der Eingabe $\}$

— $NTIME(t(n))$:= $\{\, L \mid \exists\, O(t(n))-$ zeitbeschränktes T_n, das L akzeptiert; n Länge der Eingabe $\}$

— $DSPACE(s(n))$:= $\{\, L \mid \exists\, O(s(n))-$ bandbeschränktes T_d, das L akzeptiert; n Länge der Eingabe $\}$

— $NSPACE(s(n))$:= $\{\, L \mid \exists\, O(s(n))-$ bandbeschränktes T_n, das L akzeptiert; n Länge der Eingabe $\}$

Nimmt man statt der Turingmaschine jeweils $k-$ Band–Turingmaschinen (deterministisch und nichtdeterministisch), so umfaßt die Berechnungspotenz dieselbe Sprachklasse, da ja die $k-$ Band–Maschinen durch $1-$ Band–Maschinen simuliert werden können. Simuliert man in der in Abschnitt 7.3 beschriebenen Art, so ist der Bandverbrauch der $1-$ Band–Maschine um eine konstante Zahl von Speicherzellen, die benötigt werden, um

die Position der $k-$Bänder zu merken, größer als der maximale Bandverbrauch der
$k-$Band-Maschine. $DSPACE(s(n))$ definiert also dieselbe Sprachklasse für jede beliebige $k-$Band-Maschine, entsprechendes gilt für $NSPACE(s(n))$. Somit genügt es,
$1-$Band-Maschinen beim Speicherplatzverbrauch zu betrachten. Beim Zeitverbrauch
sieht man, daß ein einzelner Takt der $k-$Band-Maschine durch maximal $k*t(n)$ Takte
der $1-$Band-Maschine simuliert werden kann, da die Schreib-/Leseköpfe zweier Bänder
höchstens $t(n)$ Felder (die Anzahl der Takte ist eine obere Grenze für die Anzahl der
Felder) voneinander entfernt liegen.

Also gilt, daß $DTIME(t(n))$ für eine $k-$Band-Maschine eine Untermenge von $DTIME$
$(t^2(n))$ einer $1-$Band-Maschine ist. Die $1-$Band-Maschine ist also höchstens "etwas
langsamer" als die $k-$Band-Maschine. Für prinzipielle Fragestellungen genügt also beim
Zeitaufwand ebenfalls die Beschränkung auf $1-$Band-Maschinen. Im folgenden werden
deshalb nur noch diese betrachtet.

Für $t(n)$ und $s(n)$ lassen sich untere Schranken angeben. Um ein Wort w der Länge
n abzuarbeiten, muß eine Turingmaschine mindestens n Takte zum Lesen von w sowie
einen Takt zum Erkennen des Endes von w auszuführen. Folglich gilt:

$$t(n) \geq n+1 \quad \text{bzw.} \quad t(n) = \Omega(n)\,.$$

Für $s(n)$ gilt die triviale Schranke

$$s(n) \geq n,$$

da ja zu Beginn das zu verarbeitende Wort der Länge n auf dem Band stehen muß.

Beispiel:
Es sei eine Folge positiver ganzer Zahlen $F = (W, w_1, \ldots, w_n), w_i \leq W$, gegeben. Das
Rucksack-Problem besteht darin, eine Untermenge $U \subset \{1, \ldots, n\}$ der Indizes so zu
finden, daß

$$W = \sum_{j \in U} w_j$$

gilt (Anschauliche Interpretation: Man packe eine Menge von Päckchen der Größe w_j so
in einen Rucksack, daß sie genau die Größe W des Rucksacks ausfüllen). Eine Lösung
dieses Problems kann für eine nichtdeterministische Turingmaschine T wie folgt aussehen. Bei Beginn steht auf dem Speicherband

$$\ldots \| \| W \| w_1 \| w_2 \| \ldots \| w_n \| \| \ldots$$

und der Schreib–/Lesekopf steht auf dem ersten Zeichen von W. T arbeitet wie folgt:

– T schreibt den Wert 0, der mit w bezeichnet sei, im Anschluß an w_n auf das Band, also

$$\ldots \sharp\sharp W \sharp w_1 \sharp \ldots \sharp w_n \sharp w \sharp\sharp \ldots$$

– Für $j, 1 \leq j \leq n$, wird nichtdeterministisch ausgeführt:

  Entweder lasse w unverändert

  oder addiere w_j zu w.

T löst das Rucksack–Problem, falls für irgendeine Rechnung $W = w$ gelten kann. Es gilt $t(n) = O(n^2)$, da T für jedes j den Schreib–/Lesekopf höchstens einmal zu w hin bewegen und wieder zu w_j zurückbewegen muß.

Um den minimalen Bandverbrauch zu bestimmen, muß man die Verschlüsselung der Zahlen beachten:

a) Unäre Verschlüsselung:

	Stellenzahl	
W	$W + 1$	
w_i	$\leq W + 1$	für $i = 1, 2, \ldots, n$
w	$W + 1$	
Begrenzer	$n + 3$	

Also

$$\begin{aligned}
s(n) &= W + 1 + n(W + 1) + W + 1 + n + 3 \\
&= (n + 3)(W + 1) + n + 3 \\
&= O(nW).
\end{aligned}$$

b) $(W + 1)$ – adische Verschlüsselung, d.h. jeder Wert kann durch ein Zeichen dargestellt werden:

$$\begin{aligned}
s(n) &= 1 + n + 1 + n + 3 \\
&= 2n + 5 = O(n) \quad \diamond
\end{aligned}$$

Zwischen den eingeführten Komplexitätsmaßen gibt es einige einfache Zusammenhänge:

a) $DTIME(t(n)) \subset DSPACE(t(n))$ sowie

  $NTIME(t(n)) \subset NSPACE(t(n))$.

  Dies folgt aus der Tatsache, daß bei jedem Takt höchstens ein Feld benutzt werden kann, und bei $t(n)$ Takten somit höchstens $t(n)$ Felder.

b) $DTIME(t(n)) \subset NTIME(t(n))$ sowie
$DSPACE(t(n)) \subset NSPACE(t(n))$,

da der deterministische Fall im nichtdeterministischen Fall enthalten ist.

Eine deterministische Turingmaschine, die auf einem begrenzten Band operiert, kann nur eine endliche Anzahl verschiedener Situationen durchlaufen. Hat T_d z Zustände, $e = |E|$ Zeichen im Alphabet und verbraucht T_d höchstens s Felder auf dem Band, so gibt es höchstens $z * s * e^s$ verschiedene Situationen (der Faktor e^s beschreibt alle möglichen Bandinhalte, der Faktor s die möglichen Positionen des Schreib–/Lesekopfes und z die möglichen Zustände). Macht nun T_d, wenn es auf ein Wort w auf s Feldern angesetzt wird, mehr als $z * s * e^s$ Schritte, so muß sich notgedrungen eine Situation wiederholen. Da sich aber eine solche Situation dann ständig wiederholt, stoppt T_d nicht.

Ist nun $s(n)$ die Anzahl der Felder, die für ein Wort der Länge n benötigt werden, so läßt sich die maximale Schrittzahl $t(n)$ abschätzen:

$$t(n) \leq z * s * e^s \leq c^s$$

für eine geeignete Konstante c. Also gilt

$$DSPACE(s(n)) \subset DTIME(c^{s(n)})\,.$$

Um einen Zusammenhang zwischen $NTIME$ und $DSPACE$ herzustellen, koppelt man die Werte der durch die Turingmaschine zu berechnenden Funktion mit dem benötigten Platz. Man nennt eine Funktion $f : I\!N_0 \to I\!N_0$ *bandkonstruierbar*, wenn es eine deterministische Turingmaschine gibt, die $O(f(n))$ – bandbeschränkt ist und bei der Eingabe von w nicht mehr als $f(|w|)$ Felder benutzt. Ist eine Funktion f bandkonstruierbar, dann gilt:

$$NTIME(f(n)) \subset DSPACE(f(n)).$$

Beweisskizze: Sei T_n eine nichtdeterministische Turingmaschine, die f berechnet. Man konstruiert nun eine deterministische Turingmaschine T_d, die mit einer Eingabe der Länge n alle möglichen nichtdeterministischen Berechnungen von T_n der maximalen Länge $f(n)$ simuliert. T_d arbeitet wie folgt:

a) Für ein Wort w der Länge n wird $f(n)$ berechnet und auf dem Band gespeichert. Nach Voraussetzung werden hierfür höchstens $f(n)$ Felder benutzt.

b) Die Berechnungsfolgen von T_n können lexikographisch geordnet werden und nacheinander auf T_d zum Ablauf gebracht werden. Die Ergebnisse jeder Simulation können nach der Durchführung der Berechnung wieder gelöscht werden.

c) T_d akzeptiert ein Wort genau dann, wenn auch T_n dies akzeptiert.

Bei dieser Vorgehensweise wird nicht mehr als $O(f(n))$ Platz benötigt $\diamond$

Man kann zeigen, daß viele gängigen Funktionen $(n, n^2, \sqrt{n}$ usw.) bandkonstruierbar sind.

Schließlich gilt noch (ohne Beweis) der Zusammenhang

$$NSPACE(s(n)) \subset DSPACE(s^2(n))$$

für $s(n) \geq \log_2 n$ und $s(n)$ bandkonstruierbar.

Faßt man die obigen Ergebnisse zusammen, so ergibt sich die folgende Darstellung in Form eines Graphen, bei dem eine Kante (a, b) die Bedeutung $a \subset b$ hat:

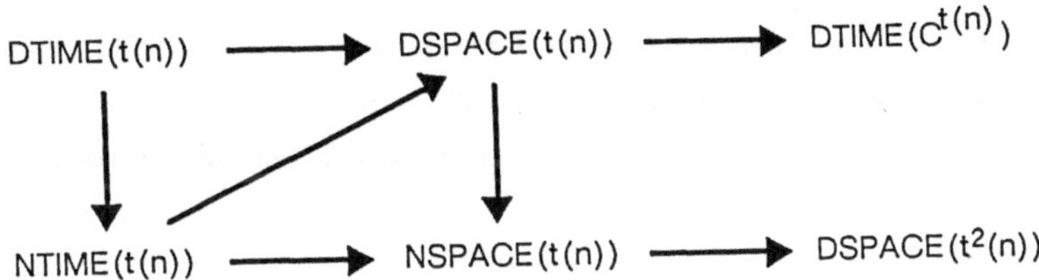

Aus diesem Bild kann man wegen

$$DSPACE(t(n)) \subset NSPACE(t(n)) \subset DSPACE(t^2(n))$$

folgern, daß $NSPACE$ nicht zu weit von $DSPACE$ liegt. Offene Probleme ergeben sich, wenn man danach fragt, ob es sich bei der Eigenschaft "Teilmenge" um eine echte Teilmenge handelt. Also:

a) Gilt $NTIME(t(n))\backslash DTIME(t(n)) = \emptyset$ für gewisse $t(n)$? Diese Frage wird im nächsten Abschnitt behandelt werden.

b) Gilt $NSPACE(t(n))\backslash DSPACE(t(n)) = \emptyset$ für gewisse $t(n)$? Hierunter fällt auch die Frage, ob der deterministische linear–beschränkte Automat dem nichtdeterministischen äquivalent ist.

8.3 Minipascal und Turingmaschinen

Im vorigen Kapitel wurde gezeigt, daß alle Berechnungen, die mit Turingmaschinen
ausgeführt werden können, auch durch Minipascal formulierbar sind und vice versa.
Zunächst soll nun ein Vergleich der Komplexität zwischen Minipascal und deterministischen Turingmaschinen mit k Bändern durchgeführt werden. Dabei wird sich zeigen, daß
jede $t(n)$— zeitbeschränkte Turingmaschine durch ein "ungefähr" $t(n)$— zeitbeschränktes
Minipascalprogramm simuliert werden kann und analog für die Simulation eines Mini-
pascalprogramms durch eine Turingmaschine. Entsprechende Aussagen gelten auch für
den Speicherplatzbedarf. Die Komplexität bleibt also gewissermaßen beim Übergang zu
einem anderen Berechnungsmodell erhalten.

Zwei Funktionen $f : I\!N_0 \to I\!N_0$ und $g : I\!N_0 \to I\!N_0$ heißen *polynomial verknüpft*, wenn
es ein Polynom p gibt derart, daß

$$f(n) \leq p(g(n)),$$
$$g(n) \leq p(f(n))$$

gilt. Ist z.B. $f = n$ und $g = n^{10}$, so ist etwa $p = n^{11}$ ein Polynom, das f und
g polynomial verknüpft. Für $f = n$ und $g = 2^n$ läßt sich kein Polynom p für eine
polynomiale Verknüpfung finden, da $p(f(n)) = p(n)$ schwächer wächst als 2^n.

Zwei Komplexitätsmaße m_1 und m_2 heißen polynomial verknüpft, wenn sie bezüglich
jeder Funktion f mit den Komplexitätsmaßen $m_1(f)$ und $m_2(f)$ polynomial verknüpft
sind.

Ist P ein Programm in Minipascal mit den Anweisungen

$$s_1, s_2, \ldots, s_n$$

sowie den Variablen $X_1, X_2, \ldots, X_k$, so kann P durch ein Turingprogramm mit n deterministischen Turingmaschinen und $k + 2$ Bändern wie folgt simuliert werden:
a) Jeder Variablen X_i wird das Band Nr. i zugeordnet, der Eingabedatei entspricht
   Band Nr. $k + 1$, der Ausgabedatei Band Nr. $k + 2$. Der Schreib–/Lesekopf steht
   jeweils auf dem letzten relevanten Zeichen.
b) O.B.d.A. sei das unäre Alphabet $\{\ |\ \}$ zugrundegelegt.
c) Jeder Anweisung s_i entspricht eine deterministische Turingmaschine T_i, die s_i simuliert. T_i arbeitet für die einzelnen Anweisungen nach dem Schema:
   – **Wertzuweisung** $X_j := X_j + 1$: Bei Band Nr. j wird ein Zeichen $|$ hinzugefügt.

- Wertzuweisung $X_j := X_j \doteq 1$: Bei Band Nr. j wird ein Zeichen | entfernt. Ist kein Zeichen mehr auf Band Nr. j, wird wieder ein Zeichen | hinzugefügt.

- Wertzuweisung $X_j := 0$: Bei Band Nr. j werden alle Zeichen bis auf eins gelöscht.

- Eingabeanweisung *read*(X_j): Übertrage den nächsten Wert von Band Nr. $k+1$ auf Band Nr. j (lösche ggfs. alten Inhalt von Band Nr. j).

- Ausgabeanweisung *write*(X_j): Übertrage den Wert von Band Nr. j nach Band Nr. $k+1$.

- Schleife **while** $X_j \neq 0$ **do** : Prüfe, ob auf Band Nr. j mehr als ein Zeichen | steht.

d) Jede Simulation in c) erfordert entweder eine konstante Anzahl von Takten oder eine Anzahl von Schritten, die proportional zum Wert von X_j ist (Länge der Beschriftung des Bandes Nr. j). Also gibt es eine Konstante c derart, daß für jede Anweisung s_i

$$\text{Anzahl Takte} \;\leq\; c * \max_j |X_j + 1|$$

gilt.

e) Die Turingmaschinen T werden nun wie folgt zusammengeschaltet:

- Start bei T_1 (entspricht der ersten auszuführenden Anweisung s_1).

- Für alle Anweisungen s_i außer den Schleifen wird das Ende von T_i mit dem Anfang von T_{i+1} zusammengeschachtelt.

- Für Schleifen werden zwei Verbindungen hergestellt: zum einen auf die erste Anweisung des Schleifenkörpers und zum andern auf die der Schleife unmittelbar folgende Anweisung.

- Ende ist durch T_n markiert (entspricht der letzten auszuführenden Anweisung s_n).

Betrachtet man nun den Zeitaufwand für T, so kann der Wert der Variablen X_j in einem einzelnen Takt höchstens um 1 erhöht werden. Hat P ursprünglich die Zeitkomplexität $t(n)$, so hat T_d folgende obere Schranke:

$$\begin{aligned}
m(T_d) &\leq t(n) * c * \max_j |X_j + 1| \\
&\leq c * t^2(n) \\
&= O(t^2(n)).
\end{aligned}$$

Auf der anderen Seite läßt sich eine deterministische Turingmaschine T durch ein Programm in Minipascal wie folgt simulieren:

a) O.B.d.A. sei T_d eine 1–Band–Turingmaschine, da die $k-$ Band–Turingmaschine polynomial mit jener verknüpft ist.

b) Die Felder des Bandes seien mit $\ldots, -2, -1, 0, 1, 2, \ldots$ numeriert und T benutze nur Felder mit Nummern ≥ 0. Ist $t(n)$ die Zeitschranke für T_d, so gibt es höchstens $t(n)$ Felder, die T bei der Berechnung benutzt. Man führe $t(n)$ Variablen V_i, $0 \leq i \leq t(n)$, ein und belege jede Variable mit dem "Wert" des entsprechenden Feldes.

c) Eine Variable Z bezeichne den aktuellen Zustand und eine Variable S die Nummer des Feldes, auf dem der Schreib–/Lesekopf steht. Zu Beginn bezeichnet S den Anfangszustand und S hat den Wert 0, d.h. der Schreib–/Lesekopf steht auf dem Beginn des Bandes.

d) Jedem Element q_m der Überführungsfunktion F von T,

$$q_m = (z_i, e_j, z_k, d)$$

entspricht ein Programmstück P_m in Minipascal, das folgendes leistet:

– Mittels Z und S kann das zugehörige Programmstück P_m ermittelt werden. P_m verändert Z, S und die S entsprechende Variable V_S.

e) Die Simulation in c) erfordert für jeden Takt eine konstante Anzahl von Anweisungen.

f) Das Programm P wird nun aus den Programmstücken P_i zusammengeschaltet:

```
Z := 1    { Anfangszustand } ;
S := 0    { Anfangsfeld } ;
while  Z ≠ 0 do    { 0 bezeichne Endzustand }
      begin
          while  Z = 1 do  P₁;
              ⋮
          while  Z = t do  Pₜ    { t : Anzahl der Zustände }
      end  ;
```

g) Der Zeitaufwand für P hat als Zeitschranke:

$$m(P) \leq c_0 + c_1 t(n)$$

mit geeigneten Konstanten c_0 und c_1 und der Schranke $t(n)$ für T.

Korollar: Die uniforme Zeitkomplexität der deterministischen Turingmaschinen und der entsprechenden Programme in Minipascal sind polynomial verknüpft ◇

Nichtdeterministische Turingmaschinen sind nicht unmittelbar mit Programmen in Minipascal vergleichbar, da letztere keine nichtdeterministischen Sprachelemente enthalten. Man kann aber eine direkte Vergleichbarkeit erreichen, wenn man Minipascal um ein nichtdeterministisches Sprachkonstrukt erweitert:

$$\textbf{choice} \quad s_1; s_2; \ldots s_n \quad \textbf{end} \ ,$$

wobei $s_1, s_2, \ldots, s_n$ beliebige (zusammengesetzte) Anweisungen sind. Diese Anweisung hat die Bedeutung, daß bei der Ausführung eine beliebige Anweisung s_i, $1 \leq i \leq n$, ausgewählt und ausgeführt wird und alle übrigen Anweisungen s_j, $j \neq i$, nicht ausgeführt werden. Minipascal, erweitert um die **choice** –Anweisung, heißt *nichtdeterministisches* Minipascal.

Mit geringfügigen Modifikationen kann in den vorigen Ausführungen zu dem Zusammenhang zwischen deterministischen Turingmaschinen und Programmen in Minipascal nachgewiesen werden, daß nichtdeterministische Turingmaschinen mit entsprechenden Programmen in nichtdeterministischem Minipascal polynomial verknüpft sind bezüglich der uniformen Zeitkomplexität.

Simuliert man in der angegebenen Art Turingmaschinen und Programme, dann besteht bezüglich des Speicherbedarfs zwischen den zwei Berechnungsmodellen eine lineare Abhängigkeit, da zwischen der Variablen einerseits und den Bändern andererseits eine unmittelbare Korrespondenz hergestellt ist. Man benötigt höchstens einen konstanten Bedarf für die jeweilige Organisation der Simulation. Folglich ist der Speicherverbrauch

- bei deterministischen Turingmaschinen und Programmen in Minipascal,
- bei nichtdeterministischen Turingmaschinen und Programmen in nichtdeterministischem Minipascal

jeweils polynomial verknüpft.

8.4 Komplexitätsklassen

Bei der Berechenbarkeit zeigte sich bei den formal definierbaren Funktionen eine wesentliche Grenze zwischen berechenbaren und nichtberechenbaren Funktionen. In der Praxis gibt es aber sehr viel weitergehende Einschränkungen bezüglich der Berechenbarkeit. So ist beispielsweise eine Schleife der Art

$$\textbf{for} \ \ \text{I}:= 1 \ \textbf{to} \ \ 10 \uparrow 10 \uparrow 10 \uparrow 10 \uparrow 10 \ \textbf{do} \ \ \text{s};$$

praktisch nicht mehr ausführbar, da die Zahl der Schleifendurchgänge (im Vergleich zur Endlichkeit der Welt) zu groß ist. Man muß also eine geeignete Schranke dafür festlegen, was noch als "praktisch" berechenbar gelten kann.

Funktionen, deren Zeitaufwand durch ein Polynom dargestellt werden kann, sind von besonderem Interesse. Eine Funktion f heißt in *polynomialer Zeit berechenbar*, falls es ein $k \in I\!N$ und eine $O(n^k)-$ zeitbeschränkte deterministische Turingmaschine T gibt, die, angesetzt auf ein Wort w der Länge n, nach endlich vielen Takten das Resultat $f(w)$ liefert (ist $f(w)$ nicht definiert, so braucht T nicht anzuhalten). Sind zwei Funktionen f und g in polynomialer Zeit berechenbar, so ist auch die zusammengesetzte Funktion fg in polynomialer Zeit berechenbar, da die Einsetzung eines Polynoms in ein Polynom wieder ein Polynom liefert.

Steigt die Komplexität exponentiell mit der Länge n des Arguments einer Funktion, so wird man für große n sehr schnell an praktische Berechnungsgrenzen stoßen. Realistischer ist die Berechenbarkeit für große n, wenn das Wachstum nicht exponentiell sondern "nur" polynomial ist (auch diese Festlegung ist willkürlich, da natürlich eine polynomiale Schranke der Art $t(n) = 10^{10} * n^{100}$ praktisch unbrauchbar ist).

Für die folgenden Ausführungen werden die Komplexitätsklassen betrachtet:

a) $DSPACE\,(\log n\,)$, d.h. alle Probleme, deren Lösung auf einer deterministischen Turingmaschine logarithmisch begrenzten Bandverbrauch hat.

b) $NSPACE\,(\log n\,)$.

c) $P := \bigcup_{k \in I\!N} DTIME(n^k)$.

d) $NP := \bigcup_{k \in I\!N} NTIME(n^k)$.

e) $PSPACE := \bigcup_{k \in I\!N} DSPACE(n^k)$.

f) $ETIME := \bigcup_{k \in I\!N} DTIME(2^{kn})$.

g) $NETIME := \bigcup_{k \in I\!N} NTIME(2^{kn})$.

h) $ESPACE := \bigcup_{k \in I\!N} DSPACE(2^{kn})$.

Da, wie im vorigen Abschnitt gezeigt wurde, die Berechnungsmodelle

– deterministische Turingmaschine und Minipascal,

– nichtdeterministische Turingmaschine und nichtdeterministisches Minipascal

bezüglich des Zeitbedarfs und des Speicherbedarfs polynomial verknüpft sind, können
die Komplexitätsklassen auch so interpretiert werden:

a) $DSPACE\,(\log n)$: Alle Probleme, deren Lösung in Minipascal logarithmisch begrenzten Speicherplatz benötigt.

b) $NSPACE\,(\log n)$: Logarithmisch begrenzter Speicherplatz in nichtdeterministischem Minipascal.

c) P : Polynomial begrenzter Zeitbedarf in Minipascal.

d) NP : Polynomial begrenzter Zeitbedarf in nichtdeterministischem Minipascal.

e) $PSPACE$: Polynomial begrenzter Speicherbedarf in Minipascal.

f) $ETIME$: Exponentiell begrenzter Zeitbedarf in Minipascal.

g) $NETIME$: Exponentiell begrenzter Zeitbedarf in nichtdeterministischem Minipascal.

h) $ESPACE$: Exponentiell begrenzter Speicherbedarf in Minipascal.

Beispiele:

a) Sei $L \in NSPACE(n^k)$. Dann gilt (für bandkonstruierbares L):
$$NSPACE(n^k) \subset DSPACE(n^{2k}) \subset PSPACE.$$

Die Klasse $PSPACE$ enthält also auch alle Probleme, deren Lösung polynomialen
Speicherverbrauch auf einer nichtdeterministischen Turingmaschine benötigt.

b) Wegen
$$NTIME(2^{kn}) \subset DSPACE(2^{2kn}) \subset ESPACE$$
sowie
$$NSPACE(2^{kn}) \subset DSPACE(2^{2kn}) \subset ESPACE$$

ist Nichtdeterminismus und exponentieller Zeit– bzw. Speicherverbrauch auf Deter-
minismus und exponentiellen Speicherverbrauch zurückführbar $\diamond$

Es gilt zwischen diesen Klassen offensichtlich die Beziehung
$$DSPACE\,(\log n)\ \subset NSPACE\,(\log n)\ \subset P \subset NP \subset PSPACE,$$

graphisch:

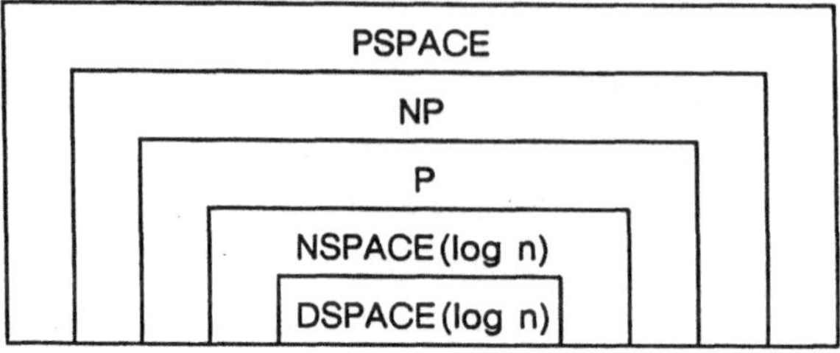

Inwieweit diese Komplexitätsklassen verschieden sind, ist bis auf

$$PSPACE \neq NSPACE\,(\log n)$$

unbekannt. Es ist also offen, ob $DSPACE\,(\log n) = NSPACE\,(\log n)$ oder $NSPACE$ $(\log n) = P$ oder $P = NP$ oder $NP = PSPACE$ gilt.

Durch Transformation (Ersetzung von n durch 2^n) läßt sich die folgende Implikation herleiten:

$$DSPACE(n) \subset NSPACE(n) \subset ETIME \subset NETIME \subset ESPACE.$$

Stellt man die beiden Beziehungen

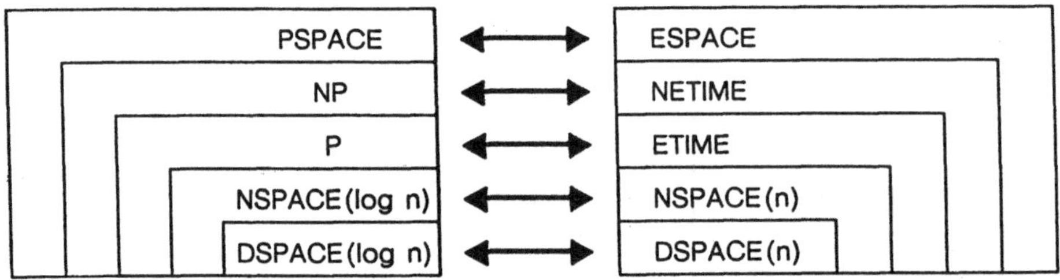

gegenüber, so kann man die Aussagen der Art

— $P = NP \iff ETIME = NETIME$

— $DSPACE\,(\log n) = NSPACE\,(\log n) \iff DSPACE(n) = NSPACE(n)$

— $NP = PSPACE \iff NETIME = ESPACE$

machen.

8.5 Vollständigkeit

Der Begriff der polynomialen Reduzierbarkeit erlaubt es, aus den Komplexitätsklassen typische Repräsentanten auszuwählen. Seien L und L' Sprachen über dem Alphabet Σ. Dann heißt L' *polynomial reduzierbar durch* f *auf* L,

$$L' \leq_p L,$$

falls es eine in polynomialer Zeit berechenbare Funktion $f : \Sigma^* \to \Sigma^*$ gibt, so daß für alle $w \in \Sigma^*$ gilt:

$$w \in L' \iff f(w) \in L.$$

Die Relation $\leq_p$ ist transitiv. Zwei Sprachen L und L' heißen *polynomial äquivalent*, in Zeichen

$$L' =_p L,$$

falls sowohl $L \leq_p L'$ als auch $L' \leq_p L$ gilt.

Beispiele:
a) Für $L' \leq_p L$ gilt:
$$L \in P \Rightarrow L' \in P,$$
$$L \in PSPACE \Rightarrow L' \in PSPACE,$$
$$L \in NP \Rightarrow L' \in NP.$$
b) Für $L' =_p L$ gilt:
$$L \in P \iff L' \in P,$$
$$L \in PSPACE \iff L' \in PSPACE,$$
$$L \in NP \iff L' \in NP \quad \diamond$$

Sei K eine Klasse von Sprachen der Art P, NP, $PSPACE$, $ETIME$, $NETIME$, oder $ESPACE$; dann heißt $L \in \Sigma^*$ K *–hart*, falls für alle $L' \in K$, $L' \subset \Sigma^*$ die Beziehung $L' \leq_p L$ gilt. L heißt K *–vollständig*, falls $L \in K$ und L K *–hart* ist. Für diese Begriffe einige einfache Schlußfolgerungen:
a) Ist $L \in P$ und L K *–hart*, so ist $K \subset P$. Ist nämlich ein $L' \in K$ durch f auf L polynomial reduzierbar, so ist L' in polynomialer Zeit berechenbar, also $L' \in P$ und somit $K \subset P$.
b) Ist L K *–hart* und $K \setminus P \neq \emptyset$, so ist $L \notin P$.
   Begründung: Wäre $L \in P$, so wäre $K \subset P$ nach a), also $K \setminus P = \emptyset$.

c) Ist L $ETIME$-hart, so ist $L \notin P$.

  Begründung: $ETIME \setminus P \neq \emptyset$ und Anwendung von b).

d) Sei L K-vollständig.

$$L \in P \iff K = P.$$

  Beweis: $\Leftarrow$: nach Definition. $\Rightarrow$: nach Definition und a).

e) L K-vollständig, $L' \in K$, $L \leq_p L' \Rightarrow L'$ K-vollständig.

  Beweis: Für $L'' \in K$ ist $L'' \leq_p L \leq_p L'$, also $L'' \leq_p L$.

f) L und L' K-vollständig $\Rightarrow L =_p L'$.

  Beweis aus $L \leq L'_p$ und $L'_p \leq L$.

Die Frage, ob $P = NP$ gilt, ist – wie zuvor festgestellt – offen. Ein NP-vollständiges Problem L ist dadurch gegeben, daß $L \in NP$ gilt und für alle $L' \in NP$, $L' \subset \Sigma^*$, die Beziehung $L' \leq_p L$ gilt. Als Beispiel eines NP-vollständigen Problems wird im folgenden das sogenannte Erfüllbarkeitsproblem behandelt.

Ist $f : B^n \to B$ eine boolesche Funktion in konjunktiver Normalform (KNF), dann heißt f erfüllbar, wenn es ein Argument $(b_1, b_2, \ldots, b_n) \in B^n$ gibt, für das die Funktion f den Wert *true* annimmt. Das *Erfüllbarkeitsproblem* SAT ist die Frage, ob f erfüllbar ist oder nicht.

Beispiele:

a) $f(x, y, z) = (x + \overline{y})(\overline{x} + y + \overline{z})(\overline{x} + \overline{y} + z)$

  ist mit f (*true, true, true*) $= $ *true* erfüllbar.

b) $g(x, y, z) = (x + \overline{y})(\overline{x} + \overline{z})(\overline{x} + z)(x + y)$

  ist nicht erfüllbar, da g nur den Wert *false* annimmt $\diamond$

Um das Erfüllbarkeitsproblem auf einer Turingmaschine zu berechnen, werden folgende Verschlüsselungen vorgenommen:

– Die Variablen bilden die Menge $X = \{x_1, \ldots, x_n\}$; die Negation von x_i wird mit $\overline{x_i}$ bezeichnet.

– Die disjunktive Verknüpfung werde duch Konkatenation und die konjunktive Verknüpfung durch / bezeichnet.

– Die Funktion f werde durch / eingeleitet.

Mit diesen Regeln ist jedes Wort $w \in \Sigma^*$, $\Sigma = \{x_1, x_2, \ldots, x_n, \overline{x_1}, \overline{x_2}, \ldots, \overline{x_n}, /\}$ ein Repräsentant für die Funktion $f : B^n \to B$. Die "leere" Funktion ist durch "/" bezeichnet. Somit entspricht jedes Wort w, das mit "/" endet oder mehrere "/" hintereinander enthält oder nicht mit "/" beginnt, sicherlich eine Funktion, die nicht erfüllbar ist.

Es ist nicht bekannt, ob SAT $\in P$ gilt. Aber es läßt sich zeigen, daß SAT $\in NP$ gilt.

Beweisskizze: Sei T eine nichtdeterministische Turingmaschine, die auf dem Band ein Wort $w \in \Sigma^+$ hat, das einer Funktion f entspricht. T arbeitet wie folgt:

Schritt 1: Falls w als erstes Zeichen nicht "/" hat, läuft T in eine unendliche Schleife.

Schritt 2: Ist n die Anzahl der Variablen, so wird ausgeführt:

> **for** $i := 1$ **to** n **do**
>> **begin**
>>
>>> wähle nichtdeterministisch *true* oder *false* als Wert von x_i ;
>>>
>>> Falls $x_i = $ *true*, dann ändere auf dem Band das einer Variable x_i unmittelbar vorausgehende Zeichen "/" oder "\\" in "\\" (d.h. "/" oder "\\" wird durch "\\" überschrieben);
>>>
>>> Falls $x_i = $ *false*, ändere auf dem Band das einer Variablen $\overline{x_i}$ unmittelbar vorausgehende Zeichen "/" oder "\\" in "\\"
>>
>> **end** ;

Schritt 3: Falls auf dem Band keine "/" mehr stehen, ist die Funktion f erfüllbar und T geht in einen Endzustand. Sind auf dem Band noch "/", so ist f nicht erfüllbar und T geht in eine Endlosschleife.

Nimmt man an, daß T bei Beginn auf dem ersten Zeichen von w steht, benötigt man $O(1)$ Takte für Schritt 1. Für Schritt 2 ergibt sich als obere Schranke $n \cdot O(|w|)$ und Schritt 3 schließlich erfordert ein Durchlaufen des Wortes w, also $O(|w|)$. Zusammengenommen ergibt sich somit eine Schranke

$$O(n \cdot O(|w|)).$$

Für festes n akzeptiert T ein Wort w in linearer Zeit $\diamond$

Um zu zeigen, daß SAT NP–vollständig ist, ist noch zu zeigen, daß SAT NP–hart ist. D.h., jedes $L \in NP$ ist polynomial reduzierbar auf SAT.

Beweisskizze: Sei T eine nichtdeterministische Turingmaschine, die L in polynomialer Zeit $p(n)$ für ein Wort $w \in L$ mit $|w| = n$ akzeptiert. T und L sind nun auf SAT derart abzubilden, daß SAT genau dann erfüllbar ist, wenn T das Wort w akzeptiert. Sei

$$T = (Z, E, F, z_a, z_e)$$

mit $Z = \{z_a, z_2, \ldots, z_{s-1}, z_e\}$, $E = \{e_1, \ldots, e_r\}$ mit $e_1 = \sharp$. O.B.d.A. akzeptiere T das Wort w in genau $p(n)$ Schritten und verlasse T den Endzustand z_e nicht mehr. Es gibt also genau $p(n)$ Situationen, die den Rechengang von T beim Akzeptieren von w beschreiben; T benutzt dabei höchstens $p(n)$ Felder und höchstens $p(n)$ Zustände. Es wird nun ein boolescher Ausdruck B gebildet, der eine solche Situationsfolge simuliert. Die Variablen von B beschreiben dabei eine mögliche Folge von Situationen und B nimmt genau dann den Wert *true* an, wenn T das Wort w akzeptiert.

a) Die Variablen von B sind:

- $S(i, j, t)$ mit Wert *true*, falls das i-te Feld $(1 \leq i \leq p(n))$ im Schritt t, $1 \leq t \leq p(n)$, das Zeichen e_j enthält. Sonst hat $S(i, j, t)$ den Wert *false*.
- $Z(k, t)$ mit Wert *true*, falls T im Zustand z_k im Schritt t ist, sonst Wert *false*.
- $V(i, t)$ mit Wert *true*, falls im Schritt t der Schreib-/Lesekopf auf dem Feld Nr. i ist, sonst Wert *false*.

Die Anzahl der so definierten Variablen ist $O(p^2(n))$.

b) Es sei $(k = p(n))$

$$f(x_1, \ldots, x_k) = (x_1 + x_2 + \ldots + x_n) \prod_{\substack{i,j \\ 1 \leq i \leq j \leq k}} (\overline{x_i} + \overline{x_j})$$

eine boolesche Funktion. Das erste Produkt wird *true*, wenn mindestens eine Variable den Wert *true* hat; die anderen Produkte haben den Wert *true*, wenn jeweils höchstens eine Variable den Wert *true* hat. Die Anzahl der Variablen ist $k \cdot (k+1)/2$.

c) Sei

$$A(t) = f\big(V(1, t), V(2, t), \ldots, V(p(n), t)\big)$$

und

$$A = a(1)A(2) \ldots A(p(n)).$$

$A(t)$ beschreibt, daß in einem Takt t genau ein Feld gelesen wird. Denn zu einem Takt t ist genau ein $V(j, t)$ *true*. Der Ausdruck A beschreibt dann, daß für $t = 1, 2, \ldots, p(n)$ jeweils nur ein Feld gelesen wird. Hat eine Variable die Länge $\leq q$, so hat A die Länge $O(p^4(n))$.

d) Sei

$$B(i, t) = f\big(S(i, 1, t), S(i, 2, t), \ldots, S(i, r, t)\big)$$

und

$$B = \prod_{i,t} B(i,t).$$

$B(i,t)$ beschreibt, daß im Takt t das i-te Feld genau ein Zeichen enthält. B beschreibt, daß jedes Feld genau ein Zeichen im Takt t enthält. Da r fest ist, wächst $B(i,t)$ mit $O(p^2(n))$.

e)

$$C = \prod_t f\big(Z(1,t), Z(2,t), \ldots, Z(s,t)\big)$$

beschreibt, daß T zu jedem t in genau einem Zustand ist. C hat die Länge $O(p(n))$.

f) Durch

$$D = \prod_{i,j,t} \Big(\big(S(i,j,t) \oplus S(i,j,t+1)\big) + V(i,t) \Big)$$

($\oplus$ ist die EXOR–Operation, d.h. $x \oplus y = (\overline{x} \wedge y) \vee (x \wedge \overline{y})$)

wird beschrieben, daß in jedem Takt t höchstens ein Feld den Inhalt ändern kann. D hat die Länge $O(p^2(n))$.

g) Mit

$$E(i,j,k,t)$$

wird beschrieben, daß zum Takt t

- das i-te Feld nicht das Zeichen a_j enthält oder
- der Kopf nicht über dem i-ten Feld steht oder
- T nicht im Zustand z_k ist oder
- Übergang, Schreib–/Lesekopfbewegung und Bandbeschriftung nur von der Übergangsrelation F abhängen.

Es ist

$$E(i,j,k,t) = \overline{S(i,j,t)} + \overline{V(i,t)} + \overline{Z(k,t)}$$
$$+ \sum_m \big(S(i,j_m,t+1)\, Z(k_m,t+1)\, V(i_m,t+1)\big),$$

wenn m alle Möglichkeiten des Übergangs mit der Eingabe a_j und dem Zustand z_k angibt. Für alle i,j,k,t gilt dann

$$E = \prod_{i,j,k,t} E(i,j,k,t).$$

E wächst mit $O(p^2(n))$.

h) Die Anfangsbedingungen,

- Zustand $z_1 = z_2$,
- Schreib–/Lesekopf auf dem ersten Feld,
- Bandinhalt auf den ersten n Feldern die Eingabe $w = w_1 \ldots w_n, w_i \in E$, gefolgt von $\natural$ auf den folgenden Feldern $n+1, n+2, \ldots, p(n)$; es sei $e_1 = \natural$,

sind durch

$$F = Z(1,0)V(1,0) \prod_{1 \leq i \leq n} S(i, w_i, 0) \prod_{n+1 \leq i \leq p(n)} S(i, 1, 0)$$

beschrieben. F hat die Länge $O(p(n))$.

i) Mit

$$G = Z(s, p(n))$$

wird beschrieben, daß T nach genau $p(n)$ Takten im Endzustand $z_s = z_e$ angelangt ist.

j) Setzt man nun

$$g = ABCDEFG,$$

so beschreibt g die Arbeitsweise von T. g ist genau dann erfüllbar, wenn T die Eingabe w akzeptiert. Wegen

$$x \oplus y + z = xy + \overline{x}\overline{y} + c = (x + \overline{y} + z)(\overline{x} + y + z)$$

ist D in KNF formulierbar. Die Länge von $E(i, j, k, t)$ ist unabhängig von n, so daß eine Umwandlung in KNF in $O(1)$ Schritten mit zusätzlichen $O(1)$ Feldern möglich ist. Folglich ist g in KNF darstellbar.

k) g hat die Länge $O(p^3(n) \cdot ld\, n)$, wenn für die Variablen eine binäre Darstellung gewählt wird. Wegen $O(p^3(n) \cdot ld\, n) = O(r(n))$ für ein geeignetes Polynom $r(n)$ ergibt sich eine polynomiale Schranke für den Bandverbrauch. Entsprechend läßt sich auch nachweisen, daß g in polynomialer Zeit berechenbar ist.

Somit kann jedes Wort $w \in L \in NP$ mittels einer nichtdeterministischen Turingmaschine T in polynomialer Zeit in ein Wort $g \in \mathrm{SAT} \in NP$ transformiert werden. g ist genau dann erfüllbar, wenn w akzeptiert wird. Also ist SAT NP–hart $\diamond$

Korollar: SAT ist NP–hart $\diamond$

Um von weiteren Problemen $L \in NP$ zu zeigen, daß sie NP–vollständig sind, genügt es, jedes Wort $v \in \mathrm{SAT}$ in polynomialer Zeit in ein Wort $w \in L$ zu transformieren.

Beispiele für weitere NP-vollständige Probleme:

a) Finden einer Zahl $x < c$ derart, daß

$$x^2 \equiv a \bmod b$$

gilt, wenn a, b, c positive ganze Zahlen sind.

b) Sei $W \subset \Sigma^*$ eine endliche Menge von Wörtern über Σ und $K \in I\!N$ eine Konstante. Bestimme ein Wort v mit $|v| \leq K$ derart, daß jedes $w \in W$ ein Teilwort von v ist; d.h. $\exists\, t, u \in \Sigma^* : v = twu$ $\diamond$

Beispiele für $PSPACE$-vollständige Probleme:

a) Sei $G = (N, T, R, N_1)$ eine kontextsensitive Grammatik und $w \in T^*$. Das Ableitbarkeitsproblem von w in G, d.h. $N_1 \overset{*}{\to} w$, ist $PSPACE$-vollständig.

b) Äquivalenzproblem für zwei reguläre Sprachen, die durch Grammatiken G_i, $i = 1, 2$, gegeben sind. Analog das Äquivalenzproblem für reguläre Ausdrücke $\diamond$

8.6 Abstrakte Komplexität

Die Betrachtungen zur Komplexität im vorigen Kapitel bezogen sich auf verschiedene
Modelle zur Berechnung, z.B. Programme oder Turingmaschinen. Wie bereits gezeigt,
gibt es bezüglich der Berechenbarkeit viele äquivalente Begriffe, die alle einen allgemeinen
Begriff der Berechenbarkeit liefern. In diesem Kapitel werden Ergebnisse abgeleitet, die
für alle möglichen Komplexitätsmaße gelten, sofern diese nur zwei sehr allgemeine Axiome
erfüllen.

Da es für jede Funktion unendlich viele verschiedene Algorithmen zu ihrer Berechnung
gibt, kann man sinnvollerweise zunächst nur von der Komplexität eines Algorithmus
sprechen. Von der Komplexität einer Funktion läßt sich somit nur im Zusammenhang
mit einem zugeordneten Algorithmus A zur Berechnung von f sprechen.

Um über alle Berechnungen sprechen zu können, müssen diese auch aufzählbar sein.
Das Komplexitätsmaß gibt dann für jede Berechnung (= Algorithmus) die Anzahl der
"Rechenschritte" an, die der Algorithmus mit der zugeordneten Funktion f bei der
Berechnung von $f(n)$ für ein spezielles Argument n benötigt.

Im folgenden sei

$$P_1, P_2, P_3, \ldots$$

die abzählbare Menge aller Programme zur Berechnung aller partiell–berechenbaren
Funktionen. In welcher Sprache diese Programme geschrieben sind, sei zunächst offenge-
lassen. Jedem Programm P_i ist eine Funktion f_i zugeordnet, die durch P_i berechnet
wird, und jede Funktion f_j hat unendlich viele Programme P_k in der oben festgelegten
Folge.

Jedem Programm P_i in der Folge aller Programme sei nun eine zweistellige partielle
Funktion

$$C(i, n)$$

zugeordnet, die für P_i das Maß des Berechnungsaufwandes bei der Eingabe von n als
Argument angibt. Hält P_i bei der Eingabe n nicht, so ist $C(i, n)$ für diese Werte nicht
definiert.

Man definiert nun $C : \mathbb{N}_0^2 \to \mathbb{N}_0$ als ein *Komplexitätsmaß*, wenn die folgenden Bedingungen gelten:

a) $C(i, n)$ ist genau dann definiert, wenn P_i für die Eingabe n terminiert.

b) Für jedes P_i läßt sich für jede Eingabe n entscheiden, ob P_i nach m, $m \in I\!N_0$, Schritten hält, d.h. ob $C(i, n) = m$ gilt.

Die Bedingung a) besagt, daß jede Programmberechnung eine meßbare Komplexität hat und daß es keine Programmberechnung gibt, für die keine Komplexität angegeben werden kann. Bedingung b) verlangt, daß man effektiv feststellen kann, ob die Berechnung nach m Schritten schon zu Ende ist. Es wird sich zeigen, daß sich aus diesen beiden Bedingungen, denen praktisch alle bekannten Komplexitätsmaße genügen, tiefgehende Aussagen ableiten lassen.

Beispiele:

a) Ist $C(i, n)$ die Anzahl der Anweisungen, die Programm P_i bei der Eingabe n ausführt, so ist die Bedingung a) offensichtlich erfüllt. Bedingung b) läßt sich einfach realisieren: Man führe m Schritte von P_i mit Eingabe n aus.

b) Sei $C(i, n)$ gleich dem größten Wert, den eine Variable vom Programm P_i bei der Eingabe n annimmt, sofern P_i terminiert; terminiert P_i nicht, so sei $C(i, n)$ undefiniert. Bedingung a) ist offenbar per definitionem erfüllt. Bezüglich Bedingung b) kann man ausnützen, daß es für P_i bei der Eingabe n höchstens endlich viele verschiedene "Programmzustände" gibt, bei denen alle Variablen einen Wert $\leq w$, $w \in I\!N_0$, w beliebig vorgegeben, haben. Man kann demnach Programm P_i mit Eingabe n auf die Bedingung $C(i, n) \leq w$ prüfen, indem man P_i ausführt bis zum Auftreten eines der Ereignisse:

- Falls P_i stoppt und alle Variablen $\leq w$ sind, ist die Bedingung wahr.

- Falls ein Zustand mit einem Variablenwert $> w$ erreicht wird, ist die Bedingung nicht erfüllt.

- Falls zweimal derselbe Zustand erreicht ist, befindet man sich in einer Endlossschleife, d.h. P_i terminiert nicht.

c) Ein Gegenbeispiel ist die Wahl

$$C(i, n) = \begin{cases} 0 & \text{falls } P_i \text{ mit Eingabe } n \text{ terminiert} \\ \bot & \text{falls } P_i \text{ mit Eingabe } n \text{ nicht terminiert} \end{cases}$$

Nach der Bedingung b) läßt sich für jedes P_i und jedes n bestimmen, ob $C(i, n) = 0$ gilt oder nicht; dies ist aber gerade das Halteproblem. Da dieses nicht entscheidbar ist, ist auch Bedingung b) nicht erfüllbar.

d) Ein weiteres Gegenbeispiel ist $C(i,n) = 0$ für alle i und n, da damit Bedingung a)
   verletzt ist $\diamond$

Ist $C(i,n)$ ein Komplexitätsmaß und $r(n)$ eine totale, monoton wachsende, rekursive
Funktion, die beliebig große Werte annimmt (also $r(\infty) = \infty$), so ist auch

$$\overline{C}(i,n) = r(C(i,n))$$

ein Komplexitätsmaß. Bedingung a) ist für $\overline{C}(i,n)$ offensichtlich wieder erfüllt und, um
Bedingung b) nachzuweisen, muß man zu einem m ein t so bestimmen, daß

$$r(0) \leq r(1) \leq \ldots \leq r(t) \leq m < r(t+1)$$

gilt. In diesem Fall gilt dann nämlich

$$C(i,n) \leq t \implies \overline{C}(i,n) = r(C(i,n)) \leq r(t) \leq m,$$
$$t+1 \leq C(i,n) \implies m < r(t+1) \leq r(C(i,n)) = \overline{C}(i,n).$$

Ist folglich ein Komplexitätsmaß $C(i,n)$ gegeben, so kann man hierzu mittels einer
totalen, rekursiven, monoton wachsenden Funktion r beliebig viele andere Komplexitätsmaße $\overline{C}(i,n)$ definieren. Es läßt sich sogar zeigen, daß alle Komplexitätsmaße
in gewisser Weise zusammenhängen.

Satz: Seien $C_1(i,n)$ und $C_2(i,n)$ zwei beliebige Komplexitätsmaße. Dann gibt es eine
rekursive Funktion $r : \mathbb{N}_0^2 \to \mathbb{N}_0$ derart, daß gilt:

a) $r(n,m) < r(n,m+1)$ für alle n,m und $r(n,\infty) = \infty$.

b) $C_1(i,n) < r(n, C_2(i,n))$ für alle i und fast alle n.

c) $C_2(i,n) < r(n, C_1(i,n))$ für alle i und fast alle n.

Beweis: Läßt sich $C_1(i,n) = m$ und $C_2(i,n) = m$ entscheiden, so läßt sich auch

$$(\,C_1(i,n) = m\,) \vee (C_2(i,n) = m\,)$$

entscheiden. Setzt man nun

$$q(i,n,m) = \begin{cases} \max((C_1(i,n), C_2(i,n)) & \text{für } (C_1(i,n) = m) \vee (C_2(i,n) = m) \\ 0 & \text{sonst} \end{cases}$$

und

$$r(n,m) = m + \max_{j \leq n}(\max_{k \leq m} q(j,n,k)),$$

so ist r zunächst einmal eine rekursive Funktion. Wegen

$$r(n, m+1) = m + 1 + \max_{j \leq n}(\max_{k \leq m+1} q(j, n, k))$$

$$> m + \max_{j \leq n}(\max_{k \leq m} q(j, n, k))$$

$$= r(n, m)$$

ist r auch streng monoton wachsend bezüglich des zweiten Arguments. Ist nun $n \geq i$, so gilt

$$r(n, C_2(i, n)) \geq \max_{j \leq n}(\max_{k \leq C_2(i,n)} q(j, n, k))$$

$$\geq \max_{j \leq n} q(j, n, C_2(i, n))$$

$$\geq q(j, n, C_2(i, n))$$

$$= \max(C_1(i, n), C_2(i, n))$$

$$\geq C_1(i, n)$$

für fast alle n (nämlich $n \geq i$). Durch Vertauschung der Indizes läßt sich analog

$$r(n, C_1(i, n)) \geq C_2(i, n)$$

für fast alle n zeigen ◇

Sobald demnach ein Programm (bzw. Funktion) in irgendeinem Komplexitätsmaß durch eine berechenbare Funktion beschränkt ist, so ist sie auch in jedem anderen Komplexitätsmaß durch eine berechenbare Funktion beschränkt (die wiederum "beliebig komplex" sein darf). Aussagen, die in einem bestimmten Komplexitätsmaß gelten, sind aufgrund dieses Satzes oft auf alle Komplexitätsmaße übertragbar.

Sei nun $t(n)$ irgendeine Schranke für ein Komplexitätsmaß $C(i, n)$ derart, daß nur Berechnungen ausgeführt werden sollen, für die

$$C(i, n) \leq t(n)$$

ist. Nimmt man nun eine totale, monoton wachsende, rekursive Funktion $g(n)$ – zum Beispiel wächst $g(n) = A(n, n)$ schneller als jede primitiv–rekursive Funktion – so sollte man anschaulich erwarten, daß damit wegen der größeren Schranke $g(t(n))$ auch wesentlich mehr Berechnungen ausgeführt werden können. Dies ist jedoch nicht der Fall.

Lückensatz: Sei $g(n, y)$ eine beliebige rekursive Funktion mit $g(n, y) > y$. Dann gibt es eine rekursive Funktion $t(n)$ derart, daß

$$C(i, n) \leq t(n)$$

ist für $n > i$ und $C(i, n) < g(n, t(n))$ ◇

Beweis: Das Prädikat

$$P(n,y) = \begin{cases} 1 & \text{falls } ((C(i,n) \leq y) \vee (g(n,y) \leq C(i,n)) \text{ für alle } i < n \\ 0 & \text{sonst} \end{cases}$$

ist berechenbar und rekursiv. Somit ist auch

$$t(n) := \mu y[1 - P(n,y)]$$

berechenbar. $t(n)$ ist sogar total, d.h. zu jedem n gibt es ein y mit $P(n,y) = 1$.

Ist nämlich ein beliebiges n gegeben, so betrachte man die Menge

$$Q := \{C(i,n)|i < n \text{ und } C(i,n) \text{ definiert }\}$$

und setze

$$y_0 := \begin{cases} 0 & \text{falls } Q = \emptyset \\ \max_{i,n} C(i,n) & \text{falls } Q \neq \emptyset. \end{cases}$$

Das Prädikat $P(n,y_0)$ ist dann stets wahr und somit $t(n)$ total.

Ist nun $i < n$ und $C(i,n) < g(n,t(n))$, so ist wegen $P(n,t(n)) = true$

$$C(i,n) \leq t(n) \text{ oder } g(n,t(n)) \leq C(i,n).$$

Da aber nach Voraussetzung $C(i,n) < g(n,t(n))$ ist, folgt $C(i,n) \leq t(n)$ ◇

Beispiel: Sei P ein Programm, das auf einem langsamen Rechner mit der Rechenzeit $C_1(i,n)$ und auf einem schnellen Rechner mit der Rechenzeit $C_2(i,n)$ berechnet werde. $C_1(i,n)$ und $C_2(i,n)$ sind über eine rekursive Funktion durch die Beziehungen

$$C_1(i,n) \leq r(n,C_2(i,n))$$
$$C_2(i,n) \leq r(n,C_1(i,n))$$

für fast alle n korreliert. Setzt man nun

$$g(x,y) = r(x,y) + y + 1,$$

so gilt

$$g(x,y) > y,$$
$$g(x,y+1) > g(x,y),$$
$$C_1(i,n) \leq r(n,C_2(i,n)) < g(n,C_2(i,n)).$$

Sei nun $t(n)$ eine Rechenzeitschranke derart, daß

$$C_2(i,n) \leq t(n)$$

für fast alle n auf dem schnellen Rechner gilt. Dann ist

$$C_1(i, n) < g(n, t(n))$$

für fast alle n und wegen des Lückensatzes

$$C_1(i, n) \leq t(n).$$

Also läuft jedes Programm, das auf dem schnellen Rechner die Zeit $t(n)$ benötigt, auf dem langsamen Rechner ebenfalls in der Zeit $t(n)$ für fast alle n. Wählt man also n genügend groß, so ist $t(n)$ sowohl für den schnellen Rechner als auch für den langsamen Rechner eine Rechenzeitschranke.

Zum Abschluß sei noch ohne Beweis der sogenannte Beschleunigungssatz erwähnt. Dieser besagt, daß für ein bestimmtes Komplexitätsmaß jeder Algorithmus durch einen anderen Algorithmus ersetzt werden kann, der für fast alle Argumente wesentlich schneller ist. Dieses theoretische Ergebnis läßt sich allerdings praktisch nicht verwerten, da "für fast alle Argumente schneller" durchaus implizieren kann, daß die praktisch relevanten Argumente nicht darunter fallen.

Anhang: Mathematische Grundlagen

In der Theoretischen Informatik spielen "Verknüpfungen" eine große Rolle, d.h. der Gruppenbegriff aus der Mathematik wird als Beschreibungsmittel eingesetzt. Für die folgende kurze Wiederholung der wesentlichen Begriffe – wie sie aus der Anfängervorlesung über Lineare Algebra geläufig sind – wird vorausgesetzt, daß der Leser mit der naiven Mengenlehre vertraut ist.

Eine nichtleere Menge S mit einer zweistelligen Verknüpfung $\circ$, d.h. es gibt für alle $s_1 \in S, s_2 \in S$ genau ein Element $s_3 \in S$ mit $s_3 = s_1 \circ s_2$, nennt man eine (zweistellige) *Algebra*; statt $s_1 \circ s_2$ schreibt man, wenn keine Unklarheiten zu befürchten sind, kurz $s_1 s_2$. Ist die Verknüpfung assoziativ, so heißt die zweistellige Algebra eine *Halbgruppe*. Ein Element $n \in S$ mit $ns = sn = n$ für alle $s \in S$ heißt *Nullelement*, ein Element $e \in S$ mit $es = se = s$ für alle $s \in S$ heißt *Einselement*. Nullelement und Einselement sind, sofern sie existieren, eindeutig. Eine Halbgruppe mit Einselement wird *Monoid* genannt. Gibt es für jedes Element $s \in S$ ein Element s' mit $ss' = s's = e$, so nennt man s' das *Inverse* von s; um den Bezug zu s herauszustellen, schreibt man das Inverse zu s mit s^{-1}. Ein Monoid, in dem es zu jedem Element ein Inverses gibt, heißt *Gruppe*.

Es gilt also der Zusammenhang:

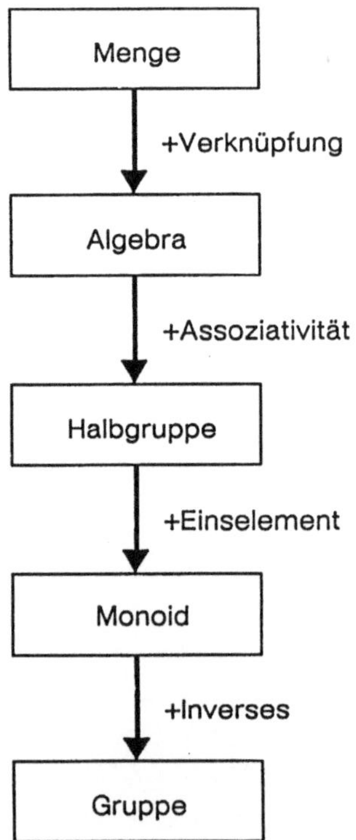

Sind H_1 und H_2 nichtleere Teilmengen einer Halbgruppe H, so heißt

$$H_1 H_2 := \{h_1 h_2 | h_1 \in H_1, h_2 \in H_2\}$$

das *Komplexprodukt* von H_1 und H_2. Man definiert für die leere Menge

$$\emptyset H_1 := H_1 \emptyset := \emptyset.$$

Für $h \in H$ schreibt man statt $\{h\}H_1$ bzw. $H_1\{h\}$ kürzer hH_1 bzw. $H_1 h$. Schließlich heißt eine nichtleere Teilmenge F einer Halbgruppe H *Unterhalbgruppe* von H, wenn $FF \subset F$ ist, d.h. F ist bezüglich der Verknüpfung abgeschlossen.

Sei F eine nichtleere Teilmenge einer Halbgruppe H. Dann definiert man die *Potenzen* von F induktiv durch

$$F^1 := F, \quad F^{n+1} := FF^n \quad \text{für } n \geq 1$$

und setzt

$$F^+ := \bigcup_{n \in \mathbb{N}} F^n.$$

Ein Element $h \in H$ liegt offenbar genau dann in F^+, wenn es ein $n \in \mathbb{N}$ und Elemente $h_1, ..., h_n \in F$ gibt, so daß $h = h_1 ... h_n$ ist. F^+ besteht also aus allen endlichen Produkten von Elementen von F und ist daher sicher Unterhalbgruppe. Ist H endlich, so gibt es ein $k \in \mathbb{N}$ derart, daß

$$F^+ = \bigcup_{i=1}^{k} F^i$$

ist. F heißt *Erzeugendensystem* von H, wenn $H = F^+$ ist. Ist H eine unendliche Halbgruppe, so sind gerade endliche Erzeugendensysteme (falls es welche gibt) von Interesse, da sie die Halbgruppe in endlicher Form übersichtlich beschreiben. Die Halbgruppe H der natürlichen Zahlen mit der Addition als Verknüpfung hat $F = \{1\}$ als Erzeugendensystem, da F^n gerade die natürliche Zahl n darstellt.

A.1 Relationen

Hat man zwei Mengen S_1 und S_2, so können die Elemente dieser Mengen zueinander in einer bestimmten Beziehung stehen. Man nennt allgemein eine Teilmenge $R \subset S_1 \times S_2$ eine *(binäre) Relation*. Ist $s_1 \in S_1, s_2 \in S_2$ und $(s_1, s_2) \in R$, so sagt man, daß s_1 und s_2 in der Relation R stehen. Ist $S_1 = S_2 = S$, so spricht man von einer Relation *auf* S.

Der *Vorbereich* eines Elements $s_2 \in S_2$ einer Relation $R \subset S_1 \times S_2$ ist durch

$$V_R(s_2) := \{s_1 | s_1 \in S_1 \text{ und } (s_1, s_2) \in R\}$$

gegeben, der *Nachbereich* eines Elements $s_1 \in S_1$ durch

$$N_R(s_1) := \{s_2 | s_2 \in S_2 \text{ und } (s_1, s_2) \in R\}.$$

Der Vorbereich und der Nachbereich der Relation $R \subset S_1 \times S_2$ ist analog durch

$$V_R(S_2) := \bigcup_{s_2 \in S_2} V_R(s_2) \,,$$
$$N_R(S_1) := \bigcup_{s_1 \in S_1} N_R(s_1)$$

festgelegt. Die *Umkehrrelation* R^{-1} einer Relation R ist durch

$$R^{-1} := \{(s_2, s_1) | (s_1, s_2) \in R\}$$

gegeben.

Man kann leicht nachprüfen, daß der Vorbereich von R^{-1} der Nachbereich von R und der Nachbereich von R^{-1} der Vorbereich von R ist.

Einige Relationen auf einer Menge S haben besondere Namen:

Name der Relation	Bedeutung
identische R.	$R = \{(s, s) | s \in S\}$,
reflexive R.	$(s, s) \in R$ für alle $s \in S$,
symmetrische R.	$(s_1, s_2) \in R$ impliziert $(s_2, s_1) \in R$,
antisymmetrische R.	$(s_1, s_2) \in R$ und $(s_2, s_1) \in R$ impliziert $s_1 = s_2$,
transitive R.	$(s_1, s_2) \in R$ und $(s_2, s_3) \in R$ impliziert $(s_1, s_3) \in R$,
Äquivalenzrelation	R ist reflexiv, symmetrisch und transitiv,
Ordnungsrelation	R ist reflexiv, antisymmetrisch und transitiv.

Beispiel: Sei $S = \{0, 1\}$, $\mathcal{P}(S) = \{\emptyset, \{0\}, \{1\}, \{0, 1\}\}$ die Potenzmenge von S und R eine Relation auf der Potenzmenge gemäß

$$(p_1, p_2) \in R :\iff p_1 \subset p_2 \text{ für } p_1, p_2 \in \mathcal{P}(S).$$

Dann gilt:

$$R = \{(\emptyset, \emptyset), (\emptyset, \{0\}), (\emptyset, \{1\}), (\emptyset, \{0,1\}), (\{0\}, \{0\}), (\{0\}, \{0,1\}),$$
$$(\{1\}, \{1\}), (\{1\}, \{0,1\}), (\{0,1\}, \{0,1\})\}.$$

R ist reflexiv, da jedes Element der Potenzmenge Teilmenge von sich selbst ist. Außerdem ist R antisymmetrisch und transitiv, somit eine Ordnungsrelation $\diamond$

Ist R eine Äquivalenzrelation auf S, so gilt $V_R(s) = N_R(s)$, da für alle $s' \in S$ gilt: $(s, s') \in R \iff (s', s) \in R$. Der Vorbereich $V_R(s)$ bzw. der Nachbereich $N_R(s)$ von s heißt *Äquivalenzklasse* von s und jedes $s' \in V_R(s)$ heißt ein *Repräsentant* dieser Äquivalenzklasse. Für die Elemente einer Äquivalenzklasse schreibt man $s_1 \sim s_2$. Eine Äquivalenzrelation auf einer Menge S bestimmt eine Partition von S und umgekehrt bestimmt jede Zerlegung einer Menge S eine Äquivalenzrelation von S.

Aus Relationen lassen sich durch die üblichen Mengenoperationen neue Relationen konstruieren. Sind nämlich $R \subset S_1 \times S_2$ und $Q \subset S_1 \times S_2$ Relationen, so sind auch $R \cup Q$, $R \cap Q$, $S_1 \times S_2 \setminus R$ Relationen. Von größerer Bedeutung sind jedoch die Kompositionen. Seien $R \subset S_1 \times S_2$ und $Q \subset S_3 \times S_4$ Relationen. Die *Komposition* von R und Q ist

$$QR := \{(x, z) \mid \exists\, y \in S_2 \cap S_3 \text{ mit } (x, y) \in R \text{ und } (y, z) \in Q\}.$$

Es läßt sich zeigen, daß die Komposition assoziativ ist. Ist R_e die *identische* Relation, so gilt $R^{-1}R = RR^{-1} = R_e$. Somit lassen sich für eine Relation R auf S die Potenzen durch

$$R^0 := R_e, \quad R^{n+1} := R^n R \text{ für } n \geq 0$$

definieren.

Da für jede Relation R außerdem die Beziehung $R = RR_e = R(R^{-1}R) = (RR^{-1})R = R_e R$ gilt, bildet die identische Relation das Einselement bei der Verknüpfung von Relationen. Die Menge der Relationen auf einer Menge S bildet also mit der Komposition als Verknüpfung einen Monoid.

Die *transitive Hülle* einer Relation R auf einer endlichen Menge S ist die kleinste transitive Relation T mit $R \subset T$. T ist durch

$$T = R^+$$

gegeben. Für jedes endliche R gibt es eine ganze Zahl $k > 0$ derart, daß $T = \bigcup_{i=1}^{k} R^i$ ist. Die *reflexive transitive* Hülle einer Relation R ist $R^* = \bigcup_{i \in I\!N_0} R^i$.

Für endliche Mengen lassen sich Relationen durch Relationsmatrizen übersichtlich darstellen. Ist $R \subset S_1 \times S_2$ eine Relation $S_1 = \{s_{1i} | 1 \leq i \leq n\}, S_2 = \{s_{2j} | 1 \leq j \leq m\}$, so ist die *Relationsmatrix* $M_R = (m_{ij})_{n \times m}$ durch

$$m_{ij} := \begin{cases} 1 & \text{falls } (s_{1i}, s_{2j}) \in R, \\ 0 & \text{sonst} \end{cases}$$

gegeben.

Für die zuvor aufgeführten Relationen auf einer Menge S ergeben sich die folgenden Relationsmatrizen:

Relation	Matrix
identische R.	Einheitsmatrix, $m_{ii} = 1, m_{ij} = 0$ für $i \neq j$,
reflexive R.	$m_{ii} = 1, m_{ij} = 0$ oder 1 für $i \neq j$,
symmetrische R.	$m_{ij} = m_{ji}$ für alle i, j,
antisymmetrische R.	$m_{ij} = m_{ji} \Rightarrow i = j$,
transitive R.	$m_{ij} = 1, m_{jk} = 1 \Rightarrow m_{ik} = 1$,
Umkehrrelation R^{-1}	Transponierte Matrix von M_R.

Eine andere übersichtliche Darstellung der Relationen auf einer endlichen Menge liefert die Graphentheorie. Ein *(einfacher, gerichteter, endlicher) Graph* $G = (S, R)$ besteht aus einer endlichen, nichtleeren Menge S, den *Knoten*, und einer Menge $R \subset S \times S$, den *Kanten*. Zeichnerisch werden die Knoten als Kreise oder Vierecke und die Kanten als gerichtete Verbindungspfeile zwischen den Knoten dargestellt.

Beispiel: $S = \{1, 2, 3, 4, 5, 6\}$, $R = \{(1, 2), (2, 2), (3, 1), (3, 2), (3, 4), (4, 3), (4, 5)\}$.

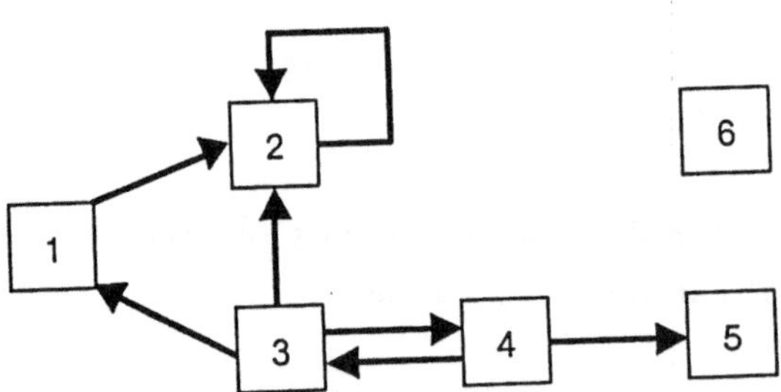

Man kann den Knoten $s \in S$ bzw. den Kanten $r \in R$ eines Graphen Elemente aus einer Menge M_S bzw. M_R zuordnen. Eine solche Zuordnung bezeichnet man als *Knotenmarkierung* bzw. *Kantenmarkierung*; zeichnerisch werden die Elemente von M_S bzw. M_R an den betreffenden Knoten bzw. Kanten angeschrieben.

Die folgende Tabelle enthält einige häufig benutzte Begriffe aus der Graphentheorie:

Begriff	Bedeutung	Beispiel (sh. zuvor)
Teilgraph $G_1 \subset G$	$S_1 \subset S, R_1 \subset ((S_1 \times S_1) \cap R)$	$G_1 = (\{4,5\}, \{(4,5)\})$
s_1 *Vorgänger* von s_2	$\exists\, r = (s_1, s_2) \in R$	1 ist Vorgänger von 2
s_2 *Nachfolger* von s_1	$\exists\, r = (s_1, s_2) \in R$	2 ist Nachfolger von 1
Schlinge r	$r = (s, s)$	$(2, 2)$
Weg von s_0 nach s_m	$\exists$ Kantenfolge: $((s_0, s_1), (s_1, s_2), ..., (s_{m-1}, s_m))$ Länge ist m	$((1,3), (3,4), (4,5))$
Kreis	Weg mit $s_0 = s_m, m > 0$	$((3,4), (4,3))$
s' *erreichbar* von s	Es gibt Weg von s nach s'	2 erreichbar von 4
s *isoliert*	Es gibt keine Kante (s, s') oder (s', s)	6
G *zerlegbar*	$G = G_1 \cup G_2$ mit $S_1 \cup S_2 = S,$ $R_1 \cup R_2 = R, S_1 \cap S_2 = \emptyset,$ $R_1 \cap R_2 = \emptyset$	$G_2 = (\{6\}, \emptyset)$
G *zusammenhängend*	G ist nicht zerlegbar	—
G *streng zusammen-* *hängend*	Jeder Knoten ist von jedem anderem Knoten erreichbar	—
G *Baum*	G enthält keinen Kreis und ist zusammenhängend	—
G *Wurzelbaum*	G ist Baum und es gibt einen Knoten s_0, von dem aus alle anderen Knoten erreichbar sind; s_0 heißt Wurzel	—

Die *Relationsmatrix* eines Graphen $G = (S, R)$ bezüglich R heißt *Adjazenzmatrix*. Es sei $M = (m_{ij})_{n \times n}$ die Adjazenzmatrix. Die transitive Hülle T von R ist dann dadurch bestimmt, daß mit $(s_i, s_j) \in R$, d.h. $m_{ij} = 1$, und $(s_j, s_k) \in R$, d.h. $m_{jk} = 1$, stets auch $(s_i, s_k) \in R$, also $m_{ik} = 1$, ist; man kann dies so interpretieren, daß es im Graphen von s_i über s_j einen Weg nach s_k gibt. Zur Berechnung der Relationsmatrix N der transitiven Hülle T geht man von M aus und betrachtet alle Tripel $(i, j, k), 1 \leq i, j, k \leq$

n, die die Bedingungen $m_{ik} = 1$ und $m_{kj} = 1$ erfüllen. Ein effizienter Algorithmus zur Berechnung von N geht auf Warshall zurück.

Algorithmus: Sei M eine Relationsmatrix einer Relation R. Die transitive Hülle T von R mit der Relationsmatrix $N = (n_{ij})_{n \times n}$ wird wie folgt berechnet:

    1) Setze N gleich M

    2) **for** $k := 1$ **to** n **do**

            for $j := 1$ **to** n **do**

                for $i := 1$ **to** n **do**

                    if $n_{ik} = 1$ **and** $n_{kj} = 1$ **then** $n_{ij} = 1$;

Der Algorithmus erfordert $O(n^3)$ Schritte zur Berechnung von N ◇

A.2 Funktionen

Eine Funktion läßt sich als Spezialfall einer Relation auffassen. Eine Relation $f \subset S \times T$ heißt *Funktion* von S nach T, wenn für alle $s \in S$ und alle $t_1, t_2 \in T$ gilt:

$$(s, t_1) \in f \wedge (s, t_2) \in f \Longrightarrow t_1 = t_2.$$

Man schreibt $t = f(s)$ anstatt $(s, t) \in f$ und $f : S \longrightarrow T$ anstatt $f \subset S \times T$. Der *Funktionswert* von f an der Stelle s ist t. Der Vorbereich V_f heißt *Definitionsbereich*, der Nachbereich N_f wird *Wertebereich* genannt.

Eine Funktion hat also für jedes Element des Definitionsbereichs höchstens ein Element im Wertebereich. Wie zuvor bei den Relationen gibt es auch bei den Funktionen besondere Eigenschaften:

Begriff	Bedeutung
totale F.	$D_f = S,$
partielle F.	$D_f \subset S$ (echte Teilmenge),
injektive F.	$f(s_1) = f(s_2) \Longrightarrow s_1 = s_2 \ \forall s_1, s_2,$
surjektive F.	$N_f = T,$
bijektive F.	injektiv, surjektiv, total.

Ist ein Funktionswert nicht definiert, so drückt man dies durch das Zeichen

$$\perp \ : \ \text{undefiniert}$$

aus. Es gilt also für $f : S \longrightarrow T$

$$f(s) = \perp \quad \text{für} \quad s \in S \setminus D_f.$$

Jede partielle Funktion $f : S \longrightarrow T$ kann zu einer totalen Funktion $f^\perp : S \longrightarrow T \cup \{\perp\}$ mittels

$$f^\perp(s) = \begin{cases} f(s) & \text{für } s \in D_f, \\ \perp & \text{sonst} \end{cases}$$

ergänzt werden. Die leere Funktion $\perp : S \longrightarrow \{\perp\}$ ist durch $\perp(s) = \perp$ für alle $s \in S$ erklärt.

Wie die Relationen lassen sich auch Funktionen verknüpfen. Statt $f_2 f_1(s)$ schreibt man auch $f_2(f_1(s))$. Sind $f_1 : S \longrightarrow T$ und $f_2 : T \longrightarrow U$ injektive Funktionen, dann ist auch $f_2 f_1 : S \longrightarrow U$ eine injektive Funktion, da

$$f_2(f_1(s_1)) = f_2(f_1(s_2)) \Longrightarrow f_1(s_1) = f_1(s_2) \Longrightarrow s_1 = s_2$$

gilt. Die *inverse* Funktion $f^{-1} : T \longrightarrow S$ bzw. $s = f^{-1}(t)$ existiert stets, wenn f bijektiv ist. Es gilt dann $f^{-1}(f(s)) = s$ bzw. $f(f^{-1}(t)) = t$. $f^{-1}f$ (und ff^{-1}) ist die sogenannte *identische* Funktion.

Im folgenden sei $B = \{0,1\}$. Statt des Wertebereichs $\{0,1\}$ nimmt man auch oft den Wertebereich $\{$ falsch, wahr $\}$, mit 0 als falsch und 1 als wahr. Die Funktionen

$$f : B^n \longrightarrow B^m \quad (n \geq 1, m \geq 1)$$

heißen *Boolesche* Funktionen. Ist $m = 1$, so spricht man von *echten* Booleschen Funktionen. Es gibt $2 \uparrow (2 \uparrow n)$ echte Boolesche Funktionen für ein festes n. Für $n = 1$ sind dies:

s	f_0	f_1	f_{id}	$f_\neg : \overline{s}$ oder $\neg s$
0	0	1	0	1
1	0	1	1	0

also Nullfunktion (f_0), Einsfunktion (f_1), identische Funktion (f_{id}) und die Negation ($f_\neg$). Für $n = 2$ ergeben sich 16 verschiedene Funktionen:

	Bezeichnung	Name	$s_1 =$ 0 0 1 1 $s_2 =$ 0 1 0 1			
0	$f_0(s_1, s_2)$	Nullfunktion	0	0	0	0
1	$s_1 \wedge s_2$	Konjunktion (AND)	0	0	0	1
2			0	0	1	0
3			0	0	1	1
4			0	1	0	0
5			0	1	0	1
6	$s_1 \not\equiv s_2$	Antivalenz (EXOR)	0	1	1	0
7	$s_1 \vee s_2$	Disjunktion (OR)	0	1	1	1
8	$s_1 \downarrow s_2$	NOR	1	0	0	0
9	$s_1 \Longleftrightarrow s_2$	Äquivalenz	1	0	0	1
10			1	0	1	0
11			1	0	1	1
12			1	1	0	0
13	$s_1 \Longrightarrow s_2$	Implikation	1	1	0	1
14	$s_1	s_2$	NAND	1	1	1	0
15	$f_1(s_1, s_2)$	Einsfunktion	1	1	1	1

Ist G eine Halbgruppe mit der Verknüpfung $\oplus$, H eine Halbgruppe mit der Verknüpfung $\ominus$ und $f : G \longrightarrow H$, so ist die Funktion f im allgemeinen nicht verknüpfungstreu, d.h. verknüpft man zunächst zwei Elemente in G und bestimmt dann den Funktionswert des Produkts in H, so erhält man i.a. etwas anderes, als wenn die Funktionswerte der beiden Elemente aus G in H verknüpft werden. Also:

$$f(g_1 \oplus g_2) \neq f(g_1) \ominus f(g_2).$$

Die beiden Verknüpfungen $\oplus$ und $\ominus$ können natürlich völlig verschieden sein. Wenn keine Verwechslungen zu befürchten sind, schreibt man auch kurz

$$f(g_1 g_2) \neq f(g_1) f(g_2),$$

obwohl auf der linken Seite anders verknüpft wird als auf der rechten Seite.

Seien G und H Halbgruppen und $f : G \longrightarrow H$ eine totale Funktion. f heißt *Homomorphismus* von G in H, wenn für alle $g_1, g_2 \in G$ gilt:

$$f(g_1 g_2) = f(g_1) f(g_2)$$

(man beachte, daß die Verknüpfung auf der linken Seite in G und auf der rechten Seite in H ausgeführt wird). Ist der Homomorphismus bijektiv, spricht man von einem *Isomorphismus* und schreibt $G \simeq H$.

Bei einem Isomorphismus werden also die beiden Halbgruppen eineindeutig derart aufeinander abgebildet, daß die Relationen erhalten bleiben. H geht aus G durch "Umbenennung" der Elemente in G hervor. Man muß zwischen isomorphen Halbgruppen nicht mehr unterscheiden. Ist f ein Isomorphismus von G auf H, so ist natürlich f^{-1} ein Isomorphismus von H auf G. Ist $G = H$ und $G \simeq H$, so spricht man von einem *Automorphismus*.

Sei H eine Halbgruppe und $F \subset H$. F heißt *freies Erzeugendensystem* von H bzw. H heißt *frei* über F, wenn F Erzeugendensystem von H ist und wenn es zu jeder beliebigen Halbgruppe G und jeder totalen Funktion $k_0 : F \longrightarrow G$ einen Homomorphismus $k : H \longrightarrow G$ mit $k(f) = k_0(f)$ für alle $f \in F$ gibt.

Jede Funktion $k_0 : F \longrightarrow G$ kann also zu einem Homomorphismus $k : H \longrightarrow G$ fortgesetzt werden. Daß k durch k_0 eindeutig festgelegt ist, sieht man folgendermaßen ein:

Seien $k_1 : H \longrightarrow G$ und $k_2 : H \longrightarrow G$ Homomorphismen und es gelte $k_1(f) = k_2(f) = k_0(f)$ für alle $f \in F$. Jedes $h \in H$ läßt sich durch $h = f_1 f_2 \ldots f_n$ mit $f_i \in F$ darstellen. Daraus folgt

$$k_1(h) = k_1(f_1 f_2 \ldots f_n) = k_1(f_1)k_1(f_2) \ldots k_1(f_n) = k_0(f_1)k_0(f_2) \ldots k_0(f_n)$$
$$= k_2(f_1)k_2(f_2) \ldots k_2(f_n) = k_2(f_1 f_2 \ldots f_n) = k_2(h) \quad \diamond$$

Literaturverzeichnis

Aho, A.V. and Ullman, J.D.: The theory of parsing, translation, and compiling. Vol. I and Vol. II. Prentice–Hall, Englewood Cliffs, N.J., 1972/3.

Brainerd, W.S. and Landweber, L.H.: Theory of computation. Wiley, New York, 1974.

Clark, K.L. and Cowell, D.F.: Programs, machines, and computation. Mc Graw Hill, London, 1976.

Davis, M.D. and Weyuker, E.: Computability, complexity, and languages. Academic Press, New York, 1983.

Denning, P.J., Dennis, J.B. and Qualitz, J.E.: Machines, languages, and computation. Prentice–Hall, Englewood Cliffs, N.J., 1978.

Goldschlager, L. und Lister, A.: Informatik – Eine moderne Einführung. Hanser Verlag, München, 1984.

Harrison, M.A.: Introduction to formal language theory. Addison–Wesley, Reading, Mass., 1978.

Hopcroft, J.E. and Ullman, J.D.: Introduction to automata theory, languages, and computation. Addison–Wesley, Reading, Mass., 1979.

Kfoury, A.J., Moll, R.N. and Arbib, M.A.: A programming approach to computability. Springer–Verlag, New York, 1982.

Malozzi, J.S. and De Lillo, N.J.: Computability with PASCAL. Prentice–Hall, Englewood Cliffs, N.J., 1984.

McNaughton, R.: Elementary computability, formal languages, and automata. Prentice–Hall, Englewood Cliffs, N.J., 1982.

Ottmann, Th. und Albert, J.: Automaten, Sprachen und Maschinen für Anwender. BI–Verlag, Mannheim, 1983.

Paul, W.J.: Komplexitätstheorie. Teubner–Verlag, Stuttgart, 1978.

Reusch, B., Ehrich, H.–D. und Coy, W.: Theoretische Informatik II. Fernstudienkurs, Hagen, 1981.

Salomaa, A.: Formale Sprachen. Springer–Verlag, Berlin, 1978.

Savage, J.E.: The complexity of computing. Wiley, New York, 1976.

Stetter, F., Franke, B. , Kruse, F.–W. und Rosendahl, M.: Theoretische Informatik I. Fernstudienkurs, Hagen, 1981.

Sudborough, I.H.: Complexity of Turing machine computations. Fernstudienkurs, Hagen, 1981.

Index

abbrechender Algorithmus 4

abgeschlossene Indexmenge 67

Abgeschlossenheitsproblem 88

ableitbar 72

Ableitbarkeitsproblem 88, 171

Ableitung 10, 72 f, 103, 128

abschließende Regel 81, 83, 92

abstrakte Komplexität 212 f

Ackermannfunktion 53 f, 188 f

Addierer 126

äquivalente Automaten 120

äquivalente Regelgrammatiken 76

äquivalente reguläre Ausdrücke 103

äquivalente Zustände 121

äquivalentes Programm 27

Äquivalenzproblem 45, 88, 98, 112

akzeptieren 94, 142, 168

Akzeptor 93 f, 115

Algorithmus 2, 4 f, 182

allgemeine Regelgrammatik 81

allgemeine Regelsprache 81

Alphabet 8

Analyse eines Akzeptors 113

Anfangssituation 142, 160

Anfangsstück 9

Aufzählbarkeit 19 f, 170

Aufzählung 21, 70

Automat 91 f, 116 f

Automatentafel 119

B−adische Verschlüsselung 15

bandkonstruierbare Funktion 196

berechenbar in polynomialer Zeit 202

berechenbare Funktion 26, 40, 43, 60, 67

Berechenbarkeit 25 f, 156 f

berechnete Funktion 158

Berechnung 25, 184

Beschleunigungssatz 217

beschränkter μ−Operator 58

beschränkter Kontext 154

binäre Verschlüsselung 14

binäres Alphabet 14

Binärsystem 14

bottom−up−Verfahren 151

cardinal 29

charakteristische Funktion 20

charakteristische Gleichungen 108 f

Chomsky−Hierarchie 81 f, 178

Chomsky−Normalform 85

Churchsche These 180 f

δ−Funktion 104

Darstellungssatz 108

deterministische kontextfreie Sprache 144

deterministische Turingmaschine 158, 199

deterministischer Akzeptor 94, 117

deterministischer Kellerautomat 141

Disjunktheitsproblem 88

doppelte Substitution 78

DSPACE 193 f, 202

DTIME 193 f

ε−freie Regelgrammatik 81

eindeutige Regelgrammatik 129

eindeutige Regelsprache 130

eindeutiger Kellerautomat 144

einfache Substitution 78, 84

elementare Funktion 48

elementare Turingmaschine 160

Studienreihe Informatik

Herausgegeben von W. Brauer und G. Goos

P. C. Lockemann, H. C. Mayr: **Rechnergestützte Informationssysteme.** X, 368 S., 37 Abb. *1978.*

A. K. Salomaa: **Formale Sprachen.** Übersetzt aus dem Englischen von E.-W. Dieterich. IX, 314 S., 18 Abb., 5 Tab. *1978.*

F. L. Nicolet (Hrsg.): **Informatik für Ingenieure.** Unter Mitarbeit von W. Gander, J. Harms, P. Läuchli, F. L. Nicolet, J. Vogel, C. A. Zehnder. X, 187 S., 53 Abb., 20 Tab. *1980.*

A. Bode, W. Händler: **Rechnerarchitektur – Grundlagen und Verfahren.** XI, 278 S., 140 Abb., 4 Tab. *1980.*

B. W. Kernighan, P. L. Plauger: **Programmierwerkzeuge.** Übersetzt aus dem Englischen von I. Kächele, M. Klopprogge. IX, 492 S. *1980.*

A. N. Habermann: **Entwurf von Betriebssystemen – Eine Einführung.** Übersetzt aus dem Englischen von K.-P. Löhr. XII, 444 S., 87 Abb. *1981.*

T. W. Olle: **Das Codasyl-Datenbankmodell.** Übersetzt aus dem Englischen von H. Münzenberger. XXIV, 389 S. *1981.*

K. E. Ganzhorn, K. M. Schulz, W. Walter: **Datenverarbeitungssysteme – Aufbau und Arbeitsweise.** XVI, 305 S., 181 Abb., 1 Schablone als Beilage. *1981.*

B. Buchberger, F. Lichtenberger: **Mathematik für Informatiker I – Die Methode der Mathematik.** 2., korrigierte Auflage. XIII, 315 S., 30 Abb. *1981.*

F. L. Bauer, H. Wössner: **Algorithmische Sprache und Programmentwicklung.** Unter Mitarbeit von H. Partsch, P. Pepper. 2., verbesserte Auflage. XV, 513 S. *1984.*

F. Gebhardt: **Dokumentationssysteme.** 331 S., 14 Abb. *1981.*

E. Horowitz, S. Sahni: **Algorithmen – Entwurf und Analyse.** Übersetzt aus dem Amerikanischen von M. Czerwinski. XIV, 770 S. *1981.*

W. Sammer, H. Schwärtzel: **CHILL – Eine moderne Programmiersprache für die Systemtechnik.** XIII, 191 S., 165 Abb. *1982.*

P. C. Lockemann, A. Schreiner, H. Trauboth, M. Klopprogge: **Systemanalyse – DV-Einsatzplanung.** XIV, 342 S., 119 Abb. *1983.*

A. Bode, W. Händler: **Rechnerarchitektur II – Strukturen.** XI, 328 S., 164 Abb. *1983.*

H. A. Klaeren: **Algebraische Spezifikation – Eine Einführung.** VII, 235 S. *1983.*

H. Niemann: **Klassifikation von Mustern.** X, 340 S., 77 Abb. *1983.*

W. Heise, P. Quattrocchi: **Informations- und Codierungstheorie – Mathematische Grundlagen der Daten-Kompression und -Sicherung in diskreten Kommunikationssystemen.** X, 370 S., 62 Abb. *1983.*

H. Stoyan, G. Görz: **LISP – Eine Einführung in die Programmierung.** XI, 358 S., 29 Abb. *1984.*

K. Däßler, M. Sommer: **Pascal – Einführung in die Sprache; DIN-Norm 66256; Erläuterungen.** 2. Auflage. Unter Mitarbeit von A. Biedl. XIII, 248 S. *1985.*

G. Blaschek, G. Pomberger, F. Ritzinger: **Einführung in die Programmierung mit Modula-2.** VII, 279 S., 26 Abb. *1987.*

R. Marty: **Methodik der Programmierung in Pascal,** 3. Auflage. IX, 201 S., 33 vollständige Programmbeispiele. *1986.*

W. Reisig: **Petrinetze – Eine Einführung.** 2., überarbeitete und erweiterte Auflage. IX, 196 S., 111 Abb. *1986.*

J. Nievergelt, K. Hinrichs: **Programmierung und Datenstrukturen – Eine Einführung anhand von Beispielen.** XI, 149 S. *1986.*

E. Jessen, R. Valk: **Rechensysteme – Grundlagen der Modellbildung.** XVI, 562 S., 269 Abb. *1987.*

F. Stetter: **Grundbegriffe der Theoretischen Informatik.** VIII, 236 S., 39 Abb. *1988.*

H. Stoyan: **Programmiermethoden der Künstlichen Intelligenz.** Bd. 1. XV, 343 S., *1988.*

F. Puppe: **Einführung in Expertensysteme.** X, 205 S., 79 Abb. *1988.*